Grundlagen der Buchhaltung und Bilanzierung

Mit Fallstudie

von
Professor
Dr. Michael Wobbermin

Oldenbourg Verlag München Wien

Bibliografische Information der Deutschen Nationalbibliothek

Die Deutsche Nationalbibliothek verzeichnet diese Publikation in der Deutschen
Nationalbibliografie; detaillierte bibliografische Daten sind im Internet über
<http://dnb.d-nb.de> abrufbar.

© 2008 Oldenbourg Wissenschaftsverlag GmbH
Rosenheimer Straße 145, D-81671 München
Telefon: (089) 45051-0
oldenbourg.de

Lektorat: Wirtschafts- und Sozialwissenschaften, wiso@oldenbourg.de
Herstellung: Anna Grosser
Coverentwurf: Kochan & Partner, München
Gedruckt auf säure- und chlorfreiem Papier
Druck: Grafik + Druck, München
Bindung: Thomas Buchbinderei GmbH, Augsburg

ISBN 978-3-486-58495-0

Vorwort

Die Finanzbuchhaltung als Teil des Rechnungswesens erfasst sämtliche Geschäftsfälle eines Unternehmens und verbucht diese periodenbezogen in einem Geschäftsjahr. Ziel ist es, die finanzielle Lage eines Unternehmens anhand einer Bilanz und einer Gewinn- und Verlustrechnung in der Form von realisierten Werten darzustellen.
Daher ist es notwendig zu Beginn die wesentlichen Buchungsgrundlagen aufzuzei-
gen, eine begriffliche Abgrenzung vorzunehmen und die wesentlichen Instrumente
der Finanzbuchhaltung zu erläutern.

Das **Kapitel 1** beschränkt sich auf Buchungsfälle, die nur die Bestandskonten betreffen und den Gewinn nicht verändern.

Die Grundlagen der Gewinnverbuchung anhand von Aufwendungen und Erträgen sowie der Personenkonten und der Umsatzsteuer werden im **Kapitel 2** dargestellt. Zehn
Grundregeln der doppelten Buchführung fassen die Buchungstechnik in Bilanz und
Erfolgsrechnung zusammen. Es folgt eine Erläuterung der Werteverluste in der Form
von Abschreibungen im Jahresabschluss. Sie vermindern als Aufwand den Gewinn.
Privateinlagen und Privatentnahmen der Eigentümer können den Gewinnausweis ver-
zerren. Entsprechende Korrekturbuchungen sind durchzuführen. Neben den Sachkonten in der Form von Bestandskonten der Bilanz und Erfolgskonten der Gewinn-
und Verlustrechnung spielen die Personenkonten in der Form von Debitoren- und
Kreditorenkonten eine wichtige Rolle in der Finanzbuchhaltung. Anhand der Mitbuchkontentechnik wird die Darstellung der grundlegenden Buchhaltungstechnik beendet.

Im **Kapitel 3** wird die notwendige Organisationsstruktur einer modernen Finanzbuchhaltung dargestellt. Diese Ordnung wird über Kontenrahmen und darauf aufbauende
konkrete Kontenpläne von Unternehmen hergestellt. Bei der Gewinn- und Verlustrechnung werden die zwei Möglichkeiten zur Darstellung von Aufwendungen und Erträgen, das Gesamtkosten- und das Umsatzkostenverfahren, vorgestellt.

Nach der Erläuterung der Bilanzgliederung gemäß § 266 HGB (Handelsgesetzbuch)
werden in den **Kapiteln 4 und 5** laufende, d.h. tägliche vorkommende Geschäftsfälle
dargestellt. Dies sind insbesondere Lieferanten- und Kundenbuchungen in der Form
von Handel mit Waren, Rücksendungen fehlerhafter Produkte, Preisnachlässen, Boni,
Mängelrügen und Skontobuchungen. Das im Fertigungsprozess verwendete Material
kann entweder eingelagert oder direkt in den Produktionsprozess eingehen. Im ersten
Fall sind Lagerzu- und -abgänge zu erfassen. Im zweiten Fall erfolgt eine Verbuchung
just-in-time ohne dass Lagerbestände aufgebaut werden. Je nach dem Grad der Fertigstellung sind die Produkte in der Bilanz als Roh-, Hilfs- oder Betriebsstoffe sowie
als unfertige oder fertige noch nicht an Kunden verkaufte Erzeugnisse darzustellen.
Umsatzsteuerbuchungen innerhalb der EU und mit Drittländern beenden Kapitel 4.

Bei den Finanzbuchungen werden die Wechselgeschäfte und Scheckbuchungen, der
An- und Verkauf von Wertpapieren, erhaltene Anzahlungen von Kunden und geleistete Anzahlungen an Lieferanten sowie das Leasing dargestellt. Die Buchungstechnik
des Personalaufwands und diverse Besonderheiten in Form von Vorschüssen, geldwertem Vorteil und vermögenswirksamen Leistungen sind im Rahmen der Lohn- und
Gehaltsbuchhaltung zu beachten. Bei der Anlagenbuchhaltung werden die immate-

riellen Vermögensgegenstände vor allem in der Form des Geschäfts- oder Firmenwerts behandelt, der insbesondere bei Firmenkäufen eine wichtige Rolle spielt. Die
Verbuchung anderer aktivierter Eigenleistungen und die planmäßige und außerplanmäßige Abschreibung von Gegenständen des Anlagevermögens, die Erfassung ge-
ringwertiger Wirtschaftsgüter sowie die Behandlung der Steuern aus Unternehmenssicht runden die Darstellung der täglichen Geschäftsfälle ab.

Im **6. Kapitel** werden die wichtigsten Maßnahmen im Rahmen des Jahresabschlusses behandelt. Dies sind vor allem sachliche und zeitliche Abgrenzungen sowie generelle und spezielle Bewertungsmaßnahmen.

In **Kapitel 7** werden die Grundzüge der internationalen Rechnungslegung nach International Financial Reporting Standards (IFRS) dargestellt.

Ein Kontenplan auf Basis **Industrie-Kontenrahmen (8. Kapitel)** und ein **Literatur-
verzeichnis (9. Kapitel)** schließen sich an.

Eine **ausführliche Fallstudie (10. Kapitel)** sowie eine **Klausur mit Lösungen (11.
Kapitel)**, bei der das erworbene Wissen angewendet werden kann, beschließen die
Thematik.

Die Finanzbuchhaltung und deren Anwendung auf den Jahresabschluss – die Bilanzierung – unterliegen als Teile des Rechnungswesens von Unternehmen gesetzlichen
Vorschriften. Die Gestaltungsmöglichkeiten sind deswegen z.B. im Vergleich zur Kostenrechnung erheblich eingeschränkt.

Hinweise an den Verfasser bitte unter michael.wobbermin@reutlingen-university.de.

Reutlingen, im Dezember 2007   Michael Wobbermin

Inhaltsverzeichnis

6   Jahresabschluss 156

1 Technik der Finanzbuchhaltung – Bestands-konten

1.1 Erfassung von Geschäftsfällen

Die Tätigkeit von Unternehmen orientiert sich an der Erfüllung von Kundenwünschen. Dies kann nur funktionieren, wenn das Unternehmen mit seinen Mitarbeitern und Managern Erfolg versprechend arbeitet. Es muss sich für das Unternehmen „lohnen".

Die eingesetzten Mittel werden minimiert, um damit einen größtmöglichen Erfolg zu erzielen. Zentrale Aufgabe des Rechnungswesens ist dabei die Überwachung des Mengen- und Werteflusses im Unternehmen. Unter einem Wertefluss versteht man dabei immer eine Mengeneinheit multipliziert mit einem Preis. So ergibt beispielsweise der Verkauf von zehn Pkw zum Stückpreis von 20.000 € den Wertefluss „Umsatzerlöse" in Höhe von 200.000 €.

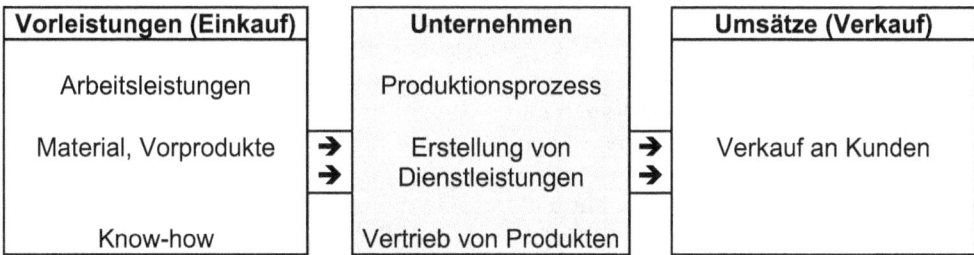

Vorleistungen (Einkauf)	Unternehmen	Umsätze (Verkauf)
Arbeitsleistungen	Produktionsprozess	
Material, Vorprodukte → →	Erstellung von Dienstleistungen → →	Verkauf an Kunden
Know-how	Vertrieb von Produkten	

Abb. 1: Beispiele für den Wertefluss im Unternehmen

Im Unternehmen werden Waren eingekauft, kalkuliert und wieder verkauft. Rohmaterialien sind zu beschaffen und im Produktionsprozess weiterzuverarbeiten. Eingangsrechnungen müssen bezahlt werden. Die Mitarbeiter erhalten ihre Löhne und Gehälter. Miete, Strom und Telefongebühren werden abgebucht. Die Kunden bezahlen ihre Rechnungen. Ein neuer PC wird angeschafft. Zusätzliche Kredite müssen bei der Hausbank aufgenommen werden etc.

> Der betriebliche Werteumlauf lässt sich dabei in drei Phasen einteilen:
> ❶ Prozess der Leistungserstellung,
> ❷ Vereinnahmung von Erlösen und
> ❸ Verwendung der vereinnahmten Erlöse.

Die Leistungserstellung ❶ in der Form von Sach- und Dienstleistungen wird dadurch ermöglicht, dass betriebliches Vermögen, z.B. in der Form von Maschinen, eingesetzt wird. Durch diesen Vorgang wird das betriebliche Vermögen genutzt und verbraucht. Die Erbringung der betrieblichen Leistung ist mit einer Zunahme der Vermögenswerte im Unternehmen verbunden. Das Produkt oder die Dienstleistung wird, wenn das Unternehmen erfolgreich ist, an die Kunden veräußert und führt zu einem Erlös. Auch hierzu ist der Einsatz von Vermögenswerten notwendig. Der vereinnahmte Erlös ❷ kann verwendet werden, um neue Vermögenswerte, z.B. Maschinen, anzuschaffen oder um Bezahlungen an Lieferanten vorzunehmen ❸.

Das Rechnungswesen eines Unternehmens hat dabei nur die „Geschäftsfälle" zu erfassen. Die Geschäftsfälle sind anhand von Buchungen zu belegen.

Wichtige Unterneh-mensbereiche	Geschäftsfälle	Belege = Nachweise
Einkauf	Beschaffung von Blechplatinen	Eingangsrechnung
Fertigung	Formung der Bleche zur Produktion von Pkw im Presswerk	Materialentnahmeschein
Verkauf	Absatz von Pkw	Kundenrechnung

Abb. 2: Beispiele für Geschäftsfälle im Industrieunternehmen

Ein Geschäftsfall führt zu einer Änderung des Vermögens und/oder der Schulden eines Unternehmens. Entscheidend für die Erfassung eines Buchungsvorgangs im
Rechnungswesen ist der Realisationszeitpunkt.

In dem Moment, wo das Unternehmen wirtschaftlicher Eigentümer der Ware wird, ist
eine Verbuchung vorzunehmen. Üblicherweise wird in der Praxis hierbei auf den Zeitpunkt des Warenerhalts oder der Leistungserstellung abgestellt.

---

❶ Vorliegen eines Geschäftsfalls:
➡ Änderung des Vermögens und/oder der Schulden des Unternehmens

---

❷ Verbuchung eines Geschäftsfalles:
➡ Zeitpunkt der wirtschaftlichen Zugehörigkeit;
d.h. Tag der Warenlieferung oder Leistungserstellung

Abb. 3: Kriterien für die Erfassung von Geschäftsfällen

1.2   Unterschied Rechnungswesen – Controlling

Die Begriffe Rechnungswesen und Controlling werden gelegentlich durcheinander ge-
bracht. In der betrieblichen Praxis haben sich zwei Möglichkeiten zur Einteilung des
Rechnungswesens durchgesetzt.

Die ganzheitliche Sicht betrachtet Rechnungswesen und Controlling als eine Einheit.
Rechnungswesen und Controlling sind identisch. Im Unternehmen gibt es nur noch
Controller, die sich mit der Darstellung finanzbezogener Daten befassen. Diese Auf-
fassung geht soweit, dass man unter Controlling auch die Beeinflussung technischer
Vorgänge sieht. Controlling wird somit zum allumfassenden Unternehmenskonzept.

Demgegenüber orientiert sich die alternative Sicht am Adressatenkreis des Unternehmens. Das Rechnungswesen erstellt Daten, die firmenintern oder -extern ausgerichtet sind. Firmeninterne Daten sind nicht für die Öffentlichkeit bestimmt, sie richten sich
in erster Linie an die Entscheidungsträger im jeweiligen Unternehmen (Geschäftsführer, Vorstände, Aufsichtsräte, Führungskräfte). Firmenexterne Informationen werden
für Aktionäre/Gesellschafter (z.B. Begründung für eine bestimmte Höhe der Dividen-

de), Finanzbehörden (z.B. Bemessungsgrundlage für Steuerzahlungen), Mitarbeiter (z.B. Informationen zur Sicherheit des Arbeitsplatzes) sowie die allgemeine Öffentlichkeit (z.B. Informationen zu den Aktivitäten im Umweltschutz) bereitgestellt.

Das Rechnungswesen lässt sich in einen externen und in einen internen Teil einteilen. Für das externe Rechnungswesen, dessen Daten in der Finanzbuchhaltung entstehen, existieren gesetzliche Vorschriften. Ein Unternehmen muss eine Finanzbuchhaltung haben („must"). Das interne Rechnungswesen kennt keine gesetzlichen Grundlagen („nice to have") und ist identisch mit der Kosten- und Leistungsrechnung, die als wichtigster Teil des Controllings firmenintern die Kostenarten-, Kostenstellen- und die Kostenträgerrechnung durchführt und die Produkte oder Dienstleistungen preislich kalkuliert. Controlling und Rechnungswesen überschneiden sich somit im Bereich der Kosten- und Leistungsrechnung.

Finanzbuchhaltung	➡ gesetzliche Pflicht ➡	„must"
Kostenrechnung	➡ keine gesetzlichen Vorschriften ➡	„nice to have"

Neben der Kosten- und Leistungsrechnung obliegt dem Controlling die Unternehmensführung. Daten des Rechnungswesens sind die Grundlage für die Unternehmensplanung, bestehend aus der operativen Geschäftsplanung zukünftiger Erträge, der Investitions- und Finanzierungsrechnung sowie der Organisationsplanung.

Einteilung des Rechnungswesens nach dem Adressatenkreis

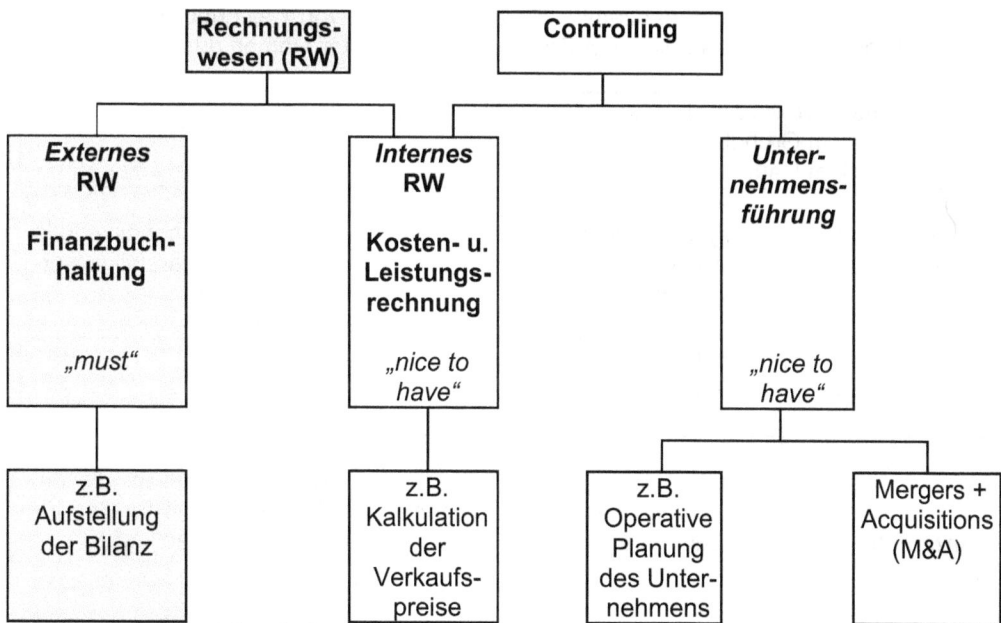

Abb. 4: Aufgabenverteilung im Rechnungswesen

Bei größeren Unternehmen gewinnt als Folge der weltweiten Globalisierungstendenzen neben der Unternehmensplanung der Bereich

```
┌─────────────────────────────────────────────────────────────────┐
│              „Mergers and Acquisitions" (M&A)                     │
└─────────────────────────────────────────────────────────────────┘
```

an Bedeutung. Hierbei handelt es sich um die Bearbeitung von Unternehmensver-
schmelzungen, so genannten Fusionen und Beteiligungserwerben, die auf Daten des
Rechnungswesens aufbauen.

1.3   Instrumente der Finanzbuchhaltung

Die Finanzbuchhaltung erfasst „Geschäftsvorfälle". Der Nachweis dieser Geschäftsvorfälle erfolgt anhand von Belegen.

```
┌─────────────────────────────────────────────────────────────────┐
│   Bei den Belegen  unterscheidet man                             │
│            - fremde (externe) von                                │
│            - eigenen (internen) Belegen.                          │
└─────────────────────────────────────────────────────────────────┘
```

Fremde Belege sind z.B. Lieferantenrechnungen, Kontoauszüge der Bank, Fracht-
briefe, Kassenzettel, Quittungen usw. Eigene Belege können z.B. Lohn- und Gehalts-
listen, Materialentnahmescheine, Stornobuchungen, Inventurunterlagen, Ersatz für
verloren gegangene Taxiquittungen sein.

Belege sind notwendig als Nachweis für den „Wirtschaftsprüfer" oder den „Vereidig-
ten Buchprüfer", die den handelsrechtlichen Jahresabschluss von Unternehmen prü-
fen sowie für Prüfer des Finanzamts, die auf der Basis von Belegnachweisen eine
Überprüfung der Rechtmäßigkeit der Besteuerung der Unternehmen durchführen.

```
┌─────────────────────────────────────────────────────────────────┐
│   Dokumentiert werden die Geschäftsvorfälle in zwei „Mappen":    │
│            - dem Grundbuch und                                    │
│            - dem Hauptbuch.                                       │
└─────────────────────────────────────────────────────────────────┘
```

Im Grundbuch (auch Tagebuch oder Journal genannt) werden die Geschäftsvorfälle
chronologisch erfasst und aufbewahrt. Im Hauptbuch oder der Kontendarstellung erfolgt eine sachliche Zuordnung auf Konten.

```
┌─────────────────────────────────────────────────────────────────┐
│   Man unterscheidet zwei Arten von Bilanzen:                     │
│            - die Handels- und                                     │
│            - die Steuerbilanz.                                    │
└─────────────────────────────────────────────────────────────────┘
```

Die Handelsbilanz ist aufgrund allgemeiner Rechtsgrundlagen zu erstellen, die die
Darstellung des Unternehmens nach außen regeln. Die Steuerbilanz ist für das Finanzamt bestimmt, das damit die Steuerzahlungen des Unternehmens festlegt.

Die Instrumente der Finanzbuchhaltung lassen sich inhaltlich wie folgt darstellen:

Instrumente der Finanzbuchhaltung	
❶ Fremd- und Eigenbelege	Nachweis von Geschäftsfällen
❷ Grund- und Hauptbuch	Dokumentation von Geschäftsfällen
❸ Handels- und Steuerbilanz	Darstellung von Geschäftsfällen nach Adressatenkreis (Öffentlichkeit oder Finanzamt)

Abb. 5: Instrumente der Finanzbuchhaltung

1.4 Inventur

Jeder Kaufmann ist verpflichtet, seine Grundstücke, seine Forderungen und Schulden, den Betrag seines baren Geldes sowie seine sonstigen Vermögensgegenstände genau zu verzeichnen und dabei den Wert der einzelnen Vermögensgegenstände und Schulden anzugeben.

Dieses Verzeichnis wird als Inventar bezeichnet (§ 240 HGB). Zur Aufstellung des Inventars hat das Unternehmen zunächst eine Inventur durchzuführen.

Eine Aufstellung des Inventars mit vorheriger Inventur ist notwendig bei:
- Gründung und
- Übernahme eines Unternehmens,
- für den Schluss eines jeden Geschäftsjahres sowie
- bei Auflösung und
- Veräußerung des Unternehmens.

Die Inventur hat die Aufgabe einer Bestandsführung für alle Vermögensgegenstände, Forderungen, Schulden und Eigenkapital des Unternehmens, die einzeln nach ihrer Art, Menge und Wert zu einem bestimmten Stichtag zu erfassen sind. Man unterscheidet die körperliche Inventur von der Beleg- oder Buchinventur.

Inventur	
Körperliche Inventur	Beleg- oder Buchinventur
Vermögensgegenstände	Forderungen, Schulden, Eigenkapital

Abb. 6: Inventurarten

Bei der körperlichen Inventur sind zunächst in einem Zählvorgang die Vermögensgegenstände zu erfassen und anschließend mit den gebuchten Beständen zu vergleichen. In einem „Bewertungslauf" der EDV werden die festgestellten Mengen mit den zugehörigen Preisen multipliziert und wertmäßig erfasst. Diese Preise können z.B. die Anschaffungskosten der Schreibtische, die Herstellungskosten der Fertigfabrikate, die Verkaufspreise der abgesetzten Waren, die Tageswerte der Bankguthaben in ausländischer Währung oder der Rückzahlungsbetrag der Schulden sein. Differenzen zwischen Inventurwerten und Buchwerten sind als Inventurdifferenzen zu erfassen und verändern den Gewinn oder Verlust des Unternehmens.

Inventur
1. Zählen
2. Abgleichen mit Buchbeständen
3. Bewerten der festgestellten Mengen mit Preisen anhand von „Bewertungsläufen" der EDV
4. Erfassen und Verbuchen der Inventurdifferenzen als Aufwand oder Ertrag

Abb. 7: Vorgehensweise bei der Inventur

Die Vorbereitung und Durchführung der Inventur bedarf einer genauen Zeitplanung und eines hohen Engagements der beteiligten Mitarbeiter. Die Inventurrichtlinien der Unternehmen enthalten eine genaue Terminübersicht, in der die einzelnen Eckpunkte der Inventur sowie die Verantwortlichkeiten festgelegt sind. In großen Unternehmen beginnen die Vorbereitungsarbeiten für die Stichtagsinventur (z.B. mit Bilanzstichtag 31.12.) im Oktober und enden mit Bewertungsläufen im Januar des folgenden Geschäftsjahres. Bewertungsläufe bewirken, dass in der EDV hinterlegte Wertangaben in Euro mit den gezählten Mengen maschinell verknüpft werden.

Der Aufnahmeumfang, vor allem für die Roh-, Hilfs- und Betriebsstoffe einschließlich der Bestände an unfertigen, fertigen Erzeugnissen und Ersatzteilen, ist festzulegen. Die Inventurverantwortung vor Ort liegt bei den „Centerleitern", z.B. dem Chef des Montagecenters. Es erfolgt eine weitere Untergliederung in Inventurbezirke, Kostenstellen und Abteilungen.

Untergliederung der Inventurbereiche in:
- Center
- Bezirke
- Kostenstellen
- Abteilungen

Die generelle Verantwortung für die erfolgreiche Durchführung der Inventur liegt beim Rechnungswesen. Organisatorisch kann dies innerhalb der Kosten- und Leistungsrechnung oder in der Bilanzabteilung angesiedelt sein.

Bei der Festlegung der Mitarbeiter wird unterschieden nach Aufsichtspersonal, Zählern, Schreibern und Kontrolleuren.

Die ausgewählten Mitarbeiter sind über das korrekte Bearbeiten der Inventurbelege zu informieren. Dies geschieht auf Inventurbesprechungen, bei der in großen Automobilwerken mehrere hundert Zuhörer eingewiesen werden.

In einem ersten Zählgang werden die Bestände von Mitarbeitern der operativen Bereiche vor Ort erfasst. Auftretende Differenzen gegenüber den Buchbeständen sind festzuhalten. Nach dieser Erfassung ist es üblich, dass Mitarbeiter des zentralen Rechnungswesens Stichproben durchführen, um das Ergebnis der ersten Zählung zu überprüfen. Dies geht formell soweit, dass unterschiedliche Farben der Filzstifte die Stichprobe von der ersten Zählung unterscheiden.

Insbesondere bei umfangreichen Vorräten eines Unternehmens ist der Wirtschaftsprüfer bei der körperlichen Bestandsaufnahme anwesend und überprüft in einer zweiten Stichprobe (Bestätigung oder Korrektur mit anderer Filzstiftfarbe) die inventarisierten Werte. Üblicherweise hat der Vertreter des Rechnungswesens bei der Stichprobe durch den Abschlussprüfer anwesend zu sein. Es kann vorkommen, dass der Abschlussprüfer und der Vertreter des Rechnungswesens die gleiche Stichprobe, z.B. den gleichen Stapel an Blechplatinen, durchführen.

Folgende Inventurverfahren beim Vorratsvermögen sind vorgesehen:

Inventurverfahren			
Stichtags-inventur	Verlegte Inventur	Permanente Inventur	Stichproben-inventur
Zehn Tage vor oder nach dem Bilanzstichtag	Bis zu drei Monate vor oder zwei Monate nach dem Bilanzstichtag	Tagesaktuell nur für geschlossene (d.h. bestandsgeführte) Läger	Zum Bilanzstichtag
Bei besonders wertvollen Beständen und Beständen mit unkontrollierbarem Schwund ist nur die Stichtagsinventur möglich			

Abb. 8: Inventurverfahren beim Vorratsvermögen

Stichtagsinventur. Die mengenmäßige Erfassung der Vorräte hat innerhalb einer bestimmten Frist vor oder nach dem Abschlussstichtag stattzufinden. Bestandsveränderungen innerhalb dieses Zeitraums werden anhand von Belegen fortgeschrieben oder zurückgerechnet. Zur Vermeidung von Betriebsunterbrechungen wird die Inventur oftmals zwischen Weihnachten und Neujahr durchgeführt, in einem Zeitraum, indem die Produktion zumeist ruht.

Vor- und nachgelagerte Inventur. Die körperliche Bestandsaufnahme erfolgt in diesem Fall bis zu drei Monaten vor oder zwei Monate nach dem Bilanzstichtag. Der am Tag der Inventur ermittelte Bestand wird nur wertmäßig auf den Abschlussstichtag fortgeschrieben. Die Vorverlegung der Inventur hat den Vorteil, dass der Jahresabschluss insgesamt zügiger durchgeführt werden kann und bei Aktiengesellschaften dadurch ein Vorziehen der Hauptversammlung mit entsprechend früherer Auszahlung der Dividende an die Aktionäre möglich wird.

Permanente Inventur. Bei diesem Verfahren wird die mengenmäßige Bestandsaufnahme auf das ganze Jahr verteilt. Voraussetzung für die Durchführung der permanenten Inventur sind „geschlossene Läger". Dies sind bestandsgeführte Läger, die per EDV den jeweiligen Tagesbestand ausweisen können. Bei „offenen Lägern", d.h. nicht bestandsgeführten Lägern, ist eine permanente Inventur nicht durchführbar.

Stichprobeninventur. Der Lagerbestand wird durch Stichproben mit Hilfe mathematisch-statistischer Methoden, z.B. der Mittelwertschätzung, hochgerechnet. Die Stichprobeninventur stellt ein Hilfsverfahren dar, das zeit- und kostensparend ist.

1.5   Inventar

Aus der Inventur folgt die Aufstellung eines Bestandsverzeichnisses, das so genannte Inventar. Es ist in Vermögen, Schulden und Eigenkapital zu untergliedern.

Das Inventar enthält die Art, Stückzahl sowie den Wert der einzelnen Positionen. Als
Preis bei der Darstellung der Werte (Menge * Preis) kommen dabei die Herstellungskosten der Fertigprodukte oder die Verkaufspreise der Produkte bei den Forderungen
aus Lieferungen und Leistungen (F.a.LL.), Kundenforderungen oder auch Debitoren-
forderungen genannt, in Frage. Dabei sind die Vermögensgegenstände nach ihrer
Geldnähe oder Liquidität anzuordnen. Weniger flüssige Vermögensgegenstände, wie
z.B. eine Produktionshalle, sind demnach zuerst aufzuführen, wohingegen die flüs-
sigsten Teile, wie z.B. Bankguthaben, zuletzt erwähnt werden.

Das **Vermögen** ist in zwei Teile aufzugliedern: Anlage- und Umlaufvermögen.

Anlagevermögen: Hierzu zählen alle Vermögensteile, die dazu bestimmt sind, dauernd dem Geschäftsbetrieb zu dienen. Darunter fallen u.a. Grundstücke, technische
Anlagen und Maschinen (TAM).

Umlaufvermögen: Dies sind Vermögensbestandteile, die dem Unternehmen nur
kurzfristig dienen. Dies können z.B. Rohstoffe, unfertige und fertige Erzeugnisse, Forderungen aus Lieferungen und Leistungen (F.a.LL.) sowie Bargeld oder Bankguthaben sein.

Vermögen = Anlagevermögen + Umlaufvermögen

Die **Schulden** werden nach der Fälligkeit gegliedert. Zunächst erscheinen die langfristigen Schulden, wie z.B. Hypothekenschulden. Anschließend folgen die kurzfristigen Schulden, wie z.B. Verbindlichkeiten aus Lieferungen und Leistungen (V.a.LL.),
die auch Lieferanten- oder Kreditorenverbindlichkeiten genannt werden.

Das **Eigenkapital** oder Reinvermögen ist die Differenz aus der Summe der Vermögensgegenstände abzüglich der Summe der Schuldpositionen.

Eigenkapital = Vermögen minus Schulden

Im Unternehmen sollte das Vermögen größer als die Schulden sein. In diesem Fall ist
das Eigenkapital positiv. Sind die Schulden höher als die Vermögenspositionen, so ist
das Eigenkapital negativ, es ist „aufgezehrt". Auf der Basis des Inventars lässt sich
der Erfolg eines Unternehmens darstellen. Zur Ermittlung des Gewinns oder des Ver-
lusts eines Geschäftsjahres wird die Veränderung des Eigenkapitals zum Vorjahr he-
rangezogen. Gewinn liegt vor, wenn im Berichtsjahr eine Eigenkapitalerhöhung stattfindet. Ein Verlust ist entstanden, wenn im Berichtsjahr das Eigenkapital im Vergleich
zum Vorjahr abnimmt.

Gewinn = Eigenkapitalerhöhung
Verlust = Eigenkapitalverringerung

Die Textilfabrik *Tragema AG*, Betzingen, stellt zum 31.12.02 (01) nach durchgeführter Stichtagsinventur untenstehende Inventarwerte fest:

Inventar *Tragema AG*, Betzingen (in T€)				
	31.12.02		**31.12.01**	
A. Vermögen				
1. Anlagevermögen				
1.1 Neun Prod.hallen	490.000		500.000	
Vier Verwaltungsgeb.	98.000		100.000	
Drei Läger	78.400	666.400	80.000	680.000
1.2 Sieben Maschinen		200.000		120.000
1.3 Fuhrpark				
Zwei Lkw	400		500	
Vier Pkw	80	480	100	600
1.4 Betriebs- u. Geschäfts-ausstattung				
20 PC		32.000		40.000
1.5 Acht Wertpapiere		125.000		100.000
2. Umlaufvermögen				
2.1 Rohstoffe (Stoffe)		110.000		100.000
2.2 Hilfsstoffe (Garne)		70.000		60.000
2.3 Betriebsstoffe (Heizöl, Benzin)		6.000		5.000
2.4 1200 unfertige Erzeugnisse		75.000		70.000
2.5 2000 fertige Erzeugnisse		140.000		120.000
2.6 F.a.LL.:				
- Kunde A	50.000		30.000	
- Kunde B	70.000		40.000	
- Kunde C	120.000	240.000	70.000	140.000
2.7 Bankguthaben (Voba/Krspk)		190.000		90.000
2.8 Kasse (zwei Werkskassen)		10.000		1.000
Summe des Vermögens		**1.864.880**		**1.526.600**
B. Schulden				
1. Langfristige Schulden				
Zwei Pensionsrückstellungen		180.000		190.000
Vier Hypotheken		315.000		350.000
2. Kurzfristige Schulden				
Drei Rückstellungen für Prozesse		200.000		210.000
Zwei Bankdarlehen		37.500		50.000
V.a.LL.:				
- Lieferant D	225.000		150.000	
- Lieferant E	130.000	355.000	85.000	235.000
Summe der Schulden		**1.087.500**		**1.035.000**
C. Ermittlung des Eigenkapitals				
Vermögen		1.864.880		1.526.600
./. Schulden		1.087.500		1.035.000
Eigenkapital		**777.380**		**491.600**

Datum und Unterschriften des Vorstands der *Tragema AG*, Betzingen

Beim Anlagevermögen fallen in 02 die Investitionen in Maschinen (+ 80 Mio. €) und in

Wertpapiere (+ 25 Mio. €) auf. Die Verringerung der übrigen Positionen des Anlagevermögens ist überwiegend auf Wertminderungen zurückzuführen.

Das Umlaufvermögen zeigt deutliche Steigerungen der Stoffvorräte (+ 21 Mio. €), der Erzeugnisse (+ 25 Mio. €), der Forderungen gegenüber Kunden (+ 100 Mio. €) und der flüssigen Mittel (+ 109 Mio. €). Dies deutet auf einen erfolgreichen Geschäftsverlauf hin. Insgesamt hat sich das Vermögen um über 338 Mio. € erhöht.

Bei den Schulden ist der Rückgang der kurz- und langfristigen Kredite zu beachten (- 47,5 Mio. €). Hierin zeigen sich vorgenommene Tilgungen. Die Lieferantenverbindlichkeiten sind aufgrund des höheren Warenumsatzes um 120 Mio. € gestiegen.

1.6   Bilanz

Das Inventar enthält eine detaillierte Aufgliederung aller Vermögens- und Schuldenpositionen. Aus Gründen der Übersichtlichkeit ist eine Zusammenfassung notwendig. Während das Inventar Mengen und Werte einzelner Positionen nacheinander in Staffelform darstellt, verlangt die Bilanz eine kurzgefasste Übersicht, die es erlaubt, auf einen Blick nur die Werte (Mengen mal Preise) einzelner Positionen zu überblicken (§ 242 Abs. 1 HGB).

Aus obigem Inventar lässt sich die Bilanz des Unternehmens ableiten.

Die Bilanz (ital.: bilancia = Waage) enthält auf der Aktiva-Seite die Vermögensteile und auf der Passiva-Seite die Kapitalteile des Unternehmens. Wobei das Eigenkapital wie im Inventar als Restposten, sprich Differenz zwischen Vermögen und Schulden (Fremdkapital), eingeschoben wird. Die Summe aller Aktiva muss immer gleich groß sein wie die Summe aller Passiva. Diese Summe wird als Bilanzsumme bezeichnet.

Aus der Bilanz ist ersichtlich, wie sich das Vermögen des Unternehmens zusammensetzt und woher das investierte Kapital stammt. Die Aktivseite der Bilanz zeigt, in welche Formen das Kapital investiert ist. Die Passivseite gibt Auskunft darüber, ob eigene Mittel oder Fremdmittel bei den Investitionen zur Verfügung standen.

Eine Bilanz kann vertikal und horizontal interpretiert werden:

Bilanzanalyse = Überprüfung der Werthaltigkeit einer Bilanz
▼
Vertikal: Veränderungen zwischen Aktiva- oder Passivapositionen (↑↓)
und/oder
Horizontal: Veränderungen zwischen Aktiva- und Passivapositionen (←→)

Vertikal analysiert sagt uns der Eigenkapitalanteil von fast 42 %, dass das Unternehmen in hohem Maße fremdfinanziert ist. Dies kann zu einer starken Abhängigkeit von den Gläubigern führen. Der Eigenkapitalanteil ist trotzdem gemessen am Durchschnitt der deutschen Industrieunternehmen mit rund 19 % sehr hoch.

Horizontal analysiert deckt das Eigenkapital das Anlagevermögen nur zu 76 %. Die sicherste Deckung des Anlagevermögens stellt natürlich das Eigenkapital dar, das von den Gläubigern nicht zurückgefordert werden kann. Die Anlagendeckung ist als gut zu bezeichnen, wenn das Eigenkapital das Anlagevermögen voll deckt.

Mit der Analyse der Bilanz eines Unternehmens beschäftigen sich die **Finanzanalysten**. Man findet sie vorwiegend bei größeren Banken. Durch deren Analyse der Jahresabschlüsse von börsennotierten Unternehmen versprechen sich die Banken qualifizierte Aussagen über die voraussichtliche Entwicklung des Unternehmens und damit verlässliche Vorhersagen über Aktienkurspotenziale.

Finanzanalysten:
▼
Begutachtung der finanziellen Situation eines Unternehmens
▼
Aussagen z.B. über die **Kursentwicklung der Aktie** des Unternehmens

---

Aktiva	Bilanz der *Tragema AG*, Betzingen, 31.12.02 (in T€)		Passiva
A. Anlagevermögen		**A. Eigenkapital**	777.380
I. Sachanlagen		**B. Rückstellungen**	
1. Gebäude	666.400	1. Pensionsrückstellungen	180.000
2. Technische Anlagen und		2. Sonstige Rückstellungen	200.000
Maschinen (TAM)	200.000	**C. Verbindlichkeiten**	
3. Andere Anlagen (Fuhrpark)	480	1. Verbindlichkeiten gegen-	
4. Betriebs- und Geschäfts-		über Kreditinstituten	352.500
ausstattung (BGA)	32.000	2. Verbindlichkeiten aus	
II. Finanzanlagen		Lieferungen u. Leistungen	
1. Wertpapiere des		(V.a.LL.)	355.000
Anlagevermögens	125.000		
B. Umlaufvermögen			
I. Vorräte			
1. Roh-, Hilfs- u. Betriebsstoffe	186.000		
2. Unfertige Erzeugnisse	75.000		
3. Fertige Erzeugnisse	140.000		
II. Forderungen und sonstige			
Vermögensgegenstände			
1. Forderungen aus Lieferungen			
und Leistungen (F.a.LL.)	240.000		
III. Flüssige Mittel	200.000		
Bilanzsumme	1.864.880	Bilanzsumme	1.864.880

Datum und Unterschriften des Vorstands der *Tragema AG*, Betzingen

Inventar	Bilanz	

- einseitig in Staffelform
- Aufzählung aller Mengen- und Wert-
  positionen
 	
- unübersichtlich und lang
- Vermögen und Schulden werden
  hintereinander aufgeführt:
	- zweiseitig (Aktiva/Passiva) in Kontenform
	- Zusammenfassung von Vermögens- und
	  Schuldenpositionen zu Bilanzpositionen –
	  nur Geldwerte keine Mengen
	- übersichtlich und kurz
	- Gegenüberstellung von Vermögen und
	  Kapital:	

A. Vermögen	Aktiva	Passiva
B. Schulden C. Eigenkapital	Anlagevermögen Umlaufvermögen	Eigenkapital Fremdkapital - Rückstellungen - Verbindlichkeiten
	Bilanzsumme	Bilanzsumme
Inventargleichung: Vermögen - Schulden = Eigenkapital	Bilanzgleichungen: (1) Aktiva = Passiva (2) Vermögen = Eigenkapital + Fremdkapital	

Abb. 9: Unterschiede zwischen Inventar und Bilanz

1.7 Erfolgsneutrale Buchungsvorgänge in der Bilanz

1.7.1 Bebuchen von Bestandskonten

Erfolgsneutrale Buchungsvorgänge verändern das Konto Eigenkapital nicht. Somit entsteht im Unternehmen weder ein Gewinn noch ein Verlust. Die Konten der Bilanz heißen Bestandskonten. Eine Bilanz hat, wie eine Waage, die grundlegende Eigenschaft immer ausgeglichen zu sein. Die laufenden Geschäftsfälle ändern an dieser Eigenschaft nichts. Man muss sich bei jeder Buchung die Frage stellen:

Was ist zu tun, damit die Geschäftsfälle das Gleichgewicht der Bilanz nicht stören?

In folgender Abbildung sollen die vier Möglichkeiten zur gleichgewichtigen Veränderung einer Bilanz anhand von vier Geschäftsfällen erörtert werden (in €):

❶ **Aktivtausch:** Kauf eines Firmen-Pkw durch Banküberweisung für 40.000

❷ **Passivtausch:** Stundung einer zur Zahlung fälligen Lieferantenrechnung in Höhe von 15.000 (Umwandlung in ein Lieferantendarlehen)

❸ **Aktiv-Passiv-Mehrung:** Kauf von Rohstoffen gegen Rechnung in Höhe von 10.000

❹ **Aktiv-Passiv-Minderung:** Bezahlung einer Lieferantenschuld durch Banküberweisung in Höhe von 5.000

Aktiva			Bilanzkonten zum 31.12. (in €)			Passiva
Fuhrpark	Rohstoffe	Bank	Bilanz-summe	Eigen-kapital	V.a.LL.	Lieferanten-darlehen
AB 100.000	AB 10.000	AB 50.000	**160.000**	AB 80.000	AB 30.000	AB 50.000
❶ **140.000**	10.000	**10.000**	160.000	80.000	30.000	50.000
❷ 140.000	10.000	10.000	160.000	80.000	**15.000**	**65.000**
❸ 140.000	**20.000**	10.000	**170.000**	80.000	**25.000**	65.000
❹ 140.000	20.000	**5.000**	**165.000**	80.000	**20.000**	65.000
AB = Anfangsbestände zum 01.01.; ❶ bis ❹ = im Text erwähnte Geschäftsfälle						

Abb. 10: Bebuchen von Bestandskonten

Der Aktivtausch ❶ wirkt sich nur auf die Aktivseite der Bilanz aus (▼ ▲). Die Bilanzsumme bleibt unverändert.

Aktivseite	Bilanz	Passivseite
Vermögen ▼▲	Eigenkapital Fremdkapital	

Abb. 11: Aktivtausch

Der Passivtausch (Kapitalumschichtung) ❷ beeinflusst nur die Passivseite der Bilanz (▼▲). Die Bilanzsumme bleibt, wie beim Aktivtausch, ebenfalls unverändert.

Aktivseite	Bilanz	Passivseite
Vermögen	Eigenkapital Fremdkapital ▼▲	

Abb. 12: Passivtausch

Die Aktiv-Passiv-Mehrung ❸ erhöht die Summe der Aktiva (▲) und die Summe der Passiva (▲) der Bilanz. Die Bilanzsumme nimmt dementsprechend zu.

Aktivseite	Bilanz	Passivseite
Vermögen	Eigenkapital Fremdkapital	
(Bilanzsumme alt)		
▲ Bilanzsumme neu		▲

Abb. 13: Aktiv-Passiv-Mehrung

Die Aktiv-Passiv-Minderung ❹ verringert sowohl die Aktiv- (▼) als auch die Passivseite (▼) der Bilanz. Die Bilanzsumme nimmt im gleichen Umfang ab.

Aktivseite	Bilanz	Passivseite
Vermögen	Eigenkapital	
	Fremdkapital	
▼ Bilanzsumme neu		▼
(Bilanzsumme alt)		

Abb. 14: Aktiv-Passiv-Minderung

1.7.2 Prozesskette: Eröffnungsbilanz – Bestandskonten – Schlussbilanz

Zu Beginn jedes Geschäftsjahres erstellt das Unternehmen die Eröffnungsbilanz, die identisch sein muss mit der Schlussbilanz des letzten Geschäftsjahres.

Schlussbilanz des Geschäftsjahres 01 = Eröffnungsbilanz 02

Da nicht alle Geschäftsfälle eines Geschäftsjahres in einer Bilanz dargestellt werden können, wird die Eröffnungsbilanz in einzelne Bestandskonten zerlegt.

Im Gegensatz zur Bilanz spricht man beim **Konto** nicht von Aktiva und Passiva sondern von **Soll** und **Haben**.

Buchungstechnisch wird bei der Kontendarstellung wie folgt verfahren:
Die Anfangsbestände (AB) der aktiven Bestandskonten stehen im Soll, wie z.B. Rohstoffe. Die Anfangsbestände der passiven Bestandskonten, wie z.B. Darlehensschulden werden im Haben geführt. Diese Übereinkunft ist historisch gewachsen und hat im Falle von „Haben" nichts mit „Besitzen" zu tun.

„Haben" hat nichts mit „Besitzen" zu tun.

Zuwächse und Minderungen der Bestandskonten zeigen die unterjährigen Geschäftsfälle im Unternehmen. Zuwächse oder Mehrungen bei den aktiven Bestandskonten werden im Soll gebucht (Beispiel: Ankauf von Rohstoffen). Zuwächse bei den passiven Bestandskonten werden im Haben gebucht (Beispiel: Aufnahme eines zusätzlichen Darlehens).

Die Minderungen erscheinen bei aktiven Bestandskonten auf der Habenseite (Beispiel: Abhebung vom Bankkonto), bei passiven Bestandskonten auf der Sollseite (Beispiel: Rückzahlung eines Darlehens). Beim Jahresabschluss werden die einzelnen Konten abgeschlossen und die jeweiligen Schlussbestände (SB) ermittelt. Die Jahresschlussbestände ergeben sich bei den Aktivkonten auf der Habenseite und bei den Passivkonten auf der Sollseite.

Die Auflösung der Eröffnungsbilanz auf die einzelnen Bestandskonten der Bilanz sowie deren Mehrungen und Minderungen sind in Abb. 15 dargestellt.

Aktiva	Eröffnungsbilanz zum 01.01. (in €)		Passiva
Anlagevermögen		Eigenkapital	80.000
- Andere Anlagen (Fuhrpark)	100.000	Verbindlichkeiten	
Umlaufvermögen		- V.a.LL.	30.000
- Vorräte (Rohstoffe)	10.000	- Sonstige Verbindlichkeiten	50.000
- Flüssige Mittel (Bank)	50.000	(Lieferantendarlehen)	
Bilanzsumme	160.000	Bilanzsumme	160.000

Kontendarstellung (in €)

Soll	Fuhrpark	Haben			Soll	Eigenkapital	Haben
AB	100.000	Minderungen				Minderungen	AB 80.000
Zuwächse		SB				SB	Zuwächse

Soll	Rohstoffe	Haben			Soll	V.a.LL.	Haben
AB	10.000	Minderungen				Minderungen	AB 30.000
Zuwächse		SB				SB	Zuwächse

Soll	Bank	Haben			Soll	Lief.-Darlehen	Haben
AB	50.000	Minderungen				Minderungen	AB 50.000
Zuwächse		SB				SB	Zuwächse

Aktiva	Schlussbilanz zum 31.12. (in €)		Passiva
Anlagevermögen		Eigenkapital	SB
- Andere Anlagen (Fuhrpark)	SB	Verbindlichkeiten	
Umlaufvermögen		- V.a.LL.	SB
- Vorräte (Rohstoffe)	SB	- Sonstige Verbindlichkeiten	SB
- Flüssige Mittel (Bank)	SB	(Lieferantendarlehen)	
Bilanzsumme		Bilanzsumme	

AB = Anfangsbestand; SB = Schlussbestand

Abb. 15: Von der Eröffnungsbilanz zur Schlussbilanz

Beispielhaft soll das Konto Fuhrpark mit einem Anfangsbestand von 100.000 € für folgende Geschäftsfälle bis Juli 02 abgeschlossen werden (in €):

15. Mai: Verkauf eines Pkw für 8.000
03. Juni: Kauf eines Lkw für 120.000
27. Juli: Kauf eines Pkw für 30.000

Soll	Konto „Fuhrpark"		Haben
Anfangsbestand	**100.000**	Verkauf Pkw	8.000
Kauf Lkw	120.000	**= Schlussbestand**	**242.000**
Kauf Pkw	30.000	zum 31.07.02	(250.000 ./. 8.000)
Summe der Sollposten	250.000	Summe der Habenposten	250.000

Abb. 16: Ermittlung des Schlussbestands beim Konto „Fuhrpark"

Schlussbestand eines aktiven Bestandskontos
= Anfangsbestand (Soll) + Zugänge (Soll) - Abgänge (Haben)

Für das passive Bestandskonto Verbindlichkeiten aus Lieferungen und Leistungen (V.a.LL.) sollen im Monat März 02 folgende Geschäftsfälle erfasst werden (in €):

01. März: Anfangsbestand   7.000
02. März: Ankauf von Rohstoffen gegen Rechnung   6.000
10. März: Teilweise Begleichung dieser Rechnung durch Banküberweisung   2.000
12. März: Barzahlung des Restbetrages   4.000
21. März: Kauf von Waren gegen Rechnung (Zielkauf)   5.000
31. März: Banküberweisung für bezogenen Waren   4.000

Abschluss des Verbindlichkeitenkontos und Ermittlung des Schlussbestands (in €):

Soll		Konto „V.a.LL."	Haben
Teilweise Zahlung für Rohstoffe	2.000	**Anfangsbestand**	**7.000**
Barzahlung des Restbetrages	4.000	Rohstoffrechnung	6.000
Banküberweisung für bezogene		Zielkauf von Waren	5.000
Waren	4.000		
Schlussbestand zum 31.03.02	**8.000**		
Summe der Sollposten	18.000	Summe der Habenposten	18.000

Abb. 17: Ermittlung des Schlussbestands beim Konto „V.a.LL."

Schlussbestand eines passiven Bestandskontos
= Anfangsbestand (Haben) + Zugänge (Haben) - Abgänge (Soll)

Die Schlussbestände der aktiven und passiven Bestandskonten werden zum Jahresabschluss unter bestimmten Bilanzpositionen in der Schlussbilanz ausgewiesen. Die Schlussbestände der aktiven Bestandskonten erscheinen dann auf der Aktiv-Seite der Schlussbilanz, die Schlussbestände der passiven Bestandskonten auf der Passiv-Seite der Schlussbilanz.

1.8   Buchungssätze

Bei Geschäftsvorfällen werden im Unternehmen immer mindestens zwei Konten berührt. Man spricht deshalb auch vom System der doppelten Buchführung oder Doppik. Formell geschieht dies durch Buchungssätze.

Der Buchungssatz spricht in seiner einfachen Form zwei Konten an, eines auf der Soll-, das andere auf der Habenseite. Nach buchhalterischer Übereinkunft nennt man zuerst die Soll- und dann die insgesamt betragsgleiche Habenbuchung.

Die allgemein übliche Schreibweise des einfachen Buchungssatzes lautet demnach

Sollkontenposition an Habenkontenposition oder:

„Soll an Haben"

Als **Beispiel** möge der Ankauf von Material in Höhe von 2.000 € dienen.

Der **einfache Buchungssatz** lautet: Rohstoffe an V.a.LL. (Verbindlichkeiten aus Lieferungen und Leistungen)   2.000

Bei einem zusammengesetzten Buchungssatz wird auf mehr als zwei Konten gebucht.

Beispiel:

Ein Kunde begleicht seine Rechnung teilweise in bar (2.000 €), der Rest wird per Banküberweisung (1.000 €) bezahlt.

Der **zusammengesetzte Buchungssatz** lautet: Bank (1.000)/Kasse (2.000) an F.a.LL. (Forderungen aus Lieferungen und Leistungen) 3.000

Erfasst werden die Buchungsvorgänge sowohl im Grundbuch (auch Journal oder Tagebuch genannt) als auch im Hauptbuch (oder Sachkontendarstellung genannt).

Im Grundbuch werden die Geschäftsfälle in zeitlicher Reihenfolge erfasst. Im Hauptbuch erfolgt eine Erfassung in Kontenform, d.h. sachliche Zuordnung der Buchung.

Obiger einfacher Buchungssatz (Ankauf von Material) sieht im Grundbuch wie folgt aus:

Grundbuch (in €)				
Datum	Beleg	Buchungssatz	Soll	Haben
11.11.2011	Eingangs- rechnung Nr. 9675	Rohstoffe an V.a.LL. (Verbindlichkeiten aus Liefe- rungen und Leistungen)	2.000	2.000

Abb. 18: Grundbuchdarstellung

Der zusammengesetzte Buchungssatz lässt sich in Konten- oder Hauptbuchdarstellung wie folgt visualisieren:

Hauptbuch (in €)						
Soll	Bank	Haben		Soll	F.a.LL.	Haben
AB 100.000				AB 300.000	Bank/	
F.a.LL. 1.000					Kasse	3.000

Soll	Kasse	Haben
AB 5.000		
F.a.LL. 2.000		
AB = Anfangsbestand		

Abb. 19: Hauptbuch- oder Kontendarstellung

In der Kontendarstellung des Hauptbuchs wird bei den einzelnen Geschäftsfällen immer das zu bebuchende Gegenkonto angegeben.

Die Sollbuchung wird auch Lastschrift genannt. Die Habenbuchung firmiert auch unter dem Begriff Gutschrift.

> Sollbuchung = Lastschrift;
> Habenbuchung = Gutschrift

1.9   Hauptbuch- oder Sachkontendarstellung

Die Schlussbilanz des vorangegangenen Geschäftsjahres muss mit der Eröffnungsbilanz des Berichtsjahres identisch sein. Die Bilanz ist in Aktiva und Passiva untergliedert.

Damit die Bestandskonten gemäß den Grundsätzen der doppelten Buchführung bebucht werden können, muss ein Eröffnungsbilanzkonto als Hilfs- oder Gegenkonto eingerichtet werden. Hierzu werden die Konten der Eröffnungsbilanz einfach „umgedreht", d.h. seitenverkehrt aufgestellt.

> Eröffnungsbilanzkonto = „umgedrehte" Eröffnungsbilanz auf Kontenbasis

Die Buchungssätze zur Eröffnung der Bestandskonten lauten somit:

> „Aktivkonten an Eröffnungsbilanzkonto" und „Eröffnungsbilanzkonto an Passivkonten"

Dies wird anhand von Abb. 20 verdeutlicht:

Aktiva	**Eröffnungsbilanz** zum 01.01. (in €)		Passiva
Anlagevermögen		Eigenkapital	80.000
- Andere Anlagen	100.000	Verbindlichkeiten	
(Fuhrpark)		- V.a.LL.	30.000
Umlaufvermögen		- Sonstige Verbindlich-	50.000
- Vorräte (Rohstoffe)	10.000	keiten (Lieferantendarlehen)	
- Flüssige Mittel (Bank)	50.000		
Bilanzsumme	160.000	Bilanzsumme	160.000

Soll	Eröffnungsbilanzkonto (EBK) zum 01.01		Haben
Eigenkapital	80.000	Fuhrpark	100.000
V.a.LL.	30.000	Rohstoffe	10.000
Lieferantendarlehen	50.000	Bank	50.000

Soll	**Fuhrpark**	Haben	Soll	**V.a.LL.**	Haben
EBK	100.000			EBK	30.000

Abb. 20: Buchungen für Eröffnungsbilanz, Eröffnungsbilanzkonto und zwei Bestandskonten

Die Bestandskonten sind auf das Schlussbilanzkonto abzuschließen.

> „Schlussbilanzkonto an Aktivkonten" und
> „Passivkonten an Schlussbilanzkonto".

Bei der Inventur kommt es zumeist zu Inventurdifferenzen. Diese werden auf den Konten des Hauptbuchs gebucht und somit im Schlussbilanzkonto (SBK) erfasst.

Die Schlussbilanz fasst die Konten des SBK's unter Gliederungspunkten zusammen. Beispiel: Das Sachkonto „Rohstoffe" erscheint in der Bilanz unter „Vorräte".

> Das Hauptbuch oder die Sachkontendarstellung
> ➡ beginnt mit dem Eröffnungsbilanzkonto und
> ➡ endet mit dem Schlussbilanzkonto.

Die Eröffnungs- und Schlussbilanz gehören nicht zum Hauptbuch, da sie keine Kontendarstellung sind.

Die Sachkontendarstellung ist von der Personenkontendarstellung zu unterscheiden, die in den Nebenbüchern geführt wird. Hierbei trennt man Kundenkonten oder Debitoren von Lieferantenkonten oder Kreditoren.

> Personenkonten als Beispiel für Nebenkonten
> ▼
> Kundenkonten = Debitoren
> Lieferantenkonten = Kreditoren

Die Sachkonten bestehen aus den Bestandskonten und den Erfolgskonten, die wir anschließend behandeln werden. Der Abschlusserstellungsprozess ist Abb. 21 dargestellt.

Abb. 21 liegen folgende Geschäftsfälle (Buchungssätze) in € zugrunde:

❶ Anschaffung eines Pkw durch Banküberweisung   30.000
   (Fuhrpark an Bank 30.000)

❷ Begleichung einer Lieferantenschuld per Banküberweisung   10.000
   (V.a.LL. an Bank 10.000)

Aktiva	Eröffnungsbilanz 01.01. (in €)		Passiva
Anlagevermögen		Eigenkapital	80.000
- Andere Anlagen (Fuhrpark) 100.000		Verbindlichkeiten	
Umlaufvermögen		- V.a.LL.	30.000
- Vorräte (Rohstoffe)	10.000	- Sonstige Verbindlich-	50.000
- Flüssige Mittel (Bank)	50.000	keiten	
		(Lieferantendarlehen)	
Bilanzsumme	160.000	Bilanzsumme	160.000

Hauptbuch

Soll	Eröffnungsbilanzkonto (EBK) 01.01.		Haben
Eigenkapital	80.000	Fuhrpark	100.000
V.a.LL.	30.000	Rohstoffe	10.000
Lieferantendarlehen	50.000	Bank	50.000
	160.000		160.000

Soll	Fuhrpark		Haben	Soll	Eigenkapital		Haben
EBK	100.000	SBK	130.000	SBK	80.000	EBK	80.000
❶ Bank	30.000						

Soll	Rohstoffe		Haben	Soll	V.a.LL.		Haben
EBK	10.000	SBK	10.000	❷ Bank	10.000	EBK	30.000
				SBK	20.000		

Soll	Bank		Haben	Soll	Lieferantendarlehen		Haben
EBK	50.000	❶ Fuhrpark	30.000	SBK	50.000	EBK	50.000
		❷ V.a.LL.	10.000				
		SBK	10.000				

Soll	Schlussbilanzkonto (SBK) 31.12.		Haben
Fuhrpark	130.000	Eigenkapital	80.000
Rohstoffe	10.000	V.a.LL.	20.000
Bank	10.000	Lieferantendarlehen	50.000
	150.000		150.000

Aktiva	Schlussbilanz 31.12.		Passiva
Anlagevermögen		Eigenkapital	80.000
- Andere Anlagen (Fuhrpark)	130.000	Verbindlichkeiten	
Umlaufvermögen		- V.a.LL.	20.000
- Vorräte (Rohstoffe)	10.000	- Sonstige Verbindlich-	50.000
- Flüssige Mittel (Bank)	10.000	keiten (Lieferantendarlehen)	
Bilanzsumme	150.000	Bilanzsumme	150.000

Hauptbuch	❶ und ❷ = im Text erwähnte Geschäftsfälle

Abb. 21: Umfang des Hauptbuchs

1.10   Multiple Testfragen

1. Zentrale Aufgabe des Rechnungswesens ist die Erfassung von Geschäftsfällen. Welche Kriterien kennzeichnen einen Geschäftsfall?
    a) Änderung des Vermögens und/oder der Schulden des Unternehmens.
    b) Das Vorliegen eines juristischen Vertrages.
    c) Die Erzielung von Umsatzerlösen.

2. Die Finanzbuchhaltung
    a) kennt keine gesetzlichen Grundlagen.
    b) wird nur aufgrund gesetzlicher Vorschriften tätig.
    c) dient als internes Informationsinstrument der Geschäftsleitung.

3. Als Instrumente der Finanzbuchhaltung gelten:
    a) eine Buchung,
    b) ein Beleg,
    c) die Handels- und Steuerbilanz,
    d) ein Mahnschreiben an Kunden wegen unterlassener Zahlungen.

4. Eine Inventur
    a) dient der Erfassung von Vermögensgegenständen.
    b) beinhaltet die Überprüfung der Bestände an Forderungen, Schulden und Eigenkapital.
    c) ist ein Produktionsverfahren zur Fahrzeugherstellung.
    d) ist die Vorstufe zu einem Inventar.

5. Ein Inventar ist
    a) eine tabellarische Zusammenstellung von Gegenständen des Anlagevermögens, des Umlaufvermögens, der Schulden sowie des Eigenkapitals eines Unternehmens.
    b) eine Übersicht aus der Mengen und Werte des Vermögens, der Schulden und des Eigenkapitals dargestellt werden.
    c) eine reine mengenmäßige Darstellung der Vermögenswerte.
    d) eine Zusammenfassung der Kreditverbindlichkeiten.

6. In einer Bilanz
    a) kann die Summe der Aktiva größer sein als die Summe der Passiva.
    b) muss die Summe der Aktiva immer genauso groß sein wie die Summe der Passiva.
    c) sollte das Eigenkapital nie negativ sein.
    d) stellt das Eigenkapital die Differenz zwischen Vermögen und Schulden dar.

7. Ein Finanzanalyst
    a) ist ein festangestellter Mitarbeiter eines Chemieunternehmens.
    b) bewertet die Bilanz eines Unternehmens und schließt daraus auf mögliche Kursveränderungen der Aktien.
    c) ist zumeist ein Angestellter einer Bank.

8. Bei einem Aktivtausch
   a) erhöht sich die Bilanzsumme.
   b) steigt die Bilanzsumme.
   c) bleibt die Bilanzsumme unverändert.

9. Die Werte der Eröffnungsbilanz zum 01.01.02
   a) sind identisch mit den Werten der Schlussbilanz zum 31.12.03.
   b) sind identisch mit den Werten der Schlussbilanz zum 31.12.01.

10. Der Schlussbestand eines aktiven Bestandskontos
    a) folgt aus der Addition der Sollanfangsbestände mit den Sollzugängen sowie der Subtraktion der Abgänge im Haben.
    b) kann auch per Inventur ermittelt werden.
    c) folgt aus der Addition der Habenanfangsbestände mit den Zugängen im Haben sowie der Subtraktion der Abgänge im Soll.

11. Ein Buchungssatz
    a) ist ein Roman von Heinrich Böll.
    b) wird im Duden erläutert.
    c) nennt zunächst die Sollposition des zu bebuchenden Kontos und anschließend die Habenposition des zu bebuchenden Kontos.

12. Das Hauptbuch
    a) stellt die Sachkonten dar.
    b) beinhaltet die Debitorenkonten.
    c) zeigt die Kreditorenkonten auf.
    d) reicht vom Eröffnungsbilanzkonto bis zum Schlussbilanzkonto.

13. Ein Eröffnungsbilanzkonto
    a) ist eine spiegelbildliche Darstellung der Eröffnungsbilanz auf Kontenebene.
    b) dient zum Abschluss von Bestandskonten.
    c) dient der Erhaltung der buchhalterischen Doppik.
    d) ist ein passives Bestandskonto.

14. Ein Debitorenkonto
    a) dient der Verbuchung von Lieferantenverbindlichkeiten.
    b) dient der personenbezogenen Verbuchung von Kundenforderungen.
    c) ist Teil des Nebenbuchs, in dem die Kunden erfasst werden.
    d) ist ein Konto der Anlagenbuchhaltung.

1.11 Fallstudie: Jahresabschluss mit Bestandskonten der Bilanz

Anhand folgender Geschäftsfälle der *Beate Muhse AG* (in €) soll die Prozesskette

- Schlussbilanz zum 31.12.01
- Eröffnungsbilanz zum 01.01.02
- Eröffnungsbilanzkonto zum 01.01.02
- Bestandskonten der Bilanz in 02
- Schlussbilanzkonto zum 31.12.02
- Schlussbilanz zum 31.12.02

dargestellt werden

Geschäftsfälle:

1. Kauf eines Lkw gegen Banküberweisung 90.000
2. Ein Kunde bezahlt seine Rechnung durch Banküberweisung 40.000
3. Einkauf von Waren beim Lieferanten gegen Rechnung ("auf Ziel") 20.000
4. Ein Lieferant wandelt die Lieferforderung in ein Darlehen um 50.000

Annahme: Keine Inventurdifferenzen!

Die Schlussbilanz zum 31.12.01 hat folgendes Aussehen:

Aktiva	Schlussbilanz 31.12.01		Passiva
Anlagevermögen		Eigenkapital	500.000
- Andere Anlagen (Fuhrpark)	225.000	Verbindlichkeiten	
Umlaufvermögen		- V.a.LL.	225.000
- Vorräte (Waren)	200.000	- Sonstige Verbindlichkeiten	
- Forderungen u. sonst. Verm.geg.		(Lieferantendarlehen)	100.000
(F.a.LL.)	150.000		
- Flüssige Mittel (Bank)	250.000		
Bilanzsumme	825.000	Bilanzsumme	825.000

F.a.LL. = Forderungen aus Lieferungen und Leistungen
V.a.LL. = Verbindlichkeiten aus Lieferungen und Leistungen

1.12   Lösungen multiple Testfragen

1. a)

2. b)

3. b)
    c)

4. a)
    b)
    d)

5. a)
    b)

6. b)
    c)
    d)

7. b)
    c)

8. c)

9. b)

10. a)
    b)

11. c)

12. a)
    d)

13. a)
    c)

14 b)
    c)

1.13 Lösung Fallstudie (in €)

Aktiva	Schlussbilanz 31.12.01 = Eröffnungsbilanz 01.01.02		Passiva
Anlagevermögen		Eigenkapital	500.000
- Andere Anlagen (Fuhrpark)	225.000	Verbindlichkeiten	
Umlaufvermögen		- V.a.LL.	225.000
- Vorräte (Waren)	200.000	- Sonstige Verbindlichkeiten	100.000
- Forderungen u. sonst. Verm.geg.		(Lieferantendarlehen)	
(F.a.LL.)	150.000		
- Flüssige Mittel (Bank)	250.000		
Bilanzsumme	825.000	Bilanzsumme	825.000

Eröffnungsbilanzkonto = Spiegelbild der Eröffnungsbilanz in Kontenform

Soll	Eröffnungsbilanzkonto 01.01.02		Haben
Eigenkapital	500.000	Fuhrpark	225.000
V.a.LL.	225.000	Waren	200.000
Lieferantendarlehen	100.000	F.a.LL.	150.000
		Bank	250.000
	825.000		825.000

Buchungssätze für Bestandskonten der Bilanz:

❶ Fuhrpark an Bank   90.000
❷ Bank an F.a.LL.   40.000
❸ Waren an V.a.LL.   20.000
❹ V.a.LL. an Lieferantendarlehen   50.000

Buchungssätze für Verbuchung der Anfangsbestände auf dem Eröffnungsbilanz-konto:
„Aktivkonten an Eröffnungsbilanzkonto"
„Eröffnungsbilanzkonto an Passivkonten"

Soll	Fuhrpark		Haben
AB	225.000	SB	315.000
❶ Bank	90.000		
	315.000		315.000

Soll	Eigenkapital		Haben
SB	500.000	AB	500.000
	500.000		500.000

Soll	Waren		Haben
AB	200.000	SB	220.000
❸ V.a.LL.	20.000		
	220.000		220.000

Soll	V.a.LL.		Haben
❹ Darleh.	50.000	AB	225.000
SB	195.000	❸ Waren	20.000
	245.000		245.000

Soll	F.a.LL.		Haben
AB	150.000	❷ Bank	40.000
		SB	110.000
	150.000		150.000

Soll	Lieferantendarlehen		Haben
SB	150.000	AB	100.000
		❹ Va.LL.	50.000
	150.000		150.000

Soll	Bank		Haben
AB	250.000	❶ Fuhrp.	90.000
❷ F.a.LL.	40.000	SB	200.000
	290.000		290.000

AB = Anfangsbestand
SB = Schlussbestand
F.a.LL. = Forderungen aus Lieferungen und Leistungen
V.a.LL. = Verbindlichkeiten aus Lieferungen und Leistungen

Buchungssätze für Erfassung der Schlussbestände im Schlussbilanzkonto:

„Schlussbilanzkonto an Aktivkonten"
„Passivkonten an Schlussbilanzkonto"

Soll	Schlussbilanzkonto 31.12.02		Haben
Fuhrpark	315.000	Eigenkapital	500.000
Waren	220.000	V.a.LL.	195.000
F.a.LL.	110.000	Lieferantendarlehen	150.000
Bank	200.000		
	845.000		845.000

▼
Ende der Konten- oder Hauptbuchdarstellung
▼
Inventur zum 31.12.02, Annahme: keine Inventurdifferenzen!
▼
Inventar zum 31.12.02
▼

Aktiva	Schlussbilanz 31.12.02		Passiva
Anlagevermögen		Eigenkapital	500.000
- Andere Anlagen (Fuhrpark)	315.000	Verbindlichkeiten	
Umlaufvermögen		- V.a.LL.	195.000
- Vorräte (Waren)	220.000	- Sonstige Verbindlichkeiten	150.000
- Forderungen u. sonst. Verm.geg.		(Lieferantendarlehen)	
(F.a.LL.)	110.000		
- Flüssige Mittel (Bank)	200.000		
Bilanzsumme	845.000	Bilanzsumme	845.000

Das Eigenkapital bleibt unverändert bei 500.000 €, d.h. es ist im Geschäftsjahr 02 weder ein Gewinn noch ein Verlust entstanden.

2 Technik der Finanzbuchhaltung – Erfolgs- und sonstige Konten

2.1 Erfolgswirksame Buchungen von Aufwendungen und Erträgen

Im ersten Kapitel wurden nur Geschäftsfälle betrachtet, die das Eigenkapital des Unternehmens unberührt ließen, so genannte erfolgsneutrale Geschäftsvorfälle. Viele betriebliche Vorgänge führen zu einer Änderung des Eigenkapitals. Dabei kann es sich um Minderungen oder Mehrungen des Eigenkapitals handeln.

> Erfolgswirksame Buchungen verändern die Höhe des Eigenkapitals.

Das Unternehmen kann z.B. **Zinserträge** aus der Anlage von liquiden Mitteln erzielen. In diesem Fall nimmt der Bestand auf dem aktiven Bestandskonto Bank zu, **ohne dass der Bestand eines anderen bisher verwendeten Kontos berührt wird**. Das Vermögen steigt, die Schulden bleiben unverändert. Das Reinvermögen nimmt zu, d.h. das Eigenkapital erhöht sich.

> „Bank an Eigenkapital"

Das Unternehmen muss **Mietaufwendungen** für die genutzten Büroräumlichkeiten per Dauerauftrag überweisen. In diesem Fall nimmt das Eigenkapital ab.

> „Eigenkapital an Bank"

Zur besseren Übersicht wird das Eigenkapitalkonto in Unterkonten, so genannte Erfolgskonten (Aufwendungen und Erträge), zerlegt.

> Mehrung des Eigenkapitals = Ertrag
> Minderung des Eigenkapitals = Aufwand

Der Erfolg eines Geschäftsjahres lässt sich demnach auch als Differenz zwischen den Erträgen und den Aufwendungen eines Unternehmens definieren. Damit ergibt sich neben dem Vergleich: Eigenkapital der Berichtsperiode minus Eigenkapital der Vorperiode eine weitere Möglichkeit der Gewinn- und Verlustermittlung.

In der betrieblichen Praxis sind die wichtigsten Aufwendungen:

- Materialaufwendungen
■ **Rohstoffe**: Bleche, Eisen, Holz, Glas etc.
■ **Hilfsstoffe**: Farben, Lacke, Säuren, Nägel, Schrauben etc.
■ **Betriebsstoffe**: Benzin, Schmieröle, Reparaturmaterialien etc.
   (Der Bilanzierer spricht im Fachjargon auch von den „**RHB**")
■ Bezogene Leistungen und Waren

- Personalaufwendungen
■ Löhne
■ Gehälter
■ Sozialabgaben

In Fertigungsbetrieben der Automobilindustrie können die Personal- und Materialaufwendungen jeweils rund 40 % aller Aufwendungen erreichen. Insgesamt rund 80 % des Aufwandsvolumens.

Daneben zählen Aufwendungen für Abschreibungen zu den wichtigsten weiteren Aufwandsarten.

Unter „Sonstigen betrieblichen Aufwendungen" werden z.B. Aufwendungen für
■ Bewirtung,
■ Büromaterial,
■ Gewährleistungen,
■ Instandhaltung,
■ Mieten,
■ Provisionen,
■ Reisen,
■ Spenden,
■ Transport,
■ Versicherungen,
■ Werbung,
■ Zinsen geführt.

Die wichtigsten Erträge sind:
■ Umsatzerlöse
■ Beteiligungserträge
   (z.B. Erträge von „Holdinggesellschaften", die selbst keine Kundenumsätze erzielen, sondern nur die Gewinne der Tochtergesellschaften vereinnahmen)
■ Zinserträge
■ Sonstige betriebliche Erträge (z.B.)
   - Mieteinnahmen
   - Investitionszulagen
   - Steuererstattungen für Vorjahre
   - Erlöse aus Sozialeinrichtungen des Unternehmens (z.B. Kantine)

2.1.1   Erfolgskonten

Es wäre möglich, alle erfolgswirksamen Geschäftsvorfälle auf dem Eigenkapitalkonto zu buchen. Da das Eigenkapitalkonto ein passives Bestandskonto ist, müssten alle Zugänge (= Erträge) im Haben und alle Abgänge (= Aufwendungen) im Soll gebucht werden. Um aufgrund der Vielzahl von Aufwendungen und Erträgen in einem Unternehmen die Übersicht zu behalten, werden Unterkonten des Eigenkapitalkontos eingerichtet. Diese Konten nennt man Erfolgskonten oder Aufwands-/Ertragskonten.

Erfolgskonten = Aufwands- und Ertragskonten = Unterkonten des Eigenkapitals

Eigenkapitalminderungen werden auf Aufwandskonten, Eigenkapitalmehrungen auf Ertragskonten gebucht.

Da Aufwendungen und Erträge das Eigenkapital verändern, bucht man sie auf derselben Kontoseite, wie man sie im Eigenkapitalkonto buchen würde.

Somit ergeben sich folgende Regeln:

Aufwendungen werden stets im Soll gebucht.

Erträge werden stets im Haben gebucht.

Die Salden der Erfolgskonten werden im Gewinn- und Verlustkonto (GuV-Konto) gesammelt. Der dann festgestellte Gewinn oder Verlust wird anschließend eigenkapitalerhöhend oder -vermindernd auf das Eigenkapital verbucht.

Da die Salden der Erfolgskonten zum Geschäftsjahresende gegen das GuV-Konto verrechnet werden, kennen Aufwands- und Ertragskonten keine Anfangsbestände, die im folgenden Geschäftsjahr übernommen werden.

Aufwands- und Ertragskonten haben **keine Anfangsbestände.**

Aufwands- und Ertragskonten weisen nur innerhalb des Geschäftsjahres Bestände aus.

Prozesse bei Erfolgskontenbuchungen:

Veränderungen des Kontos Eigenkapital ▼ Erfassung dieser Veränderungen in Aufwands- und Ertragskonten ▼ Verbuchung der Salden der Erfolgskonten im GuV-Konto ▼ Gewinne erhöhen den Bestand des Eigenkapitalkontos/ Verluste verringern den Bestand des Eigenkapitalkontos

Abb. 22: Prozesskette der Verbuchung von Gewinnen und Verlusten

Anhand der folgenden **Geschäftsfälle** soll dies verdeutlicht werden (in €):

❶	Verbrauch von Rohstoffen in Höhe von 11.000
❷	Gehaltsüberweisungen an Mitarbeiter über 18.000
❸	Verkauf von Waren auf Ziel (d.h. gegen Rechnung) in Höhe von 40.000
❹	Bankgutschrift von Zinserträgen festverzinslicher Wertpapiere über 5.000

Die entsprechenden **Buchungssätze** lauten (in €):

❶	Aufwendungen für Rohstoffe an Rohstoffe	11.000
❷	Aufwendungen für Gehälter an Bank	18.000
❸	F.a.LL. (Forderungen aus Lieferungen und Leistungen) an Umsatzerlöse	40.000
❹	Bank an Zinserträge	5.000

Die Aufwendungen werden im Soll erfasst, da sie das Eigenkapital mindern. Die entsprechende Haben-Buchung vermindert den Saldo des betreffenden Bestandskontos. Die Erträge werden im Haben erfasst und erhöhen den Saldo des entsprechenden Bestandskontos.

Erfolgswirksame Geschäftsvorfälle sind nach folgendem Grundmuster zu buchen:

„Aufwandskonto an Bestandskonto"

„Bestandskonto an Ertragskonto".

Abb. 23 veranschaulicht den Zusammenhang zwischen Bestands- und Erfolgsverbuchung (in €):

Aufwendungen			Bestandskonten		
Soll	Rohstoffe	Haben	Soll	Rohstoffe	Haben
❶ 11.000			AB 90.000	❶	11.000
Soll	Gehälter	Haben	Soll	Bank	Haben
❷ 18.000			AB 40.000	❷	18.000
Bestandskonten			**Erträge**		
Soll	F.a.LL.	Haben	Soll	Umsätze	Haben
AB 80.000				❸	40.000
❸ 40.000					
Soll	Bank	Haben	Soll	Zinsen	Haben
AB 40.000				❹	5.000
❹ 5.000					

AB = Anfangsbestand
❶ bis ❹ = siehe obige Geschäftsfälle
Abb. 23: Sachkonten als Erfolgs- und Bestandskonten

2.1.2 Gewinn- und Verlustkonto (GuV-Konto)

Jedes der Erfolgskonten gibt seinen Saldo an ein gemeinsames Sammelkonto ab, welches Gewinn- und Verlustkonto (GuV-Konto) genannt wird.

Das **GuV-Konto** sammelt die einzelnen Aufwendungen und Erträge in Form einer Kontendarstellung. Es ist von der GuV-Rechnung zu unterscheiden.

Die **Gewinn- und Verlustrechnung** stellt die unter Gliederungspunkten zusammen-gefassten Aufwendungen und Erträge hintereinander in Form einer Staffelrechnung gemäß § 275 HGB dar (siehe Kapitel 3.3).

Bei den **Aufwandskonten** erscheinen die Salden im Haben und werden als jeweilige Aufwandsart auf der Sollseite des GuV-Kontos gegengebucht.

Die Salden der **Ertragskonten** erscheinen dementsprechend im GuV-Konto als Er-tragsarten auf der Habenseite.

Es gilt: Summe der Erträge
                                     ./. Summe der Aufwendungen
                                = Gewinn oder Verlust

Das GuV-Konto weist dann den Periodenerfolg oder den Periodenverlust aus. Dieser Saldo wird anschließend gegen das Bestandskonto Eigenkapital abgeschlossen.

Die Buchungssätze zum Abschluss der Aufwands- und Ertragskonten lauten wie folgt:
- „GuV-Konto an alle Aufwandskonten"
- „Alle Ertragskonten an GuV-Konto"

Die Buchungssätze zum Abschluss des GuV-Kontos gegen das Eigenkapital lauten:
- Gewinn: „GuV-Konto an Eigenkapital" (das Eigenkapital nimmt zu)
- Verlust: „Eigenkapital an GuV-Konto" (das Eigenkapital nimmt ab)

Die Erfassung der Geschäftsfälle ❶ bis ❹ im GuV-Konto und die Verrechnung mit dem Eigenkapitalkonto (in €) sind in Abb. 24 für das Geschäftsjahr 02 dargestellt.

Soll	Aufwend. Rohstoffe	Haben	Aufwen-dungen	GuV-Konto 02	Erträge	Soll	Umsatzerlöse	Haben
❶	11.000	GuV 11.000	Roh-stoffe 11.000	Um-sätze	40.000	GuV 40.000	❸	40.000
Soll	**Aufwend. Gehälter**	**Haben**				**Soll**	**Zinserträge**	**Haben**
❷	18.000	GuV 18.000	Gehäl-ter 18.000	Zin-sen	5.000	GuV 5.000	❹	5.000
			Ge-winn 16.000					
			45.000		45.000			

Soll	Eigenkapital zum 31.12.02	Haben
SB	176.000	AB 160.000
		Ge-winn 16.000

AB = Anfangsbestand, SB = Schlussbestand
❶ bis ❹ = siehe obige Geschäftsfälle

Abb. 24: Abschluss der Erfolgskonten über das GuV-Konto und Verrechnung des Gewinns mit dem Eigenkapital

Das GuV-Konto sammelt sämtliche Aufwendungen der Geschäftsfälle ❶ bis ❹ im Soll und sämtliche Erträge im Haben:

GuV-Konto 02		
Aufwendungen		**Erträge**
❶ Rohstoffe	❸	Umsätze
❷ Gehälter	❹	Zinsen
Gewinn	Verlust	

Abb. 25: Struktur des GuV-Kontos

2.2 Zehn Grundregeln der doppelten Buchführung

Aus den bislang dargestellten Buchungsvorgängen lassen sich zehn wichtige Regeln zur Darstellung der doppelten Buchführung ableiten:

1. Buchen anhand von Buchungssätzen:
➡ Gebucht wird immer „Soll an Haben", somit wird jeder Geschäftsfall doppelt erfasst.

2. Buchen auf aktiven Bestandskonten:
➡ Im Soll werden die Anfangsbestände und die Zuwächse verbucht.
➡ Im Haben erfolgen die Verbuchung der Abgänge sowie die Erfassung des Endbe-stands.

3. Buchen auf passiven Bestandskonten:
➡ Im Haben werden die Anfangsbestände und die Zuwächse verbucht.
➡ Im Soll erfolgt die Verbuchung der Abgänge sowie die Erfassung des Endbestands.

4. Erfassung der Anfangsbestände im Eröffnungsbilanzkonto:
➡ Aktiva: „Anfangsbestand des aktiven Bestandskontos an Eröffnungsbilanzkonto"
➡ Passiva: „Eröffnungsbilanzkonto an Anfangsbestand des passiven Bestandskontos"

5. Buchen von Aufwendungen:
➡ Aufwendungen werden im Soll gebucht.
➡ Keine Anfangsbestände bei Aufwendungen.

6. Buchen von Erträgen:
➡ Erträge werden im Haben gebucht.
➡ Keine Anfangsbestände bei Erträgen.

7. Abschluss der Aufwandskonten über das Gewinn- und Verlustkonto:
➡ „GuV-Konto an Aufwandskonten"

8. Abschluss der Ertragskonten über das Gewinn- und Verlustkonto:
➡ „Ertragskonten an GuV-Konto"

9. Abschluss des GuV-Kontos über das Eigenkapital:
➡ Gewinn: „GuV-Konto an Eigenkapital"
➡ Verlust: „Eigenkapital an GuV-Konto"

10. Erfassung der Schlussbestände im Schlussbilanzkonto:
➡ „Schlussbilanzkonto an aktive Bestandskonten (Schlussbestand)"
➡ „Passive Bestandskonten (Schlussbestand) an Schlussbilanzkonto"

2.3 Abschreibungen

Vermögensgegenstände des Anlagevermögens, wie z.B. Maschinen, unterliegen einem Verschleiß. Die Maschine wird älter und muss nach Ablauf der Nutzungsdauer ersetzt werden. Die laufenden Wertminderungen werden in der Finanzbuchhaltung als Aufwendungen, so genannte Abschreibungen, erfasst. Abschreibungen auf Umlaufvermögen, wie z.B. auf Forderungen gegen Kunden, die den Kaufpreis nicht bezahlen, werden als Wertberichtigungen auf Forderungen bezeichnet.

Beispiel:

Im Presswerk der *Speedy GmbH* wird eine Blechpresse im Wert von 1.000.000 € (netto) angeschafft. Die voraussichtliche Nutzungsdauer betrage zehn Jahre.

Es gibt vor allem zwei Möglichkeiten der Erfassung von Abschreibungen; die lineare oder die degressive Abschreibung.

Abschreibungen	
Lineare Abschreibungen	Degressive Abschreibungen

Bei der **linearen Abschreibung** wird der Anschaffungswert von 1.000.000 € in gleichen Raten über zehn Jahre abgeschrieben.

Der Buchungssatz zur Bildung der Abschreibung lautet für jedes Nutzungsjahr (in €):

Abschreibungen auf Sachanlagen an Technische Anlagen und Maschinen	100.000

Nach zehn Jahren ist die Blechpresse voll abgeschrieben.

Bei der **degressiven Abschreibung** wird nicht gleichmäßig vom Buchwert sondern z.B. jeweils 30 % vom Restwert abgeschrieben, so dass nach zehn Jahren Nutzungsdauer noch ein Restwert von 28.247,53 € zu Buche steht.

Der Vorteil der degressiven Abschreibung besteht darin, dass sie den in den ersten Jahren insbesondere bei technischen Anlagegütern hohen Verschleiß realistischer wiedergibt.

In **Deutschland** wurde die degressive Abschreibung für bewegliche Wirtschaftsgüter des Anlagevermögens mit Wirkung zum 01.01.2008 abgeschafft.

Folgendes **Beispiel** soll den Unterschied zwischen den beiden Abschreibungsmöglichkeiten erläutern:

In der *Speedy GmbH* wird eine Presse – Anschaffungskosten 1 Mio. € – zur Bearbeitung von Blechteilen im Presswerk zehn Jahre genutzt. Die Anschaffung erfolgt Anfang 01:
a) Welche Möglichkeiten hat das Unternehmen den Wertverlust der Maschine abzuschreiben?
b) Es sollen die jeweiligen alternativen Abschreibungsbeträge sowie die Restwerte über zehn Jahre ermittelt werden. Wie ist das Ergebnis zu kommentieren?

Lösung (in €):
a) Bei linearer Abschreibung können jährlich 100.000 € (1 Mio. geteilt durch zehn Jahre), bei degressiver Abschreibung z.B. 30 % vom jeweiligen Restwert an Wertminderung abgesetzt werden.
b) Bei der linearen Abschreibung wird nach Ende der Nutzungszeit der Maschine ein Restwert von Null erreicht. Bei der 30 %-igen degressiven Abschreibung wird die Maschine nie einen Restwert von Null erzielen. Die Abschreibungsbeträge sind bei der degressiven Abschreibung im Beispiel bis zum Geschäftsjahr 04 größer als bei der linearen Abschreibung. Ab Geschäftsjahr 05 liegen die linearen Abschreibungsbeträge oberhalb der degressiven Werte.

	10 % lineare AfA	30 % degressive AfA
Anschaffungswert (2.1.01)	**1.000.000,00**	**1.000.000,00**
- AfA in 01	- 100.000,00	- 300.000,00
Buchwert zum 31.12.01	**900.000,00**	**700.000,00**
- AfA in 02	- 100.000,00	- 210.000,00
Buchwert zum 31.12.02	**800.000,00**	**490.000,00**
- AfA in 03	- 100.000,00	- 147.000,00
Buchwert zum 31.12.03	**700.000,00**	**343.000,00**
- AfA in 04	- 100.000,00	- 102.900,00
Buchwert zum 31.12.04	**600.000,00**	**240.100,00**
- AfA in 05	- 100.000,00	- 72.030,00
Buchwert zum 31.12.05	**500.000,00**	**168.070,00**
- AfA in 06	- 100.000,00	- 50.421,00
Buchwert zum 31.12.06	**400.000,00**	**117.649,00**
- AfA in 07	- 100.000,00	- 35.294,70
Buchwert zum 31.12.07	**300.000,00**	**82.354,30**
- AfA in 08	- 100.000,00	- 24.706,29
Buchwert zum 31.12.08	**200.000,00**	**57.648,01**
- AfA in 09	- 100.000,00	- 17.294,40
Buchwert zum 31.12.09	**100.000,00**	**40.353,61**
- AfA in 10	- 100.000,00	- 12.106,08
Buchwert zum 31.12.10	**0**	**28.247,53**

AfA = Absetzung für Abnutzung (steuerrechtlicher Begriff für Abschreibung)

2.4   Privatentnahmen und Privateinlagen

Bei Kapitalgesellschaften erhalten die Geschäftsführer/Vorstände ein Gehalt des Unternehmens. Ihre Personalaufwendungen werden demnach als Aufwand in der GuV-Rechnung erfasst. Eigentümer der Kapitalgesellschaften sind die Gesellschafter/Aktionäre. Sie erhalten nach der Gesellschafterversammlung/Hauptversammlung zumeist ihre Gewinnanteile/Dividende ausbezahlt. Die Gesellschafter/Aktionäre können der Kapitalgesellschaft z.B. keine Sachwerte oder bare Mittel entnehmen.

Als Aktionär der *BMW AG* kann man nicht nach München fahren, um der Kasse des Unternehmens 1.000 € zu entnehmen.

Anders verhält es sich bei **Einzelgesellschaften/Personengesellschaften**, wie z.B. dem Eigentümer des Dachdeckergeschäfts *„Dinckelacker"* oder den Vollhaftern einer Offenen Handelsgesellschaft (OHG) oder Kommanditgesellschaft (KG). Diese Eigentümer oder Vollhafter können dem Unternehmen direkt Kapital entnehmen und zuführen. Ein Gehalt, wie es ein Vorstandsmitglied einer AG bezieht, erhalten sie nicht. Sie werden aus dem Gewinn bezahlt.

Demnach entstehen auch keine der GmbH oder der AG vergleichbaren Personalaufwendungen. Wird unterjährig Kapital von den Eigentümern entnommen oder zugeführt, so verändert sich die Höhe des Eigenkapitals, ohne dass dies Aussagen über die Veränderung des Gewinns/Verlusts des Unternehmens zuließe.

Privatentnahmen in der Form von

> - Bargeld,
> - Sachwerten, wie z.B. Dachziegel, oder
> - Leistungen (z.B. Instandhaltung des Privathauses durch Unternehmensmitarbeiter)

vermindern das Vermögen des Unternehmens oder stellen betrieblichen Aufwand dar. Somit wird das Eigenkapital des Unternehmens verringert. Hätte der Unternehmer nichts entnommen, so wäre am Geschäftsjahresende das Eigenkapital und der Gewinn höher oder der Verlust kleiner ausgewiesen worden. Folglich muss der Gewinn- oder Verlustausweis solcher Unternehmen korrigiert werden.

> **Privatentnahmen sind bei einer Gewinnsituation zu addieren oder verringern den Verlust** (vgl. Abb. 26).

Privatentnahmen (in €)	Gewinnsituation	Verlustsituation
Gewinn (einschließlich Privatentnahmen)	+ 1.000.000	- 2.000.000
+ Privatentnahmen (z.B. Dachziegel/Bargeld)	+ 50.000	+ 35.000
Tatsächlicher Gewinn- oder Verlustausweis	**+ 1.050.000**	**- 1.965.000**

Abb. 26: Privatentnahmen und Gewinn-/Verlustermittlung

Bei Privateinlagen – z.B. aus Erbschaft des Unternehmers – wird durch die Kapitaleinlage das Eigenkapital erhöht. Der Gewinn- oder Verlustausweis ist entsprechend zu korrigieren (vgl. Abb. 27).

Privateinlagen (in €)	Gewinnsituation	Verlustsituation
Gewinn (einschließlich Privateinlagen)	+ 1.000.000	- 2.000.000
- Privateinlagen (z.B. Bargeld aus Erbschaft)	- 50.000	- 35.000
Tatsächlicher Gewinn- oder Verlustausweis	**+ 950.000**	**- 2.035.000**

Abb. 27: Privateinlagen und Gewinn-/Verlustermittlung

> **Privateinlagen sind bei einer Gewinnsituation vom Gewinn abzuziehen und erhöhen den Verlust** (vgl. Abb. 27).

Zum **Jahresabschluss** werden die Privateinlagen und Privatentnahmen der Eigentümer gegen das Eigenkapitalkonto des Unternehmens verrechnet.

Beispiel (in €):

> ❶ Einlagen größer als Entnahmen

Privatkonto			
Entnahmen	10.000	Einlagen	50.000
❶	40.000		

Eigenkapital			
SB	140.000	AB	100.000
		❶	40.000

Abschluss Privatkonto an Eigenkapital:
❶ Privatkonto an Eigenkapital   40.000

❷ Entnahmen größer als Einlagen

Privatkonto			
Entnahmen	90.000	Einlagen	10.000
		❷	80.000

Eigenkapital			
❷	80.000	AB	100.000
SB	20.000		

Abschluss Privatkonto an Eigenkapital:
❷ Eigenkapital an Privatkonto   80.000

2.5   Umsatzsteuer

In den seltensten Fällen stellt ein Unternehmen alle Teile eines Produkts selbst her. Ein Automobil besteht aus einer Vielzahl von Einzelteilen, die der jeweilige Produzent von mehreren Lieferanten bezieht und zu einer Einheit zusammenbaut.

Handelsware durchläuft von der Erzeugung über den Groß- bis zum Einzelhandel mehrere Stufen. Dabei nehmen der Wert und damit der Preis des Produktes ständig zu. Der Staat beteiligt sich an diesem Wertzuwachs durch die Erhebung der Umsatzsteuer, die auch „Mehrwertsteuer" genannt wird.

Der Begriff Mehrwert geht auf *Karl Marx* zurück. Für *Marx* ist der Mehrwert fundamentaler Bestandteil seiner Produktionstheorie, nach der Produkte mittel- bis langfristig nur durch den Produktionsfaktor Arbeit entstehen und somit die eigenständige produktive Leistung des Produktionsfaktors Kapital verneint wird. „Kapital" ist nach *Marx* nichts als „abgeleitete Arbeit"; anders ausgedrückt: Die Existenz des Produktionsfaktors Kapitals setzt voraus, dass vorher erfolgreich gearbeitet wurde.

Diese Überlegungen haben mit der hier zu erörternden Umsatzsteuer nichts zu tun. Gleichwohl hat sich in Anlehnung an das englische Wort – **value added tax** – die Übersetzung Mehrwertsteuer in der allgemeinen Diskussion durchgesetzt.

Der Mehrwert einer Produktionsstufe ergibt sich aus der Differenz von Verkaufs- (Nettopreis ohne Umsatzsteuer) und Einkaufspreis. Die Mehrwertsteuerschuld folgt aus der Multiplikation von Mehrwert und Umsatzsteuersatz (z.B. 7 % oder 19 %).

Als Zahllast wird die Umsatzsteuer bezeichnet, die vom betroffenen Unternehmen an das Finanzamt abzuführen ist. Die Umsatzsteuer ist so angelegt, dass „der Endverbraucher die Steuer trägt und bezahlt".

Abb. 28 soll dies näher erläutern (in €):

Verarbeitungsstufe	Verkaufspreis (netto) (1)	Einkaufspreis (2)	„Mehrwert" (3) = (1) ./. (2)	Zahllast an Finanzamt (19 % USt)
Urproduktion	4.000	0	4.000	760
Weiterverarbeitung	9.000	4.000	5.000	950
Großhandel	11.000	9.000	2.000	380
Einzelhandel	12.000	11.000	1.000	190
Konsument			12.000	2.280
USt = Umsatzsteuer				

Abb. 28: Besteuerung des „Mehrwertes"

In obigem Beispiel beträgt die Mehrwertsteuer 2.280 €, die der Konsument letztendlich zu tragen hat. Man spricht auch davon, dass die Unternehmen die Umsatzsteuer in voller Höhe auf die Konsumenten überwälzen.

Für die Unternehmen ist die Umsatzsteuer ein

> „durchlaufender Posten".

Sie stellt keinen Aufwand dar. Allerdings setzt diese Betrachtungsweise voraus, dass die Preiswirkungen der Umsatzsteuer außer Acht gelassen werden. Die Umsatzsteuer erhöht die Preise der Produkte und dies kann die Nachfrage nach dem Produkt beeinflussen, wenn, wie die Volkswirte sagen, die Nachfrage preiselastisch reagiert. Somit ist die Umsatzsteuer zwar nicht aufwandswirksam, aber sie kann aufgrund ihrer preiserhöhenden Wirkung zu einer geringeren Nachfrage und damit zu geringeren Umsätzen eines Unternehmens führen. Dieser Effekt wird ganz wesentlich vom jeweiligen Produkt abhängen.

Die Nachfrage nach Automobilen wird stärker von der Preishöhe beeinflusst, als die Nachfrage nach dem Grundnahrungsmittel Salz. Bei einem 23.800 € teuren Pkw sind immerhin 3.800 € Umsatzsteuer enthalten. Beim Salz sind dies nur Centbeträge.

> Die Umsatzsteuer ist für die Unternehmen unbedeutend so lange von der Steuer oder von Steuererhöhungen keine Nachfragerückgänge der Konsumenten ausgehen.

Die umsatzsteuerpflichtigen Unternehmen ermitteln ihre Umsatzsteuerzahllast, indem sie die Umsatzsteuer, die ihnen von Lieferanten in Rechnung gestellt wird – die so genannte Vorsteuer – von der Umsatzsteuer absetzen, die sie ihren Kunden in Rechnung stellen.

In der neuesten Version **„mySAP ERP" (Enterprise Resource Planning)** von SAP R/3 wird diese Form der Umsatzsteuer sehr plastisch bezeichnet als

> **Ausgangssteuer.**

Abb. 29 soll dies verdeutlichen (in €):

Verarbeitungsstufe	Verkaufspreis (brutto) (1)		Einkaufspreis (brutto) (2)	„Mehrwert" (3) = (1) ./. (2) (Nettowerte)	Zahllast an Finanzamt (19 % USt)
Urproduktion	netto USt	**4.000** +760	0	**4.000**	760
		4.760			
Weiterverarbeitung	netto USt	**9.000** +1.710	4.760	**5.000**	950
		10.710			
Großhandel	netto USt	**11.000** +2.090	10.710	**2.000**	380
		13.090			
Einzelhandel	netto USt	**12.000** +2.280	13.090	**1.000**	190
		14.280			
Konsument		14.280		**12.000**	2.280
USt = Umsatzsteuer					

Abb. 29: Ausgangs- und Vorsteuer

Die Ausgestaltung der Umsatzsteuer ist in der EU länderspezifisch geregelt. Umsatzsteuerpflichtig sind Lieferungen und sonstige Leistungen, die ein Unternehmen im Inland gegen Entgelt im Rahmen seines Unternehmens ausführt. Ebenso begründen die unentgeltliche Entnahme von Gegenständen und sonstigen Leistungen des Unternehmers – z.B. Farbtöpfe, die der Inhaber eines Malerbetriebs für private Zwecke seinem Unternehmen entnimmt – sowie die Einfuhr von Gegenständen/Leistungen aus Nicht-EU-Staaten (Drittländer) in das Zollgebiet die Umsatzsteuerpflicht.

Üblicherweise unterscheidet man einen Normalsteuersatz von einem ermäßigten Steuersatz für bestimmte Umsätze, wie z.B. Bücher und Zeitschriften, die als besonders förderungswürdig gelten.

Steuerpolitisch wird die Umsatzsteuer als „unsozial" eingestuft. Sie belastet über die Wirkungen auf den Preis vorwiegend die Bevölkerungsschichten, deren Konsumanteil am Einkommen aufgrund geringer Ersparnismöglichkeiten hoch ist. Dies sind Bürger mit geringen Einkünften.

Die Umsatzsteuer ist unsozial.

Die Umsatzsteuer in Form der Vorsteuer oder Eingangssteuer fällt an, wenn ein Unternehmen z.B. Rohstoffe bezieht.

Buchungstechnisch stellt die Vorsteuer eine Forderung an das Finanzamt dar. Die Bestandskonten sind um ein weiteres aktives Bestandskonto Vorsteuer zu ergänzen.

Der Buchungssatz für einen Rohstoffbezug der *Speedy GmbH* lautet wie folgt (in €):

	Soll	Haben
Rohstoffe	3.000	
Vorsteuer	570	
an V.a.LL.		3.570

Beim Verkauf von Erzeugnissen wird das Konto Umsatzsteuer als passives Bestandskonto geführt. Die Umsatzsteuer, die das Unternehmen vom Kunden vereinnahmt (Ausgangssteuer) ist eine Verbindlichkeit gegenüber dem Finanzamt. Der dementsprechende Buchungssatz lautet (in €):

	Soll	Haben
F.a.LL.	11.900	
an Umsatzerlöse		10.000
an Umsatzsteuer		1.900

Der Saldo des Kontos Vorsteuer wird auf das Konto Umsatzsteuer übertragen, um die Zahllast an das Finanzamt zu ermitteln.

Vorsteuer (Eingangssteuer)		Umsatzsteuer (Ausgangssteuer)	
570	USt 570	Vorsteuer 570	1.900
		Zahllast 1.330	

Der Buchungssatz zur ❶ **Ermittlung der Zahllast** lautet:	
Umsatzsteuer an Vorsteuer	570

Die Zahllast in Höhe von 1.330 € muss an das Finanzamt überwiesen werden.

Der Buchungssatz für die ❷ **Überweisung an das Finanzamt** lautet:	
Umsatzsteuer an Bank	1.330

In einem erfolgreichen Unternehmen sind die getätigten Umsätze größer als die zu zahlenden Lieferantenrechnungen. Zum Jahresabschluss ist deshalb eine noch bestehende Verbindlichkeit gegenüber dem Finanzamt in der Jahresabschlussbilanz als „Sonstige Verbindlichkeit" zu passivieren. Im obigen Beispiel ist dann an das Schlussbilanzkonto zu buchen. Siehe hierzu Abb. 30 (in €).

Die Buchungssatz für die ❸ **Passivierung der Zahllast** zum 31.12. lautet:	
Umsatzsteuer an Schlussbilanzkonto	1.330

Vorsteuer (Eingangssteuer)		Umsatzsteuer (Ausgangssteuer)	
570	USt 570	Vorsteuer 570	1.900
		Saldo (SBK) 1.330	
	Schlussbilanzkonto (SBK)		
		USt 1.330	

USt = Umsatzsteuer

Abb. 30: Passivierung der Zahllast als „Sonstige Verbindlichkeit"

Es kann sein, dass die Geschäfte schlechter gehen. Das Unternehmen „bleibt auf seinen Waren sitzen". Die Höhe der Vorsteuer ist größer als die Höhe der ausgehenden Umsatzsteuer. Siehe hierzu das Beispiel in Abb. 31 (in €):

Vorsteuer (Eingangssteuer)		Umsatzsteuer (Ausgangssteuer)	
100.000	USt 40.000	Vorsteuer 40.000	40.000
	SBK (Saldo) 60.000		

	Schlussbilanzkonto (SBK)	
VSt	60.000	

USt = Umsatzsteuer
VSt = Vorsteuer

Abb. 31: Aktivierung des Vorsteuerüberhangs als „Sonstiger Vermögensgegenstand"

Die Buchungssätze für die Aktivierung des ❹ **Vorsteuerüberhangs** zum 31.12. des Beispiels in Abb. 31 lauten (in €):
Umsatzsteuer an Vorsteuer   40.000
Schlussbilanzkonto an Vorsteuer   60.000

Die Fälle ❶ + ❷ betreffen die laufende, d.h. unterjährige Verbuchung der Zahllast.

Die Fälle ❸ + ❹ stellen die beiden Möglichkeiten der finanzbuchhalterischen Erfassung der Umsatzsteuer zum Jahresabschluss in Abhängigkeit von der jeweiligen wirtschaftlichen Lage des Unternehmens dar.

Laufende Verbuchung der Umsatzsteuer (❶ + ❷):
- Ermittlung der Zahllast ❶
- Überweisung der Zahllast ❷

Verbuchung der Umsatzsteuer zum Jahresabschluss (❸ + ❹):
- Passivierung der Zahllast ❸ oder
- Aktivierung eines Vorsteuerüberhangs ❹

2.6 Unentgeltliche Entnahme von Gegenständen und sonstigen Leistungen

Nach § 3 Abs. 1b u. 9a UStG unterliegt die unentgeltliche Entnahme von Gegenständen und sonstigen Leistungen der Umsatzsteuer. Das Umsatzsteuergesetz geht von der Annahme aus, dass der Unternehmer, der Waren oder Dienstleistungen seines Unternehmens bezieht, einen Umsatz mit seinem eigenen Unternehmen zu Herstellungskosten initiiert. Durch die Umsatzsteuerpflicht soll sichergestellt werden, dass der Unternehmer im Vergleich zu anderen Kunden nicht besser gestellt wird.

Buchhalterisch behandelt man den Vorgang als Ertrag, der gleichzeitig das Eigenkapital über die Privatentnahme verringert. Das Eigenkapital des Unternehmens bleibt gleich. Somit geht der Gesetzgeber von der Annahme aus, dass die Entnahme des Unternehmers den Gewinn des Unternehmens nicht beeinflussen soll.

Gemäß § 22 Abs. 2 Ziffer 3 UStG ist die unentgeltliche Entnahme gesondert auszuweisen. Dies geschieht über das Ertragskonto

„Entnahme von Gegenständen und sonstigen Leistungen" = **(Entnahme v.G.u.s.L.).**

Bei Kapitalgesellschaften (& Co) ist eine solche Entnahme nicht möglich.

Erwirbt der Vorstand einer AG einen Jahreswagen seines Unternehmens, so wird
dies als ganz normaler Außenumsatz des Unternehmens behandelt. Zwar kauft der
angestellte Vorstand sein Auto zu reduzierten Verkaufspreisen, aber da er als Ange-
stellter über kein Privatkonto verfügt, entsteht bei Kapitalgesellschaften ein Ertrag, der
nicht durch die Privatkontobuchung neutralisiert wird.

Unentgeltliche Entnahmen tauchen nur bei Einzelunternehmern und Personengesellschaften (wie z.B. OHG, KG) auf.

Umsatzsteuerpflichtige Entnahmen beziehen sich dabei auf:

Waren, Dienstleistungen sowie die private Nutzung von Betriebsgegenständen wie
z.B. Geschäftswagen.

Beispiel ❶ Warenentnahme:

Der Inhaber eines Dachdeckerbetriebs entnimmt Dachziegel aus dem Bestand seines
eigenen Betriebs im Gegenwert von 20.000 € (netto):

Der zugehörige Buchungssatz ❶ lautet:

```
Privatkonto 23.800  an  Entnahme v.G.u.s.L.          20.000
                    an  Umsatzsteuer                  3.800
```

Lässt der Dachdeckermeister die Dachziegel von seinen Angestellten in seinem Pri-
vathaus installieren, so handelt es sich hierbei um die Inanspruchnahme einer Dienstleistung, die umsatzsteuerrechtlich genau wie Beispiel ❶ behandelt werden muss.

Werden vom Unternehmer mit dem Geschäftswagen auch Privatfahrten unternom-
men, so sind diese beim Unternehmen umsatzsteuerpflichtig. Das Finanzamt verlangt dann die Führung eines Fahrtenbuches aus dem der Anteil der dienstlichen und
damit der privaten Nutzung ersichtlich ist.

Bei der Ermittlung des umsatzsteuerpflichtigen privaten Nutzungsanteils an den Fahr-
zeugkosten bleiben die vorsteuerfreien Kosten (z.B. Kfz-Steuer/-Versicherung) außer
Acht.

Beispiel ❷ private Nutzung eines Dienst-Pkw:

> Nehmen wir an, dass der „Fliegende Händler" *Mayer* seinen Dienst-Pkw nachweislich nur zu 20 % privat nutzt, so lässt sich folgendes Beispiel ❷ zur Verdeutlichung darstellen:
>
> Nach Abzug der vorsteuerfreien Kosten belaufen sich die mit Vorsteuer belasteten Kfz-Aufwendungen auf insgesamt 12.000 € jährlich, 2.400 € sind folglich für die private Nutzung anzusetzen, die umsatzsteuerpflichtig ist (19 % aus 2.400 € = 456 €).

Der Buchungssatz ❷ lautet wie folgt:
Privatkonto   2.856 an   Entnahme v.G.u.s.L.   2.400
                  an   Umsatzsteuer   456

Ausnahme:

> Der private Anteil an den Geschäftstelefonkosten ist keine umsatzsteuerpflichtige Leistungsentnahme (Urteil des Bundesfinanzhofs vom 23.09.93). Deshalb sind die Telefonkosten und die Vorsteuer um den privaten Anteil zu korrigieren.

Beispiel ❹ private Nutzung eines Geschäftstelefons:

> Der Möbelfabrikant *Klein* nutzt das Geschäftstelefon zu 10 % privat. Im Unternehmen entstehen im Februar Telefongebühren in Höhe von netto 1.000 €.

Firma bezahlt Telefonrechnung:
Aufwendungen für Telekommunikation 1.000   an Bank   1.190
Vorsteuer   190

Entnahme durch *Klein* ❸:
Privatkonto   119   an Aufwendungen für Telekommunikation   100
                an Vorsteuer   19

2.7   Mitbuchkontentechnik bei Debitoren und Kreditoren

In Standardsoftwaresystemen, wie z.B. mySAP ERP (vormals SAP R/3), wird beim Anlegen der Stammdaten für einen neuen Kunden oder Lieferanten nach dem zugehörigen Abstimmkonto gefragt. Für die Debitoren ist dies das Konto Forderungen aus Lieferungen und Leistungen (F.a.LL.) und für die Kreditoren das Konto Verbindlichkeiten aus Lieferungen und Leistungen (V.a.LL.). Das Abstimmkonto bewirkt, dass zunächst die persönlichen Kunden- und Lieferantendaten auf einem Personenkonto erfasst werden und anschließend die Buchungssalden auf das Hauptbuch- oder Abstimmkonto übertragen werden. Sollte das Unternehmen in der glücklichen Lage sein, über viele Kunden zu verfügen, so können die einzelnen Buchungsfälle aus Gründen der Übersichtlichkeit nicht nur auf einem Konto erfasst werden.

Buchungstechnisch wird zunächst das Personenkonto bebucht und parallel dazu eine

Abstimmung mit dem Hauptbuchkonto vorgenommen. Beim Anlegen der Debitoren und Kreditoren in mySAP ERP werden diese bei

- **„interner Nummernvergabe"** entsprechend der Reihenfolge der Erfassung mit einer Nummer versehen **(Beispiel: 21 und 45 für Debitoren *Swetch* und *Herts*)** oder bei
- **„externer Nummernvergabe"** individuell mit einer Kontonummernkennung versehen (Beispiel: ***Kunde Swetch*** oder ***Kunde Herts***).

Beispiel Kreditorenbuchung (in €):

	Soll	Haben
Rohstoffe	1.000	
Vorsteuer	190	
an *Müller* **(Lieferant)/V.a.LL. (Mitbuchkonto)**		1.190

Beispiel Debitorenbuchung (in €):

	Soll	Haben
***Swetch* (Kunde)/F.a.LL. (Mitbuchkonto)**	1.190	
an Umsatzerlöse		1.000
an Umsatzsteuer		190

1. Buchung auf Personenkonten		
	2. Parallele Verbuchung (Mitbuchkontentechnik: ➡) auf Abstimmkonten (F.a.LL./V.a.LL.) des Hauptbuchs	
21/45 Debitoren	➡	F.a.LL.
44/78 Kreditoren	➡	V.a.LL.

Abb. 32: Mitbuchkontentechnik

Beispiel:

Speedy weist zum 25.06. folgende Bestände auf den Sachkonten aus (in Mio. €):

	Soll	Haben
Rohstoffe	150	
F.a.LL. gegenüber zwei Debitoren	**23**	
Vorsteuer	150	
Bank	50	
V.a.LL. gegenüber zwei Kreditoren		**14**
Umsatzsteuer		200
Umsatzerlöse		1.500

Aus der Vielzahl der Kunden- und Lieferantenkonten weisen jeweils zwei folgende Salden zum 25.06. aus (in Mio. €):

Debitoren:	Soll
21 *Swetch KG*, Illertissen	**12**
45 *Herts GmbH*, Ulm	**11**

Kreditoren für Rohstoffe:	Haben
44 *Müller KG*, Waiblingen	**8**
78 *Meier OHG*, Affalterbach	**6**

Folgende Geschäftsfälle (❶ bis ❽) sollen für den restlichen Junizeitraum auf den Sach- und Personenkonten erfasst werden:

❶, ❷	am 28.06.:	*Swetch* und *Herts* überweisen 2 bzw. 3 Mio. €
❸, ❹	am 28.06.:	*Speedy* überweist 5 Mio. € an *Müller* und 6 Mio. € an *Meier*
❺	am 29.06.:	*Swetch* erhält von *Speedy* eine Rechnung über 1 Mio. € + 19 % USt
❻, ❼	am 30.06.:	*Speedy* erhält von *Müller* eine Rechnung über 3 Mio. € + 19 % USt und von *Meier* eine Rechnung über 4 Mio. € + 19 % USt
❽	am 30.06.:	*Herts* erhält von *Speedy* eine Rechnung über 2 Mio. € + 19 % USt

Es soll zum Halbjahresabschluss per 30.06. eine Abstimmung der Personen- mit den Hauptbuchkonten vorgenommen werden.

Buchungssätze (in €):

❶, ❷	Bank an Debitoren/F.a.LL.	2 bzw. 3 Mio.
❸, ❹	Kreditoren/V.a.LL. an Bank	5 bzw. 6 Mio.
❺	Debitor/F.a.LL. an Umsatzerlöse und Umsatzsteuer	1 Mio. + USt
❻, ❼	Rohstoffe und Vorsteuer an Kreditoren/V.a.LL.	3 bzw. 4 Mio. + USt
❽	Debitor/F.a.LL. an Umsatzerlöse und Umsatzsteuer	2 Mio. + USt

Sachkonten

Soll	Rohstoffe	Haben
	150.000.000	
❻	3.000.000	
❼	4.000.000	

Soll	F.a.LL.		Haben
	23.000.000	❶	2.000.000
❺	1.190.000	❷	3.000.000
❽	2.380.000		**21.570.000**

Soll	Vorsteuer	Haben
	150.000.000	
❻	570.000	
❼	760.000	

Soll	Umsatzsteuer		Haben
			200.000.000
		❺	190.000
		❽	380.000

Soll	Umsatzerlöse		Haben
			1.500.000.000
		❺	1.000.000
		❽	2.000.000

Soll	V.a.LL.		Haben
❸	5.000.000		14.000.000
❹	6.000.000	❻	3.570.000
	11.330.000	❼	4.760.000

Soll		Bank		Haben
	50.000.000	❽		5.000.000
❶	2.000.000	❹		6.000.000
❷	3.000.000			

Debitoren:

Soll	21 *Swetch*		Haben
	12.000.000	❶	2.000.000
❺	1.190.000		**11.190.000**

Soll	45 *Herts*		Haben
	11.000.000	❷	3.000.000
❽	2.380.000		**10.380.000**

Saldenliste Kunden:

Swetch   11.190.000
Herts   10.380.000
_____
               21.570.000

Kreditoren:

Soll	44 *Müller*		Haben
❸	5.000.000		8.000.000
	6.570.000	❻	3.570.000

Soll	78 *Meier*		Haben
❹	6.000.000		6.000.000
	4.760.000	❼	4.760.000

Saldenliste Kreditoren:
Müller   6.570.000
Meier   4.760.000
_____
               11.330.000

Ergebnis:
Gleiche Salden bei Kunden-/Lieferantenkonten und Hauptbuchkonten F.a.LL./V.a.LL.

2.8 Multiple Testfragen

1. Erfolgswirksame Buchungen anhand von Aufwendungen und Erträgen
   a) lassen die Höhe des Eigenkapitals unverändert.
   b) verringern oder erhöhen das Eigenkapital.
   c) zeigen sich in einer Änderung des Anlagevermögens.
   d) erhöhen den Bestand an Rohstoffen.

2. Aufwendungen nehmen
   a) im Haben zu.
   b) im Soll zu.
   c) im Soll und im Haben zu.

3. Erträge nehmen
   a) im Haben zu.
   b) im Soll zu.
   c) im Soll und im Haben zu.

4. Aufwands- und Ertragskonten
   a) haben, wie die Sachkonten der Bilanz, immer einen Anfangsbestand zu Beginn des Geschäftsjahres.
   b) haben keinen Anfangsbestand, da deren Salden zum Jahresabschluss über das Gewinn- und Verlustkonto (GuV-Konto) abgeschlossen werden und anschließend das Eigenkapital erhöhen oder verringern.
   c) sind keine Bestandskonten, da die Schlussbestände voll mit dem GuV-Konto verrechnet werden.

5. Gewinn liegt vor, wenn
   a) die Aufwendungen größer als die Erträge sind.
   b) die Erträge größer als die Aufwendungen sind.
   c) das Eigenkapital zunimmt.
   d) das Eigenkapital abnimmt.

6. Verlust liegt vor, wenn
   a) die Erträge größer als die Aufwendungen sind.
   b) die Aufwendungen größer als die Erträge sind.
   c) das Eigenkapital zunimmt.
   d) das Eigenkapital abnimmt.

7. Abschreibungen erfassen den Wertverlust z.B. einer Maschine. Die lineare Abschreibung erfolgt vom
   a) Anschaffungswert.
   b) Restwert.
   c) Tageswert.
   d) Buchwert.

8. Bei der degressiven Abschreibung wird nach der Nutzungsdauer des Anlageguts
   a) nie ein Restwert von Null erreicht.

b) immer ein Restwert von Null erreicht.

9. Privatentnahmen oder Privateinlagen kommen nur bei
    a) Aktiengesellschaften vor.
    b) der GmbH vor.
    c) nur bei Einzelkaufleuten und Personengesellschaften, wie der OHG oder der KG, vor.

10. Um den tatsächlichen Gewinn einer OHG bestimmen zu können, sind Privatein-lagen der Gesellschafter vom Gewinn
    a) abzuziehen und
    b) dem Gewinn hinzuzufügen oder
    c) mit der Anzahl der Mitarbeiter zu multiplizieren.

11. Die Umsatzsteuer belastet die Unternehmen
    a) nicht und stellt einen durchlaufenden Posten dar.
    b) in voller Höhe.

12. Ein Vorsteuerüberhang eines Unternehmens ist ein Zeichen für
    a) gut gehende Geschäfte.
    b) schlecht gehende Geschäfte.
    c) eine hohe Anzahl von neuen Kunden.
    d) die Zahlungsunfähigkeit der Lieferanten.

13. Die Passivierung der Zahllast ist zu verbuchen, wenn
    a) die noch zu erfolgende Zahlung der Umsatzsteuer nach dem Bilanzstichtag liegt.
    b) keine Zahlung der Umsatzsteuer an das Finanzamt geleistet wird.
    c) Vorsteuer und Ausgangssteuer gleich hoch sind.

14. Das Mitbuchkonto für Debitoren oder Kreditoren dient
    a) der effizienteren Bearbeitung von Kunden- und Lieferantenbuchungen.
    b) der Erfassung von Kunden- und Lieferantenbuchungen im Hauptbuch.
    c) der Verbuchung in der Gewinn- und Verlustrechnung.
    d) der Verbuchung von Spenden.

2.9 Fallstudie: Jahresabschluss mit Bestands- und Erfolgskonten

In der *Beate Muhse AG* soll anhand folgender Geschäftsfälle (in €) die **Prozesskette**

- Schlussbilanz zum 31.12.01
- Eröffnungsbilanz zum 01.01.02
- Eröffnungsbilanzkonto zum 01.01.02
- Bestandskonten der Bilanz in 02
- Erfolgskonten in 02
- GuV-Konto in 02
- Schlussbilanzkonto zum 31.12.02
- Schlussbilanz zum 31.12.02

dargestellt werden.

Geschäftsfälle (ohne Umsatzsteuer):

1. Kauf eines Lkw gegen Banküberweisung	90.000
2. Ein Kunde bezahlt seine Rechnung durch Banküberweisung	40.000
3. Einkauf von Waren beim Lieferanten gegen Rechnung („auf Ziel")	20.000
4. Ein Lieferant wandelt die Lieferforderung in ein Lieferantendarlehen um	50.000
5. Verkauf eigener Erzeugnisse an Kunden gegen Rechnung	150.000
6. Zinsgutschrift auf dem Bankkonto in Höhe von	10.000
7. Abbuchung der Telefongebühren vom Bankkonto in Höhe von	1.500
8. Begleichung der Aufwendungen für Geschäftsessen per Banküberweisung in Höhe von	125
9. Banküberweisung an Mitarbeiter für Gehälter in Höhe von	80.000

Prämisse: Keine Inventurdifferenzen

Die Buchungssätze sollen im Hauptbuch (Kontenform) dargestellt werden. Wie sieht das Gewinn- und Verlustkonto aus? Es ist der Erfolg des Unternehmens im Geschäftsjahr 02 zu ermitteln. Wie wirken sich die Aufwands- und Ertragsbuchungen auf die Höhe des Eigenkapitals zum Jahresabschluss per 31.12.02 aus?

Die Schlussbilanz des Vorjahres 01 sieht wie folgt aus:

Aktiva		Schlussbilanz zum 31.12.01	Passiva
Anlagevermögen		Eigenkapital	500.000
- Andere Anlagen (Fuhrpark)	225.000	Verbindlichkeiten	
Umlaufvermögen		- V.a.LL.	225.000
- Vorräte (Waren)	200.000	- Sonstige Verbindlichkeiten	100.000
- Forderungen u. sonst. Verm.geg.		(Lieferantendarlehen)	
(F.a.LL.)	150.000		
- Flüssige Mittel (Bank)	250.000		
Bilanzsumme	825.000	Bilanzsumme	825.000

F.a.LL. = Forderungen aus Lieferungen und Leistungen
V.a.LL. = Verbindlichkeiten aus Lieferungen und Leistungen

2.10   Lösungen multiple Testfragen

1. b)

2. b)

3. a)

4. b)
    c)

5. b)
    c)

6. b)
    d)

7. a)

8. a)

9. c)

10. a)

11. a)

12. b)

13. a)

14 a)
    b)

2.11   Lösung Fallstudie (in €)

Aktiva	Schlussbilanz 31.12.01 = Eröffnungsbilanz 01.01.02		Passiva
Anlagevermögen		Eigenkapital	500.000
- Andere Anlagen (Fuhrpark)	225.000	Verbindlichkeiten	
Umlaufvermögen		- V.a.LL.	225.000
- Vorräte (Waren)	200.000	- Sonstige Verbindlichkeiten	100.000
- Forderungen u. sonst. Verm.geg.		(Lieferantendarlehen)	
(F.a.LL.)	150.000		
- Flüssige Mittel (Bank)	250.000		
Bilanzsumme	825.000	Bilanzsumme	825.000

Eröffnungsbilanzkonto = Spiegelbild der Eröffnungsbilanz in Kontenform

Soll	Eröffnungsbilanzkonto 01.01.02		Haben
Eigenkapital	500.000	Fuhrpark	225.000
V.a.LL.	225.000	Waren	200.000
Lieferantendarlehen	100.000	F.a.LL.	150.000
		Bank	250.000
	825.000		825.000

Buchungssätze für Bestands- und Erfolgskonten:

❶ Fuhrpark an Bank	90.000
❷ Bank an F.a.LL.	40.000
❸ Waren an V.a.LL.	20.000
❹ V.a.LL. an Lieferantendarlehen	50.000
❺ F.a.LL. an Umsatzerlöse	150.000
❻ Bank an Zinserträge	10.000
❼ Aufwendungen für Telefongebühren an Bank	1.500
❽ Bewirtungsaufwendungen an Bank	125
❾ Gehälter an Bank	80.000

Buchung der Anfangsbestände: „Aktivkonten an Eröffnungsbilanzkonto"
„Eröffnungsbilanzkonto an Passivkonten"

Bestandskonten der Bilanz in 02

Soll	Fuhrpark		Haben
AB	225.000	SB	315.000
❶ Bank	90.000		
	315.000		315.000

Soll	Eigenkapital		Haben
		AB	500.000
SB	578.375	Gewinn	78.375
	578.375		578.375

Soll	Waren		Haben
AB	200.000	SB	220.000
❸ V.a.LL.	20.000		
	220.000		220.000

Soll	Lieferantendarlehen		Haben
SB	150.000	AB	100.000
		❹ V.a.LL.	50.000
	150.000		150.000

Soll		F.a.LL.		Haben
AB	150.000	❷ Bank		40.000
❺ Umsätze	150.000	SB		260.000
	300.000			300.000

Soll		V.a.LL.		Haben
❹ Darlehen	50.000	AB		225.000
SB	195.000	❸ Waren		20.000
	245.000			245.000

Soll		Bank		Haben
AB	250.000	❶ Fuhrpark		90.000
❷ F.a.LL.	40.000	❼ Telefon		1.500
❻ Zinsen	10.000	❽ Bewirtung		125
		❾ Gehälter		80.000
	,	SB		128.375
	300.000			300.000

AB = Anfangsbestand;
SB = Schlussbestand

Aufwands- und Ertragskonten in 02					
Soll		Haben	Soll		Haben
Telefon			Umsatzerlöse		
❼ Bank	1.500	GuV 1.500	GuV	150.000	❺ F.a.LL. 150.000
Bewirtung			Zinserträge		
❽ Bank	125	GuV 125	GuV	10.000	❻ Bank 10.000
Gehälter					
❾ Bank	80.000	GuV 80.000			

Aufwendungen	Gewinn- und Verlustkonto in 02		Erträge
Telefon	1.500	Umsatzerlöse	150.000
Bewirtung	125	Zinserträge	10.000
Gehälter	80.000		
Gewinn (eigenkapitalerhöhend)	**78.375**		
	160.000		160.000

Soll	Schlussbilanzkonto 31.12.02		Haben
Fuhrpark	315.000	Eigenkapital	578.375
Waren	220.000	V.a.LL.	195.000
F.a.LL.	260.000	Lieferantendarlehen	150.000
Bank	128.375		
	923.375		923.375

▼

Inventur zum 31.12.02, Annahme: keine Inventurdifferenzen, Inventar zum 31.12.02

▼

Aktiva	Schlussbilanz 31.12.02		Passiva
Anlagevermögen		Eigenkapital	578.375
- Andere Anlagen (Fuhrpark)	315.000	Verbindlichkeiten	
Umlaufvermögen		- V.a.LL.	195.000
- Vorräte (Waren)	220.000	- Sonstige Verbindlichkeiten	150.000
- Forderung u. sonst. Verm.geg.		(Lieferantendarlehen)	
(F.a.LL.)	260.000		
- Flüssige Mittel (Bank)	128.375		
Bilanzsumme	923.375	Bilanzsumme	923.375

3 Organisation der Finanzbuchhaltung

3.1 Kontenrahmen und Kontenpläne

Für die Einhaltung der Ordnung innerhalb des Rechnungswesens ist der Kontenrahmen zuständig.

Den besten Kontenrahmen gibt es nicht. Die Unternehmensleitung muss bei der Festlegung auf einen unternehmensspezifischen Kontenrahmen, den so genannten Kontenplan, die Gegebenheiten des Unternehmens berücksichtigen und sich mit dem Abschlussprüfer oder bei kleineren Unternehmen mit dem Steuerberater abstimmen.

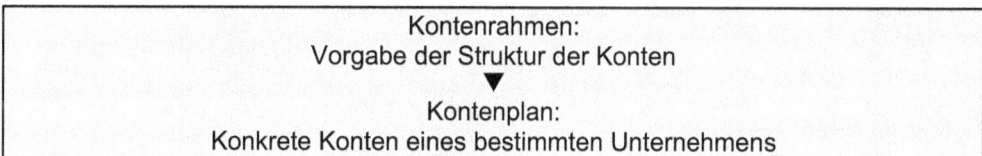

> Kontenrahmen:
> Vorgabe der Struktur der Konten
> ▼
> Kontenplan:
> Konkrete Konten eines bestimmten Unternehmens

Entscheidend für die Wahl des unternehmensspezifischen Kontenplans sind

> - die Produktions- und Leistungsstruktur,
> - die Produktstruktur,
> - die Kostenrechnung

und damit verbunden die Antwort auf die Fragen:

> - Wie produziert das Unternehmen seine Produkte oder Dienstleistungen?
> - Welche Produkte werden produziert?
> - Verfügt das Unternehmen über eine wirksame Kostenrechnung?

Neben dem Kontenrahmen spielt die Organisation der Belege und damit die Dokumentation für die Finanzbuchhaltung eine weitere wichtige Rolle. Die Abschlussprüfer und die Prüfer der Steuerbehörden haben an einer ordnungsgemäßen Dokumentation aller Vorgänge ein großes Interesse.

Der Kontenrahmen dient als ein Organisations- und Gliederungsplan zur ordnungsgemäßen Erfassung und Verarbeitung der Daten im gesamten Rechnungswesen.

In Deutschland wird der am Unternehmensprozess orientierte Kontenrahmen als Gemeinschaftskontenrahmen bezeichnet. Der Industrie-Kontenrahmen orientiert sich dagegen an den Gliederungsvorgaben des Jahresabschlusses. Der Begriff „Kontenrahmen" geht auf den

> Nestor der deutschen Betriebswirtschaftslehre, *Eugen Schmalenbach*,

zurück, der 1927 erstmals eine Abhandlung über den Kontenrahmen verfasste.

1937 wurde durch Erlass des Reichswirtschaftsministeriums im Rahmen des so genannten Wirtschaftlichkeitserlasses ein Erlasskontenrahmen für verbindlich erklärt. In
Deutschland sind daraufhin über 200 Kontenrahmen für einzelne Wirtschaftsbran-
chen erarbeitet worden. 1953 hat das Bundeswirtschaftsministerium den Verbindlich-
keitscharakter aufgehoben. Heutzutage gibt es keinen gesetzlichen Zwang zur Anwendung eines bestimmten Kontenrahmens.

Einen gesetzlichen Zwang zur Verwendung eines bestimmten Kontenrahmens gibt es nicht.

1953 hat der *Bundesverband der Deutschen Industrie* (BDI) daraufhin als Empfeh-
lung den Gemeinschaftskontenrahmen der Industrie (GKR) veröffentlicht. Auf Grund
von Weiterentwicklungen des Bilanzrechts und der Kosten- und Leistungsrechnung
wurde vom BDI 1971 der Industrie-Kontenrahmen (IKR) herausgegeben.

Der GKR orientiert sich an dem betrieblichen Produktionsablauf: Ankauf von Roh-
material, Weiterverarbeitung und Veredelung. Dies bezeichnet man als Prozessgliederungsprinzip.

Der IKR orientiert sich an der 1965 ins deutsche Aktiengesetz (AktG) eingeführten
Gliederung der Bilanz und GuV-Rechnung. Der IKR ist gemäß dem Abschlussgliederungsprinzip gegliedert.

Gliederung industrielle Kontenrahmen: - Prozessgliederungsprinzip des GKR oder - Abschlussgliederungsprinzip des IKR

Die Kontenrahmen werden in

- Einkreis- und - Zweikreissysteme eingeteilt.

Ein Einkreissystem stellt die Finanzbuchhaltung und die Kosten- und Leistungsrechnung in einem Kontenrahmen dar.

Beim Zweikreissystem trennt der Kontenrahmen die Finanzbuchhaltung von der Kos-
ten- und Leistungsrechnung.

Der GKR ist ein Einkreissystem, wohingegen der IKR ein Zweikreissystem darstellt.

Gemeinschaftskontenrahmen = Einkreissystem **Industrie-Kontenrahmen = Zweikreissystem**

3.1.1   Trennung von Aufwand und Kosten

An dieser Stelle soll die Unterscheidung von Aufwand und Kosten behandelt werden,
da in den folgenden Kapiteln wiederholt auf den Kostenbegriff verwiesen wird.

Aufwand und Kosten überlappen sich in ihren wichtigsten Teilen, dem **Zweckauf-wand** und den **Grundkosten**. Hierzu zählt sowohl der Kostenrechner als auch der Bilanzierer nur die Aufwendungen und Kosten, die im Zusammenhang mit der Produkt- und Dienstleistungserstellung stehen. Hierzu gehören vor allem Löhne, Gehälter und Materialverbrauch.

In Produktionsunternehmen, kann dieser Anteil der Aufwendungen oder Kosten bis zu 80 % des Gesamtumfangs ausmachen. Nur der Rest wird von der Finanzbuchhaltung und der Kosten- und Leistungsrechnung unterschiedlich behandelt.

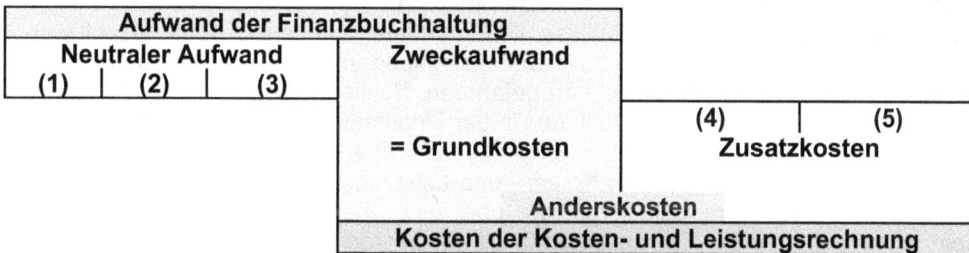

Aufwand der Finanzbuchhaltung		
Neutraler Aufwand		**Zweckaufwand**
(1)	**(2)**	**(3)**

	= Grundkosten	**(4)**	**(5)**
		Zusatzkosten	

Anderskosten

Kosten der Kosten- und Leistungsrechnung

Neutraler Aufwand (keine Kosten)
(1) Betriebsfremder Aufwand: Spende an das „Rote Kreuz"
(2) Periodenfremder Aufwand: Steuernachzahlung für Vorjahr
(3) Außerordentlicher Aufwand: Verluste aus Enteignung oder Aufwendungen
                                             einer Betriebsverlegung
Zusatzkosten (kein Aufwand)
(4) Kalkulatorischer Unternehmerlohn: Fiktives Gehalt eines Einzelunternehmers
(5) Kalkulatorische Miete: Fiktive Miete für Nutzung von eigenen Räumlichkeiten
Anderskosten (andere Beträge als in der Finanzbuchhaltung)
- Kalkulatorische Abschreibungen
- Kalkulatorische Wagnisse
- Kalkulatorische Zinsen
- Verrechnungspreise für Werkstoffe und Waren
Zweckaufwand = Grundkosten
- Lohn, Gehalt, Materialaufwand

Abb. 33: Trennung von Aufwand und Kosten

In der Finanzbuchhaltung wird neben dem Zweckaufwand der **neutrale Aufwand**, der mit der gewöhnlichen Geschäftstätigkeit des Unternehmens nichts zu tun hat, erfasst.

Die Finanzbuchhaltung erfasst:
Aufwendungen = Zweckaufwand + Neutralen Aufwand

Beispiel:

Die Spende an das „Rote Kreuz" ist als neutraler Aufwand von der Finanzbuchhaltung zu verbuchen, da ein Zahlungsvorgang mit diesen Aufwendungen verbunden ist, der periodengerecht im betreffenden Geschäftsjahr zu buchen ist.

Der Kostenrechner erfasst dagegen die Summe aus Grundkosten, kalkulatorischen Kosten und bestimmten Anderskosten.

Kosten = Grundkosten + kalkulatorische Kosten + Anderskosten

Der Kostenrechner verrechnet den neutralen Aufwand überhaupt nicht oder in anderer Form. Ihn interessieren neben den Grundkosten zunächst die **kalkulatorischen Kosten**.

Dies ist z.B. der **kalkulatorische Unternehmerlohn**, der bei Einzel- und Personengesellschaften anzusetzen ist, da diese als Eigentümer aus dem Gewinn bezahlt werden. Dies wird fiktiv getan, ohne dass Gehaltszahlungen fließen, um die Konkurrenzfähigkeit dieser Unternehmen nicht zu gefährden. Schließlich erhalten die Vorstände von Aktiengesellschaften ein Gehalt, das in der Finanzbuchhaltung verbucht wird.

Da es eine wichtige Aufgabe der Kosten- und Leistungsrechnung ist, den Angebotspreis eines Produkts zu kalkulieren, der über einen bestimmten Zeitraum konstant sein muss, versucht sie die Kosten so in die Kostenrechnung zu übernehmen, dass keine großen Schwankungen entstehen.

Hierzu dienen z.B. kalkulatorische Wagniszuschläge. Der Kostenrechner erfasst beispielsweise die gesamten Feuerschäden über rund zehn Jahre in der Kostenrechnung mit einer bestimmten Jahresrate.

Der Kostenrechner „periodisiert aperiodisch auftretenden Aufwand".

Der Kostenrechner erfasst auch kalkulatorische Abschreibungen für Pkw, die in der Steuerbilanz schon nach sechs Jahren abzuschreiben sind. In Pkw-Werken der Automobilindustrie werden Fuhrparkfahrzeuge, die vorwiegend intern eingesetzt werden, oft über die gesamte Nutzungsdauer benutzt. Bilanzielle Abschreibungen fallen später nicht mehr an, gleichwohl verrechnet der Kostenrechner kalkulatorische Abschreibungen über die gesamte Nutzungsdauer. Dies ist ein Beispiel für **Anderskosten**.

➡ Die **Finanzbuchhaltung** erfasst nur Aufwendungen und Erträge, die mit Einnahmen und Ausgaben verbunden sind (**„pagatorische Größen"**).
➡ Die **Finanzbuchhaltung** erfasst **keine fiktiven Werte**.

3.1.2   Gemeinschaftskontenrahmen (GKR)

3.1.2.1   Einkreissystem und Prozessgliederungsprinzip

Der Gemeinschaftskontenrahmen (GKR) ist wie alle Kontenrahmen nach einem Zehnersystem oder dekadischen System aufgebaut. Es gibt zehn Kontenklassen, die fortlaufend von 0 bis 9 eingeteilt sind.

Jede Kontenklasse lässt sich in zehn Kontengruppen, jede Kontengruppe in zehn Untergruppen (Kontenarten) einteilen.

Beispiel: Betriebliche Steuern

Kontenklasse: **4 Betriebliche Aufwendungen**

   Kontengruppe: **46 Steuern**, Gebühren, Beiträge, Versicherungen

       Kontenart: **460 Steuern**

                                  4601 Gewerbesteuer

                                  4602 Grundsteuer

                                  4604 Umsatzsteuer etc.

Prozesse	Kontenklasse	Inhalt der Kontenklasse
Beschaffung und Finanzierung von Investitionsgütern	0	Anlagevermögen und langfristiges Kapital
	1	Umlaufvermögen und kurzfristige Verbindlichkeiten
Abstimmung zwischen Buchhaltung und Kostenrechnung	2	Neutrale Aufwendungen und Erträge (Abgrenzungskonten zwischen Finanzbuchhaltung und Kostenrechnung)
Beschaffung Einsatzstoffe	3	Vorratsvermögen (Materialbestände)
Durchführung der Produktion/Erstellung von Dienstleistungen	4	Aufwandsgleiche KOA
	5	Kostenstellenrechnung: Verrechnung sekundärer KOA
	6	Kostenstellenrechnung: Auftrags-KOA
	7	Kostenträgerrechnung sowie Bestände an Unfertig- und Fertigerzeugnissen
Verkauf von Erzeugnissen und Dienstleistungen	8	Ertragskonten
Erstellung von EB-/SB- und GuV-Konto	9	Eröffnungs- und Abschlusskonten
Finanzbuchhaltung: Kontenklassen 0 bis 4 und 8 + 9, Kosten- und Leistungsrechnung: 2 und 4 bis 7 KOA = Kostenarten		

Abb. 34: Gemeinschaftskontenrahmen (GKR)

Die Kontenklassen 0 bis 3 sowie 8 und 9 sind für alle Betriebe im Wesentlichen inhaltsgleich. Die Kontenklassen 4 bis 7 sind in den Kontenrahmen der einzelnen Wirtschaftszweige auf die Besonderheiten jeder Branche abgestellt.

Der GKR ist so aufgebaut, dass die Konten dem innerbetrieblichen Güterkreislauf und damit dem Prozessgliederungsprinzip entsprechen.

Die **Kontenklassen 0 bis 3** erfassen die Vorbereitung der Leistungserstellung.

Klassen 4 bis 7 beinhalten die Durchführung der Leistungserstellung (Produktion).

Die **Klasse 8** befasst sich mit der Verwertung der Leistung und damit der Erfassung der betrieblichen Erträge.

Die **Kontenklasse 9** unterstützt den Abschluss.

Der GKR sieht eine von Kontenklasse zu Kontenklasse fortschreitende, am Produktionsprozess orientierte, Abrechnungssystematik vor. Die Finanzbuchhaltung und die Kosten- und Leistungsrechnung gehen fließend ineinander über. Sie bilden eine organisatorische Einheit. Der GKR wird deshalb auch als Einkreissystem bezeichnet.

Dies hat den Vorteil, dass Finanzbuchhaltung und Kosten- und Leistungsrechnung keiner besonderen Abstimmung bedürfen. Beide Rechnungen können nur gemeinsam abgeschlossen werden.

Dies hat allerdings den Nachteil, dass kurzfristige Erfolgsrechnungen der Kosten- und Leistungsrechnung einen Abschluss der Finanzbuchhaltung voraussetzen.

Nachteil des GKR:
Finanzbuchhaltung und Kosten- und Leistungsrechnung hängen voneinander ab

3.1.2.2 Erläuterung der Kontenklassen

Die **Klasse 0** enthält die Konten des Anlagevermögens und die langfristigen Kapitalkonten. Dazu zählen das Anlagevermögen mit Grundstücken und Gebäuden, technische Anlagen und Maschinen, andere Anlagen (Fahrzeuge, Werkzeuge), Betriebs- und Geschäftsausstattung, Sachanlagenkonten für Zu- und Abgänge sowie sonstiges Anlagevermögen und langfristige Fremd- und Eigenkapitalkonten. Daneben führt die Kontenklasse 0 die Konten für Wertberichtigungen, Rückstellungen und Rechnungsabgrenzungsposten.

Die **Klasse 1** beinhaltet das Finanz-Umlaufvermögen mit Kasse, Geldanstalten (Begriff des Original-GKR), Schecks, Besitzwechsel, Wertpapiere des Umlaufvermögens, Forderungen und kurzfristige Verbindlichkeiten.

Die **Klasse 2** nimmt eine Sonderstellung ein. Sie steht außerhalb des eigentlichen Leistungserstellungsprozesses und hat die Aufgabe, eine scharfe Trennung zwischen Finanzbuchhaltung und Kostenrechnung zu ermöglichen. Sie grenzt die Aufwendungen von den Kosten und die neutralen Erträge von den betrieblichen Erträgen in sachlicher und zeitlicher Hinsicht ab. Sie enthält auch die das Gesamtergebnis betreffenden Erträge und Aufwendungen, wie z.B. die Körperschaftsteuer.

Klasse 3 führt die Materialbestände: Roh-, Hilfs- und Betriebsstoffe sowie bezogene Teile und Handelswaren.

Klasse 4 beinhaltet die betrieblichen Aufwendungen und betrieblichen Kostenarten, wie z.B. Material- und Personalaufwendungen.

Die **Klassen 5, 6** und **7** dienen der Kostenstellen- und Kostenträgerrechnung.

Klasse 8 zeigt betriebliche Erträge. Dies sind Erlöse für Erzeugnisse, Leistungen, Handelswaren, Nebengeschäfte, Eigenleistungen, umsatzsteuerpflichtige Entnahmen v.G.u.s.L. sowie Bestandsveränderungen unfertiger und fertiger Erzeugnisse.

Klasse 9 hat die Aufgabe, den Abschluss als GuV-Konto und Eröffnungs-/Schlussbilanz-Konto darzustellen. Dabei ist das Gesamtergebnis (989) die Summe aus Betriebsergebnis (980) und neutralem Ergebnis (987).

3.1.2.3 Kritik am Gemeinschaftskontenrahmen

Der Gemeinschaftskontenrahmen genügte den relativ einfachen Produktionsstrukturen der 50er und 60er Jahre des 20. Jahrhunderts. Mit fortschreitendem Kenntnisstand der Betriebswirtschaftslehre und erhöhten Anforderungen von Seiten der Kostenstruktur eines Unternehmens, bildeten sich zunächst branchenbezogene neue Lösungen heraus, die sich stärker an den Gliederungen der Bilanz und der Erfolgsrechnung anlehnten.

Da der GKR den Ansprüchen moderner Kostenrechnung, z.B. in der Form von Teilkostenrechnungen, nicht mehr genügte, war er nur noch bedingt einsatzfähig. Die Abgrenzung von Finanzbuchhaltung und Kosten- und Leistungsrechnung der Kontenklasse 2 wurde zunehmend in tabellarischer Form durchgeführt. Das Prozessgliederungsprinzip als fundamentaler Bestandteil des GKR wurde damit durchbrochen. Hinzu kommt, dass kleinere und mittlere Unternehmen oftmals über keine im GKR verlangte Kostenstellen- und Kostenträgerrechnung verfügen und folglich die entsprechenden Kontenklassen freilassen müssen.

> Das **wesentliche Argument gegen den GKR** bleibt die Abhängigkeit der Kosten- und Leistungsrechnung von der Finanzbuchhaltung.

3.1.3 Industrie-Kontenrahmen (IKR)

3.1.3.1 Zweikreissystem und Abschlussgliederungsprinzip

Der IKR ist wie der GKR nach dem dekadischen System aufgebaut. Auch er umfasst zehn Kontenklassen: 0 bis 9.

Die Kontenklassen 0 bis 8 gehören zur Finanzbuchhaltung (Rechnungskreis 1). In der Klasse 9 wird die Kostenrechnung abgebildet (Rechnungskreis 2). Finanzbuchhaltung sowie Kosten- und Leistungsrechnung werden getrennt als Zweikreissystem dargestellt, ohne dass die Einheitlichkeit des Rechnungswesens gefährdet ist.

Für die Finanzbuchhaltung wird das Abschlussgliederungsprinzip verwendet und somit die Gliederungsvorschriften für Bilanz und GuV-Rechnung zu Grunde gelegt. Dies erleichtert die Abschlussarbeiten und die Aufstellung des Jahresabschlusses.

Die Trennung der Abrechnungskreise Finanzbuchhaltung und Kosten-/Leistungsrechnung bewirkt, dass zwischen den Rechnungskreisen 1 und 2 eine Abgrenzungsrechnung zwischen dem Ergebnis nach Finanzbuchhaltung (Jahresüberschuss) und dem Ergebnis nach Kostenrechnung (Betriebsergebnis) vorzunehmen ist.

Kontenzuordnung	Kontenklasse	Inhalt der Kontenklasse
Bilanzkonten	0	Immaterielle Vermögensgegenstände (IVG) und Sachanlagen
	1	Finanzanlagen
	2	Umlaufvermögen und aktive Rechnungs-abgrenzung
	3	Eigenkapital, Wertberichtigungen und Rückstellungen
	4	Verbindlichkeiten und passive Rech-nungsabgrenzung
GuV-Konten	5	Erträge
	6	Betriebliche Aufwendungen
	7	Weitere Aufwendungen
Konten der Ergebnisrechnungen	8	Ergebnisrechnungen, EBK, SBK, GKV, UKV
Kosten- und Leistungsrechnung	9	Kostenarten, -stellen und -träger

Kontenklassen 0 bis 8 = Konten der Finanzbuchhaltung
Kontenklasse 9 = Konten der Kosten- und Leistungsrechnung
EBK = Eröffnungsbilanzkonto, SBK = Schlussbilanzkonto, GKV = Gesamtkostenverfahren, UKV = Umsatz-kostenverfahren

Abb. 35: Industrie-Kontenrahmen (IKR)

Soll		801 Schlussbilanzkonto		Haben
Kontenklasse				Kontenklasse
0	Immaterielle Vermögensge-genstände und Sachanlagen	Eigenkapital, Wertberichti-gungen und Rückstellungen		3
1	Finanzanlagen	Verbindlichkeiten und pas-sive Rechnungsabgrenzung		
2	Umlaufvermögen und aktive Rechnungsabgrenzung			4

Soll		802 GuV-Konto	Haben
Kontenklasse			Kontenklasse
6	Betriebliche Aufwendungen	Erträge	5
7	Weitere Aufwendungen		

Abb. 36: Abschlussgliederungsprinzip im Industrie-Kontenrahmen

3.1.3.2   Erläuterung der Kontenklassen

Kontenklasse 0: Immaterielle Vermögensgegenstände und Sachanlagen
Die Kontengruppe 00 „Ausstehende Einlagen auf das gezeichnete Kapital/ausstehen-de Komanditeinlagen" wird geführt, wenn bei Kapitalgesellschaften Einlagen auf das Stamm-/Grundkapital oder bei Kommanditgesellschaften Kommanditeinlagen ausste-

hen. Die Bilanzierungshilfe (Kontengruppe 01) „Aufwendungen für Ingangsetzung und Erweiterung des Geschäftsbetriebs" bietet die Option, entsprechende Aufwendungen zu aktivieren,

Zu den immateriellen Vermögensgegenständen (Kontengruppen 02 bis 04) rechnen Konzessionen, gewerbliche Schutzrechte (Patente, Marken-, Urheber- und Verlagsrechte, Geschmacks- und Gebrauchsmuster sowie Warenzeichen) und ähnliche Rechte und Werte, wie z.B. Produktionsverfahren, EDV-Programme, Rezepte, Knowhow sowie Lizenzen an solchen Rechten und Werten unter der Voraussetzung, dass ein entgeltlicher Erwerb von Dritten vorliegt.

Der Geschäfts- oder Firmenwert taucht zumeist in der Bilanzierung von Konzernen auf. Erwirbt eine Muttergesellschaft ein Tochterunternehmen und ist bereit, auf Grund positiver Ertragsaussichten für dieses Unternehmen mehr zu zahlen als der von Wirtschaftsprüfern festgestellte aktuelle Wert ausmacht, so ist die Differenz zwischen dem durch die Mutter bezahlten Wert der Tochter (Beteiligungsbuchwert) und dem anteiligen Eigenkapital, unter der Berücksichtigung stiller Reserven und Lasten, als Goodwill zu aktivieren und abzuschreiben oder gegen die Rücklagen erfolgsunwirksam zu verrechnen. Siehe hierzu näher Kapitel 5.3.1. Die restlichen Kontengruppen entfallen auf die Sachanlagen, z.B. Grundstücke, technische Anlagen und Maschinen; andere Anlagen, Betriebs- und Geschäftsausstattung – z.B. Fuhrpark – einschließlich geleisteter Anzahlungen und Anlagen im Bau.

Kontenklasse 1 enthält die langfristigen Finanzanlagen, wie z.B. Beteiligungen an anderen Unternehmen, langfristige Ausleihungen sowie Wertpapiere, die als langfristige Kapitalanlage angeschafft wurden.

In **Kontenklasse 2** befinden sich das Umlaufvermögen und die aktiven Rechnungsabgrenzungsposten. Zum Umlaufvermögen zählen Roh-, Hilfs- und Betriebsstoffe, unfertige und fertige Erzeugnissen, Forderungen aus Lieferungen und Leistungen, sonstige Vermögensgegenstände, Wertpapiere des Umlaufvermögens, die kurzfristig unter Liquiditätsgesichtspunkten gehalten werden und flüssige Mittel.

Unter sonstige Vermögensgegenstände fallen z.B. Gehaltsvorschüsse, Kautionen, Steuererstattungsansprüche, Schadensersatzansprüche. Anteile an anderen Unternehmen, sofern eine Veräußerungsabsicht besteht, sind aus Finanzanlagen in sonstige Vermögensgegenstände umzugliedern.

Mit der Rechnungsabgrenzung werden wir uns noch ausführlicher im Abgrenzungsteil beschäftigen. An dieser Stelle sei erwähnt, dass die aktive Rechnungsabgrenzung (Prepaid Expenses = vorausbezahlter Aufwand) z.B. in der Form einer im Geschäftsjahr vorausbezahlten Miete, als Forderung, d.h. als Anspruch auf Nutzung der Wohnräume im kommenden Geschäftsjahr, zu aktivieren ist. Als Beispiel stelle man sich vor, dass die Januarmiete schon im Dezember bezahlt wird.

Kontenklasse 3 nimmt die Positionen Eigenkapital, Wertberichtigungen und Rückstellungen auf. Bei den Einzelunternehmen und Personengesellschaften, bei denen Rücklagekonten zumeist nicht bestehen, ist die Kontengruppe 30 für die Eigenkapitalkonten der Eigentümer zu verwenden. Bei Kapitalgesellschaften teilt sich das Ei-

genkapital in gezeichnetes Kapital, Kapitalrücklage und Gewinnrücklagen auf. Zusätzlich enthält die Klasse 3 die Wertberichtigungen und Rückstellungen für Verbindlichkeiten, deren Höhe oder Fälligkeit zum Bilanzstichtag noch nicht feststehen, wie z.B.
Steuerrückstellungen.

Kontenklasse 4 erfasst alle kurz- und langfristigen Verbindlichkeiten gegenüber Banken, Lieferanten, Steuerbehörden sowie die passive Rechnungsabgrenzung. Hierbei
handelt es sich z.B. um die Bilanzierung von im Voraus vereinnahmter Miete.

Die **Kontenklasse 5** beinhaltet die betrieblichen und sonstigen betrieblichen Erträge.

In der **Kontenklasse 6** werden die betrieblichen und sonstigen betrieblichen Aufwendungen geführt.

Die **Klasse 7** weist weitere Aufwendungen aus. Hierunter fallen alle Steuer- und Zinsaufwendungen sowie die außerordentlichen, d.h. ungewöhnlichen und relativ seltenen
Aufwendungen, wie z.B. die Aufwendungen als Folge eines Brands.

Kontenklasse 8 enthält die Konten der Bilanz-Eröffnung und des Bilanz-Abschlusses
einschließlich der GuV-Konten. Die GuV-Rechnung kann dabei in der Form des Ge-
samtkostenverfahrens (GKV) oder des Umsatzkostenverfahrens (UKV) aufgestellt
werden.

In der **Kontenklasse 9** erfolgt die von der Finanzbuchhaltung getrennte Darstellung
der Kosten- und Leistungsrechnung.

Im Rechnungskreis 1 wird der Gewinn als Jahresüberschuss der Finanzbuchhaltung
ermittelt. Im Rechnungskreis 2 ist es Aufgabe der Kostenrechnung, dieses Ergebnis
in einen betrieblich verursachten Teil (Betriebsergebnis) und einen Teil, der nicht be-
triebsbedingt verursacht ist (Neutrales Ergebnis), aufzuteilen. Dies geschieht als Abgrenzungsrechnung im Rahmen der Kosten- und Leistungsrechnung.

3.1.3.3 Vergleich zwischen GKR und IKR

Die wesentlichen Unterschiede zwischen dem Gemeinschaftskontenrahmen und dem
Industrie-Kontenrahmen sind in Abb. 37 zusammengestellt.

Durch die Trennung von Finanzbuchhaltung und Kosten- und Leistungsrechnung er-
weist sich der Industrie-Kontenrahmen als wesentlich flexibler. Kapitel 8 enthält einen
Kontenplan auf Basis Industrie-Kontenrahmen.

Gemeinschaftskontenrahmen (GKR)	Industrie-Kontenrahmen (IKR)
Einkreissystem	Zweikreissystem
Prozessgliederungsprinzip	Abschlussgliederungsprinzip
Zeitliche Abhängigkeit zwischen der Erstellung des Abschlusses und der Kosten- und Leistungsrechnung.	Bilanzierung sowie Kosten- und Leistungsrechnung können zeitlich getrennt durchgeführt werden.
▼	▼
Geringere Flexibilität	**Höhere Flexibilität**

Abb. 37: Wesentliche Unterschiede zwischen GKR und IKR

3.2 Bilanzgliederung nach § 266 HGB

§ 266 HGB enthält die Gliederungsvorschriften für die Bilanz von mittelgroßen und großen Kapitalgesellschaften (& Co) (für kleine siehe § 266 Abs. 1 HGB) sowie Gesellschaften, die dem Publizitätsgesetz (PublG) unterliegen (siehe Abb. 38). Die Größenzugehörigkeiten sind in § 267 HGB und § 1 PublG festgelegt.

Bilanzgliederung für große und mittelgroße Kapitalgesellschaften	
Aktiva	**Passiva**

A. Anlagevermögen:
I. Immaterielle Vermögensgegenstände:
  1. Konzessionen, gewerbliche Schutzrechte und ähnliche Rechte und Werte sowie Lizenzen an solchen Rechten und Werten;
  2. Geschäfts- oder Firmenwert;
  3. geleistete Anzahlungen;
II. Sachanlagen:
  1. Grundstücke, grundstücksgleiche Rechte und Bauten einschließlich der Bauten auf fremden Grundstücken;
  2. technische Anlagen und Maschinen;
  3. andere Anlagen, Betriebs- und Geschäftsausstattung;
  4. geleistete Anzahlungen und Anlagen im Bau;
III. Finanzanlagen
	A. Eigenkapital:
	I. Gezeichnetes Kapital;
	II. Kapitalrücklage;
	III. Gewinnrücklagen:
	  1. gesetzliche Rücklage;
	  2. Rücklage für eigene Anteile;
	  3. satzungsmäßige Rücklagen;
	  4. andere Gewinnrücklagen;
	IV. Gewinnvortrag/Verlustvortrag;
	V. Jahresüberschuss/Jahresfehlbetrag (vor Ergebnisverwendung).
	B. Rückstellungen:
	1. Rückstellungen für Pensionen und ähnliche Verpflichtungen;
	2. Steuerrückstellungen;
	3. sonstige Rückstellungen.
	C. Verbindlichkeiten:
	1. Anleihen,

1. Anteile an verbundenen Unternehmen;
2. Ausleihungen an verbundene Unternehmen;
3. Beteiligungen;
4. Ausleihungen an Unternehmen, mit denen ein Beteiligungsverhältnis besteht;
5. Wertpapiere des Anlagevermögens;
6. sonstige Ausleihungen.

B. Umlaufvermögen:

I. Vorräte:
1. Roh , Hilfs und Botriobcctoffo;
2. unfertige Erzeugnisse, unfertige Leistungen;
3. fertige Erzeugnisse und Waren;
4. geleistete Anzahlungen;

II. Forderungen und sonstige Vermögensgegenstände:
1. Forderungen aus Lieferungen und Leistungen,
   - davon mit einer Restlaufzeit von mehr als einem Jahr;
2. Forderungen gegen verbundene Unternehmen,
   - davon mit einer Restlaufzeit von mehr als einem Jahr;
3. Forderungen gegen Unternehmen, mit denen ein Beteiligungsverhältnis besteht,
   - davon mit einer Restlaufzeit von mehr als einem Jahr;
4. sonstige Vermögensgegenstände,
   - davon mit einer Restlaufzeit von mehr als einem Jahr;

III. Wertpapiere:
1. Anteile an verbundenen Unternehmen;
2. eigene Anteile;
3. sonstige Wertpapiere;

IV. Kassenbestand, Bundesbankguthaben, Guthaben bei Kreditinstituten und Schecks.

C. Rechnungsabgrenzungsposten.

- davon konvertibel,
- davon mit einer Restlaufzeit bis zu einem Jahr;

2. Verbindlichkeiten gegenüber Kreditinstituten,
   - davon mit einer Restlaufzeit bis zu einem Jahr;

3. erhaltene Anzahlungen auf Bestellungen (soweit nicht bei den Vorräten offen abgesetzt);

4. Verbindlichkeiten aus Lieferungen und Loictungon,
   - davon mit einer Restlaufzeit bis zu einem Jahr;

5. Verbindlichkeiten aus der Annahme gezogener Wechsel und der Ausstellung eigener Wechsel,
   - davon mit einer Restlaufzeit bis zu einem Jahr;

6. Verbindlichkeiten gegenüber verbundenen Unternehmen,
   - davon mit einer Restlaufzeit bis zu einem Jahr;

7. Verbindlichkeiten gegenüber Unternehmen, mit denen ein Beteiligungsverhältnis besteht,
   - davon mit einer Restlaufzeit bis zu einem Jahr;

8. sonstige Verbindlichkeiten,
   - davon aus Steuern,
   - davon im Rahmen der sozialen Sicherheit,
   - davon mit einer Restlaufzeit bis zu einem Jahr.

D. Rechnungsabgrenzungsposten.

Abb. 38: Bilanzgliederung nach § 266 HGB

3.3 Gliederung der Gewinn- und Verlustrechnung nach § 275 HGB

Im **Handelsrecht** sind in § 275 Abs. 2 und 3 HGB **detaillierte Gliederungsschemata** für die Anwendung des Gesamt- und Umsatzkostenverfahrens enthalten. Sie umfassen beim GKV insgesamt 20 Positionen und beim UKV 19 Positionen.

Gewinn- und Verlustrechnung (Gesamtkostenverfahren)
1. Umsatzerlöse
2. Erhöhung oder Verminderung des Bestands an fertigen und unfertigen Erzeugnissen
3. andere aktivierte Eigenleistungen
4. sonstige betriebliche Erträge
5. Materialaufwand: a) Aufwendungen für Roh-, Hilfs- und Betriebsstoffe und für bezogene Waren b) Aufwendungen für bezogene Leistungen **(1. bis 5. = Rohergebnis)**
6. Personalaufwand: a) Löhne und Gehälter b) soziale Abgaben und Aufwendungen für Altersversorgung und für Unterstützung, davon für Altersversorgung
7. Abschreibungen: a) auf immaterielle Vermögensgegenstände des Anlagevermögens und Sachanlagen sowie auf aktivierte Aufwendungen für die Ingangsetzung und Erweiterung des Geschäftsbetriebs b) auf Vermögensgegenstände des Umlaufvermögens, soweit diese die in der Kapitalgesellschaft üblichen Abschreibungen überschreiten
8. sonstige betriebliche Aufwendungen
9. Erträge aus Beteiligungen, davon aus verbundenen Unternehmen
10. Erträge aus anderen Wertpapieren und Ausleihungen des Finanzanlagevermögens, davon aus verbundenen Unternehmen
11. sonstige Zinsen und ähnliche Erträge, davon aus verbundenen Unternehmen
12. Abschreibungen auf Finanzanlagen und auf Wertpapiere des Umlaufvermögens
13. Zinsen und ähnliche Aufwendungen, davon an verbundene Unternehmen
14. Ergebnis der gewöhnlichen Geschäftstätigkeit
15. außerordentliche Erträge
16. außerordentliche Aufwendungen
17. außerordentliches Ergebnis
18. Steuern vom Einkommen und vom Ertrag
19. sonstige Steuern
20. Jahresüberschuss/Jahresfehlbetrag

Abb. 39: Gewinn- und Verlustrechnung nach § 275 Abs. 2 HGB – Gesamtkostenverfahren

Gewinn- und Verlustrechnung (Umsatzkostenverfahren)	
1. Umsatzerlöse	
2. Herstellungskosten der zur Erzielung der Umsatzerlöse erbrachten Leistungen	
3. Bruttoergebnis vom Umsatz	
4. Vertriebskosten	
5. allgemeine Verwaltungskosten	
6. sonstige betriebliche Erträge	**(1. bis 3. + 6. = Rohergebnis)**
7. sonstige betriebliche Aufwendungen	
8. Erträge aus Beteiligungen, davon aus verbundenen Unternehmen	
9. Erträge aus anderen Wertpapieren und Ausleihungen des Finanzanlagevermögens, davon aus verbundenen Unternehmen	
10. sonstige Zinsen und ähnliche Erträge, davon aus verbundenen Unternehmen	
11. Abschreibungen auf Finanzanlagen und auf Wertpapiere des Umlaufvermögens	
12. Zinsen und ähnliche Aufwendungen, davon an verbundene Unternehmen	
13. Ergebnis der gewöhnlichen Geschäftstätigkeit	
14. außerordentliche Erträge	
15. außerordentliche Aufwendungen	
16. außerordentliches Ergebnis	
17. Steuern vom Einkommen und vom Ertrag	
18. sonstige Steuern	
19. Jahresüberschuss/Jahresfehlbetrag	

Abb. 40: Gewinn- und Verlustrechnung nach § 275 Abs. 3 HGB – Umsatzkostenverfahren

Kleine und mittlere Kapitalgesellschaften & Co (siehe § 267 HGB) können bestimmte Positionen zum **Rohergebnis** zusammenfassen (§ 276 Satz 1 HGB).

3.4   Gesamtkosten- oder Umsatzkostenverfahren in der GuV-Rechnung

Die Gliederung der GuV-Rechnung in Staffelform kann nach zwei unterschiedlichen Gliederungsschemata, dem Gesamt- (GKV) oder dem Umsatzkostenverfahren (UKV) vorgenommen werden. Beide Verfahren führen zum gleichen Jahresüberschuss.

Zwischen GKV und UKV gibt es keine Ergebnisunterschiede.

GKV und UKV unterscheiden sich in einer anderen Darstellung der Betriebsleistung. Die Unternehmen dürfen bei der Festlegung auf eine bestimmte Darstellungsform diese Entscheidung nur in Ausnahmefällen wieder zurücknehmen.

Der Gemeinschaftskontenrahmen (GKR) und der Industrie-Kontenrahmen (IKR) enthalten die Möglichkeit, die GuV-Rechnung als GKV oder als UKV abzuwickeln. Beim

GKR sind hierfür keine speziellen Konten vorgesehen. Beim GKV werden die Konten-klassen 5 und 6 nicht bebucht, die Kostenrechnung wird statistisch durchgeführt. Bei Anwendung des UKV werden in der Klasse 6 „Herstellkonten" eingerichtet. Beim IKR sind die Konten 802 für das GKV und 803 für das UKV reserviert.

Die Posten der beiden Verfahren unterscheiden sich in ihrem betrieblichen Teil. Dies sind die Positionen 1. bis 8. des GKV oder 1. bis 7. des UKV (vgl. § 275 Abs. 2 u. 3 HGB). Die restlichen Positionen sind inhaltsgleich.

Gesamtkostenverfahren (GKV)	Umsatzkostenverfahren (UKV)
1. Umsatzerlöse	1. Umsatzerlöse
2. Erhöhung oder Verminderung des **Be-stands** an fertigen und unfertigen Erzeug-nissen	2. Herstellungskosten der zur Erzielung der Umsatzerlöse erbrachten Leistungen (**FK**)
3. **andere aktivierte Eigenleistungen**	3. Bruttoergebnis vom Umsatz
4. sonstige betriebliche Erträge	4. Vertriebskosten (**FK**)
5. **Material**aufwand	5. allgem. Verwaltungskosten (**FK**)
6. **Personal**aufwand	6. sonstige betriebliche Erträge
7. **Abschreibungen**	7. sonstige betriebliche Aufwendun-gen
8. sonstige betriebliche Aufwendungen	

(FK) = Funktionskosten
Abb. 41: Gegenüberstellung von Gesamtkosten- und Umsatzkostenverfahren

Bei der Gliederung nach dem **GKV** werden alle im Geschäftsjahr angefallenen be-trieblichen Erträge und Aufwendungen nach Arten gegliedert angegeben. Der Aus-weis der Posten ist somit periodenbestimmt und unabhängig davon, in welcher Be-ziehung sie zu den Umsatzerlösen des Geschäftsjahres stehen. Das macht es not-wendig, die Bestandsveränderungen und die anderen aktivierten Eigenleistungen so-wie die Abschreibungen als solche auszuweisen.

Unter **Bestandsveränderungen** fallen der Mehr- oder Minderbestand eines Unter-nehmens. Der Mehrbestand an Erzeugnissen entsteht, wenn das Unternehmen mehr Waren produziert, als es verkaufen kann. Ein Minderbestand liegt vor, wenn das Un-ternehmen mehr Waren verkaufen kann, als es produziert hat. Der Mehrbestand wird buchhalterisch so erfasst, dass er fiktiv als Umsatz zu Herstellungskosten gebucht wird. Somit erhöht sich der Anfangsbestand der fertigen Erzeugnisse entsprechend dem Mehrbestand. Dieser wiederum wird in der GuV-Rechnung als Ertrag erfasst.

Der **Buchungssatz** für den Mehrbestand lautet:

Fertigerzeugnisse (Mehrbestand) an Mehrbestand (GuV-Konto, Ertrag)

Beim Minderbestand erfolgt der Verkauf der Waren aus dem Lager, dies bedeutet ei-nen Lagerabbau. Der Minderbestand verringert den Bestand an Fertigerzeugnissen. Dies wird in der GuV-Rechnung als Aufwand gegengebucht.

Der Buchungssatz für den Minderbestand lautet:

Minderbestand (GuV-Konto, Aufwand) an Fertigerzeugnisse (Minderbestand)

Bei **anderen aktivierten Eigenleistungen** handelt es sich oftmals um Anlagegegenstände, die nicht für den Verkauf bestimmt sind, sondern innerbetrieblichen Zwecken dienen. Der Betrieb erstellt z.B. ein Förderband mit eigenem Material und Arbeitskräften.

Der Finanzbuchhalter bucht diesen Vorgang „ergebnisneutral". Dies bedeutet, dass die Aufwendungen auf dem GuV-Konto erfasst werden und der Wert des Förderbands in gleicher Höhe als Ertrag gegengebucht wird.

Im IKR ist dieser Vorgang wie folgt zu verbuchen:

> „620 Lohnaufwendungen für Förderband an 280 Bank"
> „075 Transportanlagen an 530 selbst erstellte Anlagen".

Umsatzerlöse, Bestandsveränderungen und andere aktivierte Eigenleistungen bilden im GKV die Gesamtleistung des Unternehmens im Geschäftsjahr. Diese Leistung wird den Produktionskosten des Unternehmens gegenübergestellt. Man spricht deshalb auch vom Produktionskostenverfahren.

Bei der Gliederung nach dem **UKV** wird auf eine Darstellung des Umsatzes und die zu ihm in unmittelbarer Beziehung stehenden betrieblichen Aufwendungen abgezielt. Die Herstellungskosten der zur Erzielung der Umsatzerlöse erbrachten Leistungen werden in der GuV-Rechnung unabhängig davon ausgewiesen, ob sie in dem Geschäftsjahr, über das berichtet wird, angefallen sind oder in früheren Geschäftsjahren. Andererseits erscheinen die betrieblichen Aufwendungen des Geschäftsjahres, die in am Jahresende noch unverkaufte und somit in den Beständen aktivierte Produkte eingegangen sind, nicht in der GuV-Rechnung. Der Ausweis der betrieblichen Aufwendungen ist insoweit nicht perioden- sondern umsatzbestimmt.

Andere Aufwendungen wie die allgemeinen Verwaltungskosten und die Vertriebskosten werden beim UKV als Bereichskosten ausgewiesen. Alle übrigen Aufwendungen und Erträge werden nach Arten getrennt aufgeführt. Das führt dazu, dass die sonstigen betrieblichen Aufwendungen und Erträge im GKV und UKV begrifflich gleich sind ohne inhaltlich übereinzustimmen.

> Abschreibungen auf IVG und Sachanlagen sind im UKV auf die Funktionskosten umzulegen.

Bei der Entscheidung für ein bestimmtes Gliederungsschema hat das Unternehmen nicht nur die Produktpalette, sondern auch die Art der betrieblichen Kostenerfassung und -verrechnung zu berücksichtigen. Die Anwendung des UKV setzt grundsätzlich voraus, dass die Aufwendungen nach den Bereichen Herstellung, allgemeine Verwaltung, Vertrieb und sonstige betriebliche Bereiche aufgeschlüsselt werden können. Das Unternehmen muss demnach über eine effiziente Kostenarten- und Kostenstellenrechnung verfügen.

Die Herstellungs- (einschließlich der Aufwendungen für Forschung und Entwicklung – so genannte FuE-Aufwendungen), Verwaltungs- und Vertriebskosten werden auch als **Funktionskosten** bezeichnet.

Die Entscheidung über das anzuwendende Gliederungsschema ist betriebsindividuell zu treffen und kann Konsequenzen nach sich ziehen. Bei Einproduktunternehmen gewährt das UKV z.B. einen Einblick in die Kalkulationsstruktur.

Die Umstellung von GKV auf UKV ist mit erheblichem Aufwand verbunden. Der Aufwand ist umso höher je größer das Unternehmen ist. Große Konzerne müssen mehrere Jahre veranschlagen, um die Besonderheiten sämtlicher wichtiger Tochtergesellschaften angemessen zu berücksichtigen.

> Für sämtliche Aufwandsarten nach GKV muss bei Anwendung des UKV ein Aufriss der Funktionskosten nach Aufwandsarten erstellt werden.

In der Praxis bedeutet dies, dass bei Anwendung des UKV zwangsläufig auch eine GuV-Rechnung in der Form eines GKV erstellt werden muss. Bestimmte Positionen, wie z.B. der Personalaufwand, sind bei Anwendung des UKV im Anhang gesondert anzugeben (§§ 285 Ziffer 8, 314 Abs. 1 Ziffer 4 HGB).

> Bei Anwendung des UKV entsteht somit doppelte Arbeit.

Der Personalaufwand ist in den Kostenstellenbereichen Herstellung, Vertrieb und Verwaltung zu erfassen. Dies setzt beim UKV eine funktionsfähige Verrechnung der Aufwendungen auf Kostenstellen voraus. Der Leser einer GuV-Rechnung nach UKV erfährt zusätzlich, in welchen Bereichen des Unternehmens die Personalaufwendungen entstanden sind; dies sorgt für erhöhte Transparenz.

Das UKV ist international verbreiteter als das GKV. Nach US-amerikanischen Bilanzierungsrichtlinien (US-GAAP = United States Generally Accepted Accounting Principles) müssen Unternehmen, deren Aktien an der New Yorker Börse (NYSE) notiert werden, das UKV anwenden. HGB und IFRS, International Financial Reporting Standards, lassen beide Verfahren zu.

Gesamtkostenverfahren (GKV)	Umsatzkostenverfahren (UKV)
Allgemeine Unterschiede	
periodenbestimmt; Produktionskostenverfahren	umsatzbestimmt; Kostenstellenbezogenheit
Unterschiede bei einzelnen GuV-Positionen	
Bestandsveränderungen Andere aktivierte Eigenleistungen Personalaufwand Materialaufwand Abschreibungen	– – – – Abschreibungen anders ausgewiesen Abgrenzung der Aufwandsarten nach Funktionskosten:
– – –	– Herstellungskosten (einschl. Forschung und Entwicklung) – Vertriebskosten – Allgemeine Verwaltungskosten

Abb. 42: Gliederungsmöglichkeiten der GuV-Rechnung

Folgendes **Beispiel** soll den Unterschied zwischen der Gliederungsform nach GKV und UKV verdeutlichen:

Die *Speedy GmbH* möchte das UKV einführen, da das Unternehmen plant, nach einer Wandlung in eine AG mit anschließendem Gang an die Börse mittelfristig seine Aktien in New York zur Notierung zuzulassen. Anhand eines Aufrisses der Funktionskosten nach Aufwandsarten, sollen die Unterschiede zwischen GKV und UKV aufgezeigt werden.

Die aus dem GKV erhaltenen wichtigsten Aufwandsarten Materialaufwand und Personalaufwand sollen auf die Funktionskosten verteilt werden. Der Personalaufwand von insgesamt 2.000.000 € sowie der Materialaufwand von insgesamt 3.000.000 € sind anhand der Kostenstellen auf die Umsatzkosten, Forschung und Entwicklung (FuE), Vertriebskosten und allgemeine Verwaltungskosten umzulegen. Die Verteilung anhand der Kostenstellen beläuft sich entsprechend der Reihenfolge oben aufgeführter Funktionskosten beim Personalaufwand auf 5 zu 1 zu 2 zu 2, beim Materialaufwand auf 6 zu 1 zu 1 zu 2.

Funktionskosten nach den Aufwandsarten Personal und Material (in €)

Funktionskosten nach UKV	Personalaufwand nach GKV	Materialaufwand nach GKV
Umsatzkosten	1.000.000	1.800.000
FuE	200.000	300.000
Vertriebskosten	400.000	300.000
Allg. Verwaltungskosten	400.000	600.000
	2.000.000	**3.000.000**

GKV-Angaben
UKV-Angaben

Abb. 43: Aufriss der Funktionskosten nach Aufwandsarten

Weiteres Beispiel:

Es wird angenommen, dass ein Unternehmen im **Geschäftsjahr 1** zwei Produkte herstellt, aber nur eines noch im gleichen und das andere im nächsten Geschäftsjahr verkauft. Beide Produkte seien identisch. An betriebsbedingten Aufwendungen entstehen jeweils 100 € Fertigungslöhne und 50 € Materialkosten. Produkt 1 erbringt im Geschäftsjahr 1 einen Umsatz in Höhe von 300 €, mit dem Produkt 2 werden im Geschäftsjahr 2 Erlöse in Höhe von 290 € erzielt. Der Verkäufer und der Finanzbuchhalter des Unternehmens erhalten ein Gehalt von jeweils 20 €.

Beim **UKV** werden den Umsatzerlösen von 300 € die Herstellkosten (100 € Fertigungslohn + 50 € Materialkosten) für das verkaufte Produkt 1 gegenübergestellt. Dies ergibt ein Bruttoergebnis von 150 €. Abzüglich 40 € für Vertriebs- und allgemeine Verwaltungskosten ergibt sich ein Jahresüberschuss von 110 €.

Geschäftsjahr 1 (in €)			
Gesamtkostenverfahren (GKV)		**Umsatzkostenverfahren (UKV)**	
1. Umsatzerlöse	300	1. Umsatzerlöse	300
2. Bestandserhöhung	150	2. Herstellkosten	150
Gesamtleistung	450	3. Bruttoergebnis	150
3. Materialaufwand	100	4. Vertriebskosten	20
4. Personalaufwand	240	5. allg. Verwaltungskosten	20
5. Jahresüberschuss	110	6. Jahresüberschuss	110

Abb. 44: Zahlenbeispiel GKV/UKV Geschäftsjahr 1

Beim **GKV** errechnet sich die Gesamtleistung aus der Addition der Umsatzerlöse und der Bestandserhöhung (Herstellkosten des Produkts 2). An Materialaufwand für die hergestellten Produkte fielen zweimal 50 € = 100 € an. Der Personalaufwand in Höhe von 240 € entsteht aus 40 € Vertriebs- und allgemeine Verwaltungskosten sowie zweimal 100 € Fertigungslöhne. Somit resultiert ein Jahresüberschuss von 110 €.

Im **Geschäftsjahr 2** wird das im Unternehmen verbliebene Produkt 2 für 290 € verkauft. Ein Förderband wird als andere aktivierte Eigenleistung mit Fertigungslöhnen in Höhe von 80 € ohne Materialkosten selbst erstellt. Es fallen 30 € Löhne an, die als Personalaufwand erfasst werden müssen, aber dem Förderband nicht direkt zugerechnet werden können. Man spricht von nicht aktivierungsfähigen Löhnen.

Beim **GKV** folgt der Personalaufwand aus 40 € Vertriebs- und allgemeinem Verwaltungsaufwand, + 110 € andere aktivierte Eigenleistungen und nicht aktivierungsfähigen Löhnen.

Geschäftsjahr 2 (in €)			
Gesamtkostenverfahren (GKV)		**Umsatzkostenverfahren (UKV)**	
1. Umsatzerlöse	290	1. Umsatzerlöse	290
2. Bestandsminderung	- **150**	2. Herstellungskosten	150
3. andere aktivierte Eigen-		3. Bruttoergebnis	140
leistung	80	4. Vertriebskosten	20
Gesamtleistung	220	5. allg. Verwaltungskosten	20
4. Personalaufwand	150	6. sonst. betriebl. Aufwend.	30
5. Jahresüberschuss	70	7. Jahresüberschuss	70

Abb. 45: Zahlenbeispiel GKV/UKV Geschäftsjahr 2

Beim **GKV** folgt der Personalaufwand aus 40 € Vertriebs- und allgemeinem Verwaltungsaufwand + 110 € andere aktivierte Eigenleistungen und nicht aktivierungsfähigen Löhnen.

3.5 Konventionelle und EDV-gestützte Finanzbuchhal-tung

3.5.1 Finanzbuchhaltung alter Prägung

Die Finanzbuchhaltung alter Prägung – hier als konventionelle Finanzbuchhaltung bezeichnet – wurde überwiegend manuell durchgeführt. Konkret bedeutete dies, dass
die Geschäftsvorfälle per Hand in die erwähnten Bücher oder Kontenblätter eingetra-
gen wurden. Da das Grundbuch täglich und das Hauptbuch zumindest monatlich abzuschließen waren, ergab sich eine zeitliche Lücke in der Kontendarstellung dieser
auch als Übertragungsbuchhaltung bezeichneten Buchhaltungsform. Diese Art der
Buchführung forderte Fehler geradezu heraus. Es wurden in der Praxis Organisa-
tionsformen entwickelt, die diese Übertragungsfehler verringern sollten.

Beim „Amerikanischen Journal" wurden Grund- und Hauptbuch zusammengefasst.
Zeitliche und sachliche Verbuchung fielen zusammen. Da der Kaufmann dadurch ge-
zwungen war, gleiches Datenmaterial zweimal hintereinander darzustellen, reduzier-
te sich die Fehlerzahl erheblich.

Bei der Durchschreibebuchhaltung wurde das Sachkontenblatt so über das Grund-
buchblatt gelegt, dass mit der Eintragung im Sachkonto gleichzeitig eine Grundbuch-
eintragung erfolgte. Dies führt mit der Zeit zu einer gewaltigen Ansammlung von Papier, regelrechte Loseblatt-Sammlungen entstanden. Diese Art der Finanzbuchhaltung stieß schon in Kleinbetrieben an ihre Grenzen. Sie war langsam, arbeitsaufwen-
dig und unhandlich.

Methoden der konventionellen Finanzbuchhaltung:
- Übertragungsbuchhaltung,
- Amerikanisches Journal und
- Durchschreibebuchhaltung

Durch den Einsatz modernster EDV-Systeme sind die beschriebenen Vorgehensweisen der konventionellen Finanzbuchhaltung verschwunden. Selbst Kleinstunternehmen kommen heute ohne Software nicht mehr aus. Die berühmte **„Buchhalternase"**, die ein Beschreiben von leeren Flächen mit Zahlenwerten verhindern sollte, gehört der Vergangenheit an.

3.5.2   Einsatz von Standardsoftware

Die oben dargestellten Grenzen der konventionellen Buchhaltung haben in den letzten Jahrzehnten geradezu EDV-Lösungen herausgefordert. Zunächst setzte sich die Philosophie der Großrechneranwendungen durch. Die Unternehmen entwickelten dabei ihre Software selbst und versuchten, die feinsten Detaillösungen, die nur auf der Basis einer großen Rechnerkapazität möglich waren, darzustellen. Dieser Trend dauerte im Wesentlichen bis zum Ende der 80er Jahre des 20. Jahrhunderts an.

> Einsatz von Großrechnern zur Umsetzung von individuell programmierter Software.

Wie hatte man sich eine solche, auch als funktionalorientierte EDV bezeichnete Software-Struktur eines Unternehmens vorzustellen?

Beispielsweise durchläuft das Produkt in der Automobilindustrie mehrere Fertigungsstufen. Dies sind das Presswerk, wo die Blechteile geformt werden, die Montage in der Einzelteile zusammengeführt werden, die Lackiererei, die Ausstattung etc. In der Zeit der Großrechneranwendungen war es üblich, dass für jeden Bereich oder etwas moderner formuliert, für jedes Center, bereichsbezogene **„Insellösungen"** des Rechnungswesens softwaretechnisch eigenentwickelt wurden. Dies hatte den großen Vorteil, dass centerbezogene Daten richtig dargestellt werden konnten.

In dem Moment, wo das Gesamtinteresse eines Unternehmens gefragt war, trat die **„Schnittstellenproblematik"** in den Vordergrund. Was bedeutet dies?

Beispielsweise wird aus Gründen einer möglichst exakten Produktkalkulation bei der Fertigung jede Minute erfasst, die ein Arbeiter für die Fertigung eines Teilprozesses, wie z.B. die Durchführung der „Hochzeit", unter der man in der Automobilproduktion die Verbindung der Karosserie mit dem Motor versteht, benötigt. Da die gesamte Fertigung eine Vielzahl solcher Einzelschritte beinhaltet, müsste man annehmen, dass nun einfach die Stunden zu addieren seien, um auf die gesamte Fertigungsstundenzahl zu gelangen. Dies ist ein entscheidender Irrtum.

Die Systemlandschaft war so strukturiert, dass die bereichsbezogenen Teilsysteme über Schnittstellen in übergeordnete Systeme eingingen. An diesen Stellen kam es zu Ungenauigkeiten und damit zu deutlicher betriebswirtschaftlicher Ineffizienz.

Die Ursachen dieser entscheidenden Schwachstellen der Großrechneranwendungen waren vielschichtig.

Zunächst machten viele Unternehmen in den 90er Jahren des letzten Jahrhunderts

einen revolutionären Wandel durch. Nicht mehr die Funktionen der einzelnen Bereiche, wie z.B. Montage, Personalbetreuung, Finanzen etc. standen im Vordergrund,
sondern der Prozess. Viele Unternehmen begannen mit der **Prozessorientierung**
der Fertigung. Aus Kostenoptimierungsgründen wurde z.B. der Prozess der Pkw-Fer-
tigung „horizontal" betrachtet: Welche Prozesse sind notwendig, um einen Pkw insgesamt zu fertigen? Es interessierte mit einem Mal viel weniger die Frage, welchen
Anteil hat die gesamte Lackiererei an dem Produkt, sondern welche Arbeitsvorrich-
tungen werden beim Durchlaufen der Lackiererei benötigt.

Dies führte zu völlig veränderten Ansprüchen an die Software im Rechnungswesen.
Nicht mehr das Partikularinteresse der einzelnen Bereiche eines Unternehmens war
gefragt, sondern der integrative Blick auf das Gesamtprodukt und das Gesamtunter-
nehmen rückte in den Vordergrund. Hierzu entstanden lokale Vernetzungen auf Basis
der **Client-Server-Technologie**. Nicht mehr das „Tiefbohren" in eigener Software war
gefordert, sondern die Vernetzung der Insellösungen mit einem allgemeinen aber re-
gulierten Datenzugriff rückte in den Mittelpunkt. Mit der Folge:

> Eine „NEUE DENKE" war gefordert.

Damit einher ging die Forderung nach mehr Transparenz in den Fertigungsprozes-
sen und deren Darstellung in den EDV-Systemen.

> Die alte funktionale Orientierung der Firmen führte zu
> „Fürstentümern"und zur Pflege von „grauen Eminenzen".

Die Insellösungen sicherten dem **Bereichsleiter** eine optimale Gestaltung seines Be-
reichs. Warum sollte er an dem Wohlergehen anderer Bereiche interessiert sein,
wenn es bei ihm doch so gut funktionierte? Die größten Widerstände gegen den pro-
zessorientierten Einsatz der EDV kamen folglich aus den Hierarchien der Bereichsleiter, die ihre Pfründe davonschwimmen sahen.

Bis dato bestimmten **„graue Softwareeminenzen"** über wesentliche Vorgänge in
den Unternehmen. Jahrzehntelang hatten sie die Software selbst entwickelt, ständig
optimiert, ohne eine nachvollziehbare Dokumentation zu entwerfen. Die Problematik
dieser Entwicklungen zeigte sich oftmals erst viele Jahre später, als die betreffenden
„grauen Eminenzen" pensioniert wurden und jüngere Mitarbeiter in ihre Fußstapfen
treten sollten und folglich überfordert waren.

Seit einigen Jahren hat sich die **Standardsoftware** gegen die Eigenentwicklungen
der Unternehmen eindeutig durchgesetzt. Weltweit führend auf dem Markt für An-
wendungen auf dem Gebiet des Rechnungswesens ist das Walldorfer Unternehmen

> **SAP** = **S**ysteme, **A**nwendungen, **P**rodukte in der Datenverarbeitung

mit R/3, aktuell in der Form der Internet-Anwendung mySAP ERP (Enterprise Resource Planning). Da dieses System am Markt so erfolgreich ist, sollen seine wesentlichen Eigenschaften aus Finanzbuchhaltungssicht kurz vorgestellt werden.

Das **R** von R/3 bedeutet

Realtime = Echtzeit

und betont die sofortige Verbuchung und Aktualisierung von Daten, die im Rahmen der Integration allen betroffenen Abteilungen zur Verfügung stehen. Es handelt sich um ein offenes System das aus mehreren Modulen besteht, die miteinander integrativ verbunden sind. So können Materialbuchungen im Modul MM (Material Management) vorgenommen und sofort (realtime) in die Finanzbuchhaltung, Modul FI, übernommen werden, ohne dass Durchschreibungen vorgenommen oder Schnittstellen überwunden werden müssen.

Standardsoftware bedeutet auch, dass im Auslieferungsmandanten ein Kontenplan im Buchungskreis 0001 hinterlegt ist, der betriebsindividuell von den Anwendern angepasst werden kann. Die betriebsindividuelle Anpassung vorgegebener Standards wird auch als **Customizing-Prozess** bezeichnet.

Customizing = Anpassung der Software an betriebliche Besonderheiten

Die Finanzbuchhaltung – in der Diktion von R/3: Finanzwesen FI – wird als zentraler Informationspool aus diversen Nebenbüchern versorgt. FI gibt die Daten an das interne Rechnungswesen – in der Diktion von R/3: Controlling CO – als Aufwandsoder Erlösbuchungen weiter.

Moderne Standardsoftware unterscheidet prinzipiell zwischen - Stamm- und - Bewegungsdaten.

Stammdaten sind Daten, die sich kurzfristig nicht ändern. Hierzu gehören etwa spezielle Kundendaten, wie Anschriften oder zu verwendende Kontonummern.

Bewegungsdaten sind laufend veränderbar. Hierzu zählen die zu buchenden Geschäftsfälle in Form von Lieferanten- oder Kundenrechnungen sowie das Bezahlen von Rechnungen. Originalbelege können über Einlesemöglichkeiten via Scanner auf dem PC-Bildschirm sichtbar gemacht und müssen nicht mühsam auf Microfichen gesucht werden.

Die Belegsteuerung geschieht über **Belegarten**. Das führt dazu, dass sich die manuelle Eingabe auf die Eingabe von Belegarten, z.B. „DZ" für Debitorenzahlung, beschränkt. Die eigentliche Steuerung der Buchung geschieht dann über im System hinterlegte Tabellen in der Form von Buchungsschlüsseln. Seit Releasestand 4.6 ist nicht einmal mehr die Belegart manuell einzugeben. Über eine **Einbildtransaktion** (FB50) wird diese nur durch das Aufrufen z.B. einer Sachkontenbuchungsanwendung automatisch eingestellt.

Im System R/3 sind 99 **Buchungsschlüssel** hinterlegt, die durch zweistellige numerische Codes 01 bis 99 (mit Lücken versehen) über die Belegartensteuerung aufgerufen werden. Z.B. hat die Umsatzbuchung den **Buchungsschlüssel 01**.

Ein Buchungssatz wie z.B.:

„Forderungen aus Lieferungen und Leistungen an Umsatzerlöse"

muss nicht mehr manuell eingegeben werden. Das System ruft die durch den Buchungsschlüssel angesprochenen Konten automatisch als Beleg auf, in die dann nur
noch die Beträge einzusetzen sind.

Bei dem Buchungsprozess sind diverse **Prüfroutinen** hinterlegt. Ein Beleg kann z.B.
nur bebucht werden, wenn der Saldo aus den Soll- und Habenpositionen gleich Null
ist. Der Betrag der Sollbuchung muss demnach genauso hoch sein, wie der Betrag
der Habenbuchung. Eine wesentliche Fehlerquelle der manuellen Buchhaltung wird
durch diesen einfachen „Trick" getilgt.

Fundamental für die Standardsoftware R/3 ist die **Mitbuchkontentechnik**.

Bei einem Kundenkonto (Debitor) werden die Umsätze mit dem Kunden nur über das
Debitorenkonto im Nebenbuch gebucht. Das Hauptbuchkonto „Forderungen aus Lieferungen und Leistungen", als Mitbuchkonto, wird bei einer Bebuchung des Kunden-
kontos automatisch mitgebucht. In ähnlicher Weise ist bei der Verbuchung von Lieferantenrechnungen zu verfahren. Durch dieses Buchungsverfahren ist es möglich,
bei einer Vielzahl von Kunden und Lieferanten den Überblick zu bewahren, da ansonsten sämtliche Kunden- und Lieferantenbuchungen in jeweils nur einem Konto erfasst würden.

Mitbuchkontentechnik:
zunächst Buchung im Nebenbuch, mit automatischem Übertrag ins Hauptbuchkonto

Viele Vorgänge werden im Rahmen moderner Standardsoftwareprogramme automatisch vollzogen. Hierzu zählen nach Einstellung der betriebsindividuellen Eckdaten,
die Durchführung von Mahnprogrammen, Skonto-, Steuer- und Wechselbuchungen.

Unter dem Begriff **Sonderhauptbuchvorgänge** werden spezielle Buchungen der De-
bitoren- und Kreditorenbuchhaltung, die in den Nebenbüchern und dem Hauptbuch
gesondert auszuweisen sind, erfasst, sowie

- Anzahlungen, - Bürgschaften, - Wechsel und - Einzelwertberichtigungen

dargestellt.

Die Standardsoftware hat einen weltweiten Siegeszug begonnen. Insbesondere große und mittlere Unternehmen setzen sie ein. Ein Ende des Booms ist nicht absehbar.
Allerdings gibt es Äußerungen, die insbesondere R/3 kritisch beäugen. Da ist zum einen das **Handling des Systems**. Die Oberfläche ist zwar wesentlich bediener-
freundlicher als beim Vorgängerprodukt R/2, gleichwohl gibt es am Markt schon bes-
sere Oberflächen für Finanzbuchhaltungssysteme. Erwähnt sei nur die „Reitertech-

nik", die per **Reiter** (button) das direkte Einsteigen, z.B. in eine Bilanzposition, ermöglicht. Dies ist in R/3 nur beschränkt möglich. Auch erscheint das System für eine
Standardsoftware schon ziemlich überproportioniert, sodass beispielsweise selbst
einfachste Angaben über Kundenaufträge schon Angaben im Modul CO über „CO-
Objekte" voraussetzen.

Darüber hinaus fehlt es an einer klaren und übersichtlichen sowie betriebswirtschaftlich widerspruchsfreien Dokumentation. Es ist viel dokumentiert, aber genau das, was
man gerade sucht, ist oftmals unauffindbar. Quantität sollte bei der Dokumentation
nicht die Qualität ersetzen.

3.6   Multiple Testfragen

1. Der Gemeinschaftskontenrahmen ist nach dem
    a) Jahresabschlussgliederungsprinzip aufgebaut.
    b) Prozessgliederungsprinzip aufgebaut.
    c) ohne Gliederungsprinzip, d.h. betriebsindividuell gestaltet.

2. Der Industrie-Kontenrahmen ist nach dem
    a) Prozessgliederungsprinzip aufgebaut.
    b) Jahresabschlussgliederungsprinzip aufgebaut und erlaubt eine
    c) flexiblere Abstimmung zwischen Finanzbuchhaltung und Kostenrechnung als
       dies mit dem Gemeinschaftskontenrahmen möglich ist.

3. Ein Kontenplan ist
    a) die betriebsindividuelle Anpassung der Konten eines Kontenrahmens an die
       konkreten Anforderungen eines Unternehmens.
    b) der Oberbegriff für einen Kontenrahmen.
    c) ein Teil der operativen Unternehmensplanung.
    d) Bestandteil einer Marketingstrategie.

4. Die Finanzbuchhaltung erfasst Geschäftsfälle, die
    a) mit Aufwendungen und Erträgen im Zusammenhang stehen.
    b) mit Zweckaufwand (z.B. Löhne, Gehälter oder Materialaufwand) zusammen-
       hängen.
    c) die Kostenrechnung nicht erfasst.

5. Aufwendungen bestehen aus
    a) Zweckaufwand und neutralem Aufwand.
    b) kalkulatorischen Kosten und Grundkosten.
    c) Anderskosten und Zweckaufwand.
    d) Grundkosten und neutralem Aufwand.

6. Die Spenden an ein Unternehmen werden unter
    a) sonstigen betrieblichen Aufwendungen erfasst.
    b) betrieblichen Aufwendungen verbucht.
    c) Personalaufwand gebucht.
    d) außerordentlichen Aufwendungen erfasst.

7. Ein Gemeinschaftskontenrahmen kann mit den Begriffen
    a) Einkreissystem,
    b) Zweikreissystem,
    umschrieben werden.

8. Ein Industrie-Kontenrahmen kann mit den Begriffen
    a) Einkreissystem,
    b) Zweikreissystem,
    umschrieben werden.

9. Das Gesamtkostenverfahren der Darstellung einer GuV-Rechnung enthält folgende Positionen:
   a) Personalaufwand,
   b) Materialaufwand,
   c) Bestandsveränderungen an unfertigen und fertigen Produkten,
   d) Herstellungskosten,
   e) Vertriebskosten,
   f) allgemeine Verwaltungskosten,
   g) Funktionskosten.

10. Das Umsatzkostenverfahren der Darstellung einer GuV-Rechnung enthält folgende Positionen:
    a) Personalaufwand,
    b) Materialaufwand,
    c) Bestandsveränderungen an unfertigen und fertigen Produkten,
    d) Herstellungskosten,
    e) Vertriebskosten,
    f) allgemeine Verwaltungskosten,
    g) Funktionskosten.

11. Das Customizing dient
    a) der Anpassung einer Standardsoftware an betriebliche Gegebenheiten.
    b) der Erfüllung von Zollvorschriften beim Überschreiten einer Grenze.
    c) der Eingabe von Stamm- und Bewegungsdaten.

12. Ein Vorsteuerüberhang eines Unternehmens ist ein Zeichen für
    a) gut gehende Geschäfte.
    b) schlecht gehende Geschäfte.
    c) eine hohe Anzahl von neuen Kunden.
    d) die Zahlungsunfähigkeit der Lieferanten.

13. Unter der Mitbuchkontentechnik versteht man
    a) die Verbuchung von Kunden- oder Lieferantenrechnungen bei gleichzeitiger Erfassung der Werte auf den zugehörigen Hauptbuchkonten Forderungen/ Verbindlichkeiten aus Lieferungen und Leistungen.
    b) die parallele Verbuchung von Zinsaufwendungen und Zinserträgen.
    c) die Abstimmung der Vorsteuer mit der ausgehenden Umsatzsteuer.

14. Stammdaten der EDV sind
    a) Daten, die sich kurzfristig nicht ändern (z.B. Lieferantenadressen).
    b) Daten, die einer permanenten Veränderung unterliegen.

15. Bewegungsdaten der EDV sind
    a) Daten, die sich laufend verändern (z.B. Buchungsdaten).
    b) Daten, die konstant sind und sich nicht verändern.

3.7   Fallstudie: Umstellung vom Gesamtkosten- auf das Umsatzkostenverfahren

Die *Walter AG* möchte vom Gesamtkostenverfahren (GKV) auf das Umsatzkosten-verfahren (UKV) umstellen, da das Unternehmen plant, seine Aktien in New York zur Notierung zuzulassen. Das Unternehmen verspricht sich zusätzlich mehr Transparenz über die Aufwands- und Ertragsstruktur des Unternehmens.

Anhand eines Aufrisses der Funktionskosten nach Aufwandsarten, soll gezeigt werden, worin der Unterschied zwischen GKV und UKV besteht.

Die aus dem GKV erhaltenen wichtigsten Aufwandsarten Materialaufwand, Personalaufwand und Bestandsveränderungen sind auf die Funktionskosten zu verteilen.

Der Personalaufwand von insgesamt 2.000.000 € sowie der Materialaufwand von insgesamt 3.000.000 € sind anhand der Kostenstellen auf die Umsatzkosten, Forschung und Entwicklung (FuE), Vertriebskosten und allgemeine Verwaltungskosten umzulegen. Die Verteilung anhand der Kostenstellen beläuft sich entsprechend der Reihenfolge oben aufgeführter Funktionskosten beim Personalaufwand auf 5 zu 1 zu 2 zu 2, beim Materialaufwand auf 6 zu 1 zu 1 zu 2.

Die Bestandsveränderungen in Höhe von insgesamt 3.000.000 € sind im Verhältnis 1 : 1 den Umsatzkosten und dem Bereich FuE zuzuordnen.

Wie hoch sind die jeweiligen Funktionskosten der *Walter AG*, wenn nur diese drei wichtigen Aufwandsarten zu berücksichtigen sind?

3.8 Lösungen multiple Testfragen

1. b)

2. b)
   c)

3. a)

4. a)

5. a)
   d)

6. a)

7. a)

8. b)

9. a)
   b)
   c)

10. d)
    e)
    f)
    g)

11. a)

12. b)

13. a)

14. a)

15. a)

3.9   Lösung Fallstudie

Das Gesamtkostenverfahren enthält alle Kosten und stellt sie dem Umsatz gegenüber. Dies sind z.B. auch Aufwendungen, die für die Produktion von Produkten oder
Dienstleistungen entstehen, die nicht verkauft werden.

Im GKV werden diese als Bestandsveränderungen erfasst. Der Ausweis aller betrieblichen Aufwendungen ist somit periodenbestimmt.

Im UKV werden nur Kosten erfasst, die in Form von Produkten und Dienstleistungen
veräußert wurden. Den erzielten Umsätzen sind nur die Kosten gegenüberzustellen,
die für die abgesetzten Produkte entstanden sind. Der Ausweis der betrieblichen Aufwendungen ist im UKV somit nicht perioden-, sondern umsatzbestimmt.

Da das UKV international üblich und für Unternehmen, die an die New Yorker Börse
notieren, vorgeschrieben ist, hat die Anzahl der Unternehmen, die ihre GuV-Rechnung nach dem UKV darstellen, in den letzten Jahren deutlich zugenommen. Hinzu
kommt der doppelte Arbeitsumfang, da im Anhang zusätzlich eine Darstellung von
Personalaufwand und Materialaufwand, also Kenngrößen des GKV, verlangt wird.

Die Zusammenfassung der betrieblichen Kosten im UKV nach den Funktionsberei-
chen Herstellung (einschließlich FuE-Aufwand), Vertrieb und allgemeine Verwaltung
sowie sonstige betriebliche Aufwendungen und Erträge verlangt darüber hinaus eine
effiziente Kostenstellenrechnung im Unternehmen.

Funktionskosten nach Aufwandsarten (in €)			
Funktionskosten	**Personalaufwand**	**Materialaufwand**	**Bestandsver-änderungen**
Umsatzkosten	1.000.000	1.800.000	1.500.000
FuE	200.000	300.000	1.500.000
Vertriebskosten	400.000	300.000	-
Allgemeine Verwaltungskosten	400.000	600.000	-
	2.000.000	3.000.000	3.000.000

GKV-Angaben
UKV-Angaben

Abb. 46: Aufriss der Funktionskosten nach Aufwandsarten

Wie das Beispiel zeigt, gibt das UKV zusätzlich zum GKV an, in welchen Kostenstellenbereichen die Personal- und Materialaufwendungen entstanden sind und in welcher Form die Bestandsveränderungen auf die Bereiche umzulegen sind.

Nach GKV müssen drei Zahlenangaben gemacht werden. Nach UKV sind insgesamt
zehn Zahlenangaben notwendig. Dies bedeutet mehr Transparenz nach UKV.

4 Buchung täglicher Geschäftsfälle Teil 1

4.1 Lieferanten- und Kundenbuchungen

4.1.1 Anschaffungsnebenkosten

Anschaffungskosten sind Aufwendungen, die geleistet werden, um einen Vermögensgegenstand zu erwerben und ihn in einen betriebsbereiten Zustand zu versetzen, soweit sie dem Vermögensgegenstand einzeln zugeordnet werden können. Zu den Anschaffungskosten gehören auch Nebenkosten sowie nachträgliche Anschaffungskosten. Anschaffungspreisminderungen sind abzusetzen.

Zu den **Anschaffungsnebenkosten**, die beim Einkauf von Roh-, Hilfs- und Betriebsstoffen sowie fremden Bauteilen und Handelswaren neben dem Kaufpreis anfallen,
zählen z.B. Aufwendungen für

- Transport und Transportversicherung,
- Verpackung,
- Aufstellung und Montage,
- Provisionen,
- Vermittlung,
- Einfuhrzölle,
- Grunderwerbsteuer und
- Notariatsgebühren.

Die Vorsteuer zählt nicht zu den Anschaffungsnebenkosten, da sie eine Forderung an
das Finanzamt darstellt und mit der vom Unternehmen zu leistenden Umsatzsteuer
verrechnet wird.

Anschaffungspreisminderungen, wie z.B. Skonto, mindern den Wert der angeschaff-
ten Produkte und müssen demzufolge vom Kaufpreis abgesetzt werden.

Die Anschaffungsnebenkosten werden auch als Bezugskosten bezeichnet.

Die unterschiedlichen Bezugskosten können **direkt** auf die betreffenden Material-
oder Warenbestandskonten der Kontenklasse 2 gebucht werden **oder** sie werden zur
Überwachung der Wirtschaftlichkeit **zunächst auf Unterkonten** der betreffenden Bestandskonten gebucht, um sie dann spätestens zum Jahresabschluss werterhöhend
oder wertmindernd auf die Bestandskonten zu verbuchen.

Bezugskosten für Vorräte werden als aktive Bestandskonten geführt.

Der Sinn und der Zweck der Erfassung von Bezugskosten bestehen in der perioden-
gerechten Verteilung dieser Aufwendungen. Es soll verhindert werden, dass die Bezugskosten nur ein einziges Mal nämlich im Jahr der Entstehung als Aufwand die Unternehmen belasten. Vielmehr soll durch die Werterhöhung oder Wertminderung der
Produkte in Verbindung mit der anschließenden Abschreibung eine Verteilung des

entstehenden Aufwands auf die Nutzungsdauer erreicht werden.

> Bei **Vermögensgegenständen des Anlagevermögens** werden die Bezugskosten und Nachlässe direkt im Anlagekonto erfasst. Bezüge und Nachlässe werden nicht gesondert erfasst.

Der Industrie-Kontenrahmen (siehe Kapitel 8) enthält folgende Bezugskosten in der Kontenklasse 2:

200 Rohstoffe	202 Hilfsstoffe	203 Betriebsstoffe
2001 Bezugskosten	2021 Bezugskosten	2031 Bezugskosten
201 Vorprodukte/Fremdbauteile	228 Handelswaren	
2011 Bezugskosten	2281 Bezugskosten	

Beispiel (in €):

> Einkauf von Betriebsstoffen gegen Rechnung (auf Ziel):
>
> 10.000 € (Nettowert) zuzüglich 1.900 € Umsatzsteuer (Vorsteuer)

❶ 203 Betriebsstoffe	10.000	
260 Vorsteuer	1.900	
an 440 V.a.LL.		11.900

Anschaffungsnebenkosten: Verbuchung der Aufwendungen für Transportversicherung einschließlich Umsatzsteuer in Höhe von 595 € gegen Rechnung.

❷ 2031 Bezugskosten	500	
260 Vorsteuer	95	
an 440 V.a.LL.		595

Die Buchungen ❶ und ❷ lassen sich zu ❷a zusammenfassen:

❷a 203 Betriebsstoffe	10.000	
2031 Bezugskosten	500	
260 Vorsteuer	1.995	
an 440 V.a.LL.		12.495

Die **Bezugskosten** in Höhe von 500 € werden zum **Monatsende** werterhöhend auf das Betriebsstoffkonto umgebucht.

> ❸ Buchung zum Monatsende: 203 Betriebsstoffe   an   2031 Bezugskosten   500

Nach dieser Umbuchung hat sich der Wert der Betriebsstoffe um die Aufwendungen für die Transportversicherung von 10.000 € auf 10.500 € erhöht.

4.1.2   Handel mit Waren

Handelswaren sind **Güter**, die **unverändert**, also ohne Be- oder Verarbeitung, **weiterverkauft** werden.

Waren werden eingekauft, um sie zu einem höheren Preis weiterzuveräußern. Wer als Kunde seinen Pkw schon einmal im Herstellerwerk übernommen hat, der hat mit Sicherheit auch in den „Kundenshops" vorbeigeschaut und sich eventuell mit Schirmen, Schals, Krawatten und ähnlichen Utensilien eingedeckt, die der Pkw-Hersteller nicht selbst fertigt, sondern preiswert einkauft und weiterveräußert.

Buchungstechnisch werden Waren auf dem
aktiven Bestandskonto **228 Handelswaren** verbucht.

Die **Bezugskosten** sind auf **2281** und die **Nachlässe** unter **2282** zu buchen.

Die **Umsätze aus Handelswaren** werden auf dem Erlöskonto
510 Umsatzerlöse für Handelswaren gebucht.

Auf dem GuV-Konto wird den Umsatzerlösen für Handelswaren der Aufwand gegenübergestellt und somit der Gewinn aus dem Handelswarengeschäft ermittelt.

Die **Aufwendungen für Handelswaren** sind auf dem Erfolgskonto **608** zu buchen.

Die **Aufwendungen für Handelswaren** werden bei der bestandsorientierten Buchung ermittelt, indem man
- zum **Anfangsbestand** der Waren die erfolgten **Einkäufe addiert** und
- den **Schlussbestand** laut Inventur **abzieht**.

Wir wollen uns zur Verdeutlichung ein **Beispiel** anschauen:

Der Kundenshop der *Speedy GmbH* weist zum Jahresende auf dem Konto „228 Handelswaren" im Soll 2.000.000 € aus.

Daraus folgt, dass die Summe aus Anfangsbestand plus sämtliche Einkäufe des Geschäftsjahres 2.000.000 € beträgt.

Die Umsätze aus diesen Waren (Konto 510) haben 4.000.000 € erreicht.

Der Schlussbestand des Handelswarenkontos 228 wurde nach erfolgter Inventur mit 10.000 € festgestellt. Das Unternehmen verwendet in der GuV-Rechnung das Gesamtkostenverfahren (Konto 802).

Hauptbuch (Kontendarstellung in €)				
Soll 228 (Handelswaren) **Haben**			**Soll** 608 (Verbr. Hand.waren) **Haben**	
31.12. 2.000.000	❶ 801 10.000		❷ 228 1.990.000	❸ 802 1.990.000
(AB + Einkäufe)	❷ 608 1.990.000			
Soll 510 (Umsätze Hand.waren) **Haben**			**Soll** 802 (GuV-Konto) **Haben**	
❹ 802 4.000.000	240 4.000.000		❸ 608 1.990.000	❹ 510 4.000.000
			❺ 801 2.010.000	
Soll 801 (Schlussbilanzkonto) **Haben**				
❶ 228 10.000	❺ 802 2.010.000			

Abb. 47: Verbuchung von Handelswarenumsätzen im Hauptbuch

Die zugehörigen **Buchungssätze** lauten wie folgt (in €):

Erfassung des Schlussbestands an Handelswaren auf dem Schlussbilanzkonto:
❶ 801 an 228   10.000
Verbuchung des Handelswarenverbrauchs:
❷ 608 an 228   1.990.000
Darstellung des Handelswarenverbrauchs auf dem GuV-Konto:
❸ 802 an 608   1.990.000
Erfassung der Handelswarenumsätze auf dem GuV-Konto:
❹ 510 an 802   4.000.000
Erfassung des Gewinns aus Handelswarenumsätzen als Eigenkapitalzuwachs auf dem Schlussbilanzkonto:
❺ 802 an 801   2.010.000

Der Gewinn der *Speedy GmbH* aus Handelswarenumsätzen beträgt: 2.010.000 €.

4.1.3   Rücksendungen (Retouren) fehlerhafter Produkte

Waren oder Produkte können Mängel aufweisen. Ist der Kunde bereit, das Produkt trotz des Mangels zu benutzen (Beispiel: Bananen sind unreif), so bleibt das Erzeugnis weiter, allerdings wertgemindert, in seinem Bestand. Der Kunde wird dann um einen nachträglichen Nachlass auf den Verkaufspreis bitten.

Ist das Erzeugnis wegen des Mangels nur noch eingeschränkt oder überhaupt nicht mehr zu benutzen – man denke an den defekten Drucker einer PC-Anlage –, so erfolgt eine Rücksendung des Produkts. Das Erzeugnis verschwindet vollständig aus dem Bestand des Kunden. Ist das Produkt nur noch teilweise zu benutzen (Bsp.: reife und unreife Bananen), erfolgt eine anteilmäßige Rücksendung und somit eine anteilmäßige Stornierung der Bestände oder Umsätze und der Umsatzsteuer.

```
                          ┌─────────────────────┐
                          │      Mängel          │
                          └─────────────────────┘
        ┌──────────────────────────┴──────────────────────────┐
┌──────────────────────────┐              ┌──────────────────────────┐
│      Rücksendung          │              │     Preisminderung        │
└──────────────────────────┘              └──────────────────────────┘
             │                                         │
┌──────────────────────────────────┐   ┌──────────────────────────────────┐
│ Vollständige/Anteilige Bestands-/ │   │ Anteilige Bestands-/Umsatz- und  │
│ Umsatz- und Umsatzsteuerkorrektur │   │ Umsatzsteuerkorrektur            │
└──────────────────────────────────┘   └──────────────────────────────────┘
```

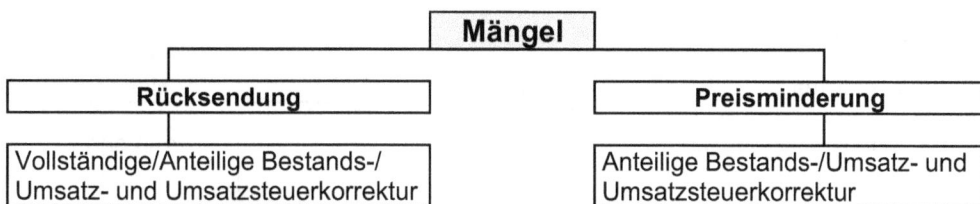

Abb. 48: Erfassung mangelhafter Produkte in der Finanzbuchhaltung

Wichtig ist, dass in beiden Fällen neben der Bestandskorrektur auch eine Korrektur der Umsatzsteuer vorgenommen werden muss.

(1) Rücksendungen an Lieferanten

Beispiel:

> Die *Speedy GmbH* kauft einen High-Tech-Drucker (10.000 € + 1.900 € Vorsteuer), der in der Lage sein soll, 50 Seiten pro Minute zu drucken. Die Freude bei der Lieferung hält nur kurze Zeit an. Statt der versprochenen 50 Seiten bringt der Drucker jämmerliche zehn Seiten je Minute zustande. Die *Speedy GmbH* einigt sich mit dem Lieferanten auf Rücksendung des Druckers.

Die Eingangs- und die Korrekturbuchungen für Bestand und Umsatzsteuer lauten wie folgt (in €):

Eingangsrechnung:	Soll	Haben
086 Büromaschinen	10.000	
260 Vorsteuer	1.900	
an 440 V.a.LL.		11.900

Korrekturbuchung („Storno"):	Soll	Haben
440 V.a.LL.	11.900	
an 086 Büromaschinen		10.000
an 260 Vorsteuer		1.900

(2) Rücksendungen vom Kunden

Ähnliche Korrekturen sind bei unzufriedenen Kunden zu buchen.

Beispiel:

> Die *Speedy GmbH* verkauft an die Kundin *Steffi Müller* einen Pkw des weltbekannten Sportwagentyps „*Speedy* Turbo Gtii" (250.000 € + 47.500 € Umsatzsteuer). Der Turbo scheint nicht richtig zu zünden. Statt der versprochenen 350 km/h, erreicht das Fahrzeug nur bescheidene 250 km/h. Hinzu kommt, dass der vielgelobte Sportwagen den „Elchtest" nicht bestanden hat. Die sportliche und sicherheitsbewusste Frau *Müller* möchte vom „*Speedy* Turbo Gtii" nichts mehr wissen und gibt den Wagen zurück.

Die Kundenrechnung und die Korrekturbuchung für Bestand und Umsatzsteuer lauten wie folgt (in €):

Kundenrechnung:	Soll	Haben
240 F.a.LL.	297.500	
an 500 Umsatzerlöse		250.000
an 480 Umsatzsteuer		47.500

Korrekturbuchung („Storno"):	Soll	Haben
500 Umsatzerlöse	250.000	
480 Umsatzsteuer	47.500	
an 240 F.a.LL.		297.500

Bei **Rücksendungen** sind
- Bestandskorrekturen und
- Erlösberichtigungen vorzunehmen sowie die
- Umsatzsteuer zu korrigieren.

4.1.4   Preisnachlässe

4.1.4.1 Sofortrabatte, Boni und Mängelrügen

(1) Sofortrabatte

Preisnachlässe, die schon **bei Vertragsabschluss** gewährt werden (Sofortrabatte), sind buchhalterisch nicht gesondert zu erfassen.

Beispiel:

Die *Speedy GmbH* beabsichtigt, ihren Fuhrpark zu erneuern und kauft zehn „Affalterbacher Transporter" der Marke Blitz im Nettowert von 500.000 € ein. Der Lieferant gewährt einen **Sofortrabatt in Höhe von 10 %** auf den Nettowert.

Die *Speedy GmbH* als Käufer verbucht die Eingangsrechnung wie folgt:

	Soll	Haben
084 Fuhrpark	450.000	
260 Vorsteuer	85.500	
an 440 V.a.LL.		535.500

Preisnachlässe, die nachträglich gewährt werden, können
- nachträglich gewährte Rabatte sein (so genannte **Boni**) oder auf
- **Mängelrügen** basieren.

Ähnlich wie bei der Buchung der Anschaffungsnebenkosten werden die **Nachlässe** auf Unterkonten der betreffenden Bestandskonten erfasst:

2002 Nachlässe für Rohstoffe	2012 Nachlässe für Vorprodukte
2022 Nachlässe für Hilfsstoffe	2032 Nachlässe für Betriebsstoffe
2282 Nachlässe für Handelswaren	

Ähnlich wie die Bezugskosten werden die Nachlässe zum Monatsende auf das betreffende Bestandskonto, dieses Mal **wertmindernd** gebucht.

Nachlasskonten sind passive Bestandskonten (Lieferantennachlässe) oder Erlöskorrekturkonten (Kundennachlässe).

(2) Nachlässe gegenüber Lieferanten

Beispiel:

Die *Speedy GmbH* erwirbt Platinen (Blechplatten) für die Karosseriefertigung ihrer Fahrzeuge im Nettowert von 100.000 €. Die Bleche erweisen sich als zu dünn. Sie können allerdings notfalls noch für die Kleinwagenfertigung verwendet werden. *Speedy* macht eine Mängelrüge geltend und einigt sich mit dem Lieferanten auf einen nachträglich gewährten Preisnachlass in Höhe von 40 %.

Der Bestand an Fertigungsmaterial und die Vorsteuer müssen anteilig korrigiert werden.

Die Eingangsrechnung sowie die Buchung des Preisnachlasses lauten wie folgt:

Eingangsrechnung:	Soll	Haben
200 Fertigungsmaterial	100.000	
260 Vorsteuer	19.000	
an 440 V.a.LL.		119.000

Preisnachlass:	Soll	Haben
440 V.a.LL.	47.600	
an 2002 Nachlässe für Fertigungsmaterial		40.000
an 260 Vorsteuer		7.600

Am **Monatsende** werden die Nachlässe **wertmindernd** gegen das Bestandskonto verrechnet.

Der Buchungssatz zum Monatsende lautet:
2002 Nachlässe für Fertigungsmaterial an 200 Fertigungsmaterial   40.000

Der Bestand an Fertigungsmaterial in Höhe von 100.000 € verringert sich zum Monatsende auf 60.000 €.

(3) Nachlässe gegenüber Kunden

Beispiel:

> Frau *Müller* ist wegen der mangelnden Höchstgeschwindigkeit ihres „*Speedy* Turbo Gtii" nicht mehr erbost. Schließlich reichen 250 km/h für sie aus, um einigermaßen gemächlich durch die Lande zu kutschieren, immerhin verfügt der „*Speedy* Turbo Gtii" über ein hohes Ansehen in Sportwagenkreisen. Auch sei in Baden-Württemberg nicht mit „Elchen" zu rechnen. Sie beschließt, das Fahrzeug zu behalten, allerdings erzielt sie aufgrund ihrer Mängelrüge immerhin einen Preisnachlass von 30 %.

Die Forderungsbestände, die Erlöse und die Umsatzsteuer sind entsprechend zu korrigieren.

Ausgangsrechnung:	Soll	Haben
240 F.a.LL.	297.500	
an 500 Umsatzerlöse		250.000
an 480 Umsatzsteuer		47.500

Preisnachlass:	Soll	Haben
5001 Erlösberichtigungen	75.000	
480 Umsatzsteuer	14.250	
an 240 F.a.LL.		89.250

Am **Monatsende** werden die **Erlösberichtigungen mit den Umsatzerlösen verrechnet**.

> Der Buchungssatz zum Monatsende lautet:
> 500 Umsatzerlöse an 5001 Erlösberichtigungen   75.000

> Auch bei Boni oder Nachlässen wegen Mängelrügen sind Bestandskorrekturen und Erlösberichtigungen vorzunehmen sowie die Umsatzsteuer zu korrigieren.

4.1.4.2 Skonti

Im täglichen Geschäftsleben ist es zunächst wichtig, gute Ideen zu haben und diese Ideen in gute Produkte umzusetzen. Zum Verkaufsvorgang zählt der Übergang der Ware bei gleichzeitigem oder anschließendem Zahlungsvorgang. Im Interesse des Verkäufers liegt es, so schnell wie möglich an sein Geld heranzukommen. Hierfür kann er Zahlungsanreize schaffen, wie z.B. Skonto einräumen.

> Skonto = Zahlungsanreiz

Dies funktioniert ganz einfach nach dem Motto:

Umso schneller der Kunde seine Rechnung begleicht, umso weniger muss er bezahlen.

Die Zahlungsweise wird durch die „Zahlungsbedingungen" geregelt. Diese können bei Skontogewährung wie folgt lauten:

„Zahlbar in zehn Tagen mit 2 % Skonto oder 30 Tage netto Kasse"

Bei einem Rechnungsbetrag von 10.000 € sind 2 % immerhin 200 €. Der Kunde begleicht nur 9.800 € bei Zahlung innerhalb von zehn Tagen seit Rechnungsstellung.

Dieser 2 %-ige Zahlungsvorteil bezieht sich in unserem Beispiel auf den Zeitraum: 30 - 10 = 20 Tage.

Auf das Jahr umgerechnet ist dies ein Zinsvorteil von 36 % [(360 : 20) = 18 * 2 % = 36 %]. 36 % Zinsen werden auf den internationalen Kapitalmärkten derzeit in keinem Land geboten.

Es empfiehlt sich demnach dringend, als zahlungsfähiger Kunde von der Skontozahlung Gebrauch zu machen.

Folgerung: Wird Skonto vom Käufer nicht in Anspruch genommen, so deutet dies zumeist auf zu geringe Liquidität hin.

Skonti, die die Lieferanten einräumen, mindern nachträglich den Anschaffungspreis und müssen als Anschaffungspreisminderung gebucht werden. Kundenskonti schmälern die Umsatzerlöse und sind als Erlösschmälerung zu erfassen.

(1) Lieferantenskonti (in €)

Beispiel:

Die *Speedy GmbH* erwirbt in obigem Beispiel die Blechplatinen für die Karosseriefertigung (Nettowert 100.000 €) mit 2 % Skonto bei Zahlung innerhalb von zehn Tagen und **lagert sie ein (= bestandsorientiertes Buchungsverfahren).**

❶ **Eingangsrechnung:**

	Soll	Haben
200 Fertigungsmaterial (FM)	100.000	
260 Vorsteuer	19.000	
an 440 V.a.LL.		119.000

❷ **Verbuchung des Lieferantenskontos und Banküberweisung (Nettomethode):**

	Soll	Haben
440 V.a.LL.	119.000	
an 2002 Nachlässe		2.000
an 260 Vorsteuer		380
an 280 Bank		116.620

Der Nettopreis von 100.000 € wird um 2 %, das sind 2.000 €, reduziert. Die Vorsteuer in Höhe von 19.000 € verringert sich um ebenfalls 2 %, dies entspricht 380 €. Insgesamt sind 116.620 € zu bezahlen.

Der Nachlass wird **netto** ausgewiesen.

Nach der **Bruttomethode** werden die Nachlässe zunächst brutto (einschließlich Umsatzsteuer) verbucht. Dies wären 2.380 €. Anschließend sind die Nachlässe um die Vorsteuer in Höhe von 380 € zu korrigieren.

Bruttomethode (aus ❷ wird ❷a):

	Soll	Haben
❷a 440 V.a.LL.	119.000	
an 2002 Nachlässe		2.380
an 280 Bank		116.620

und ❷b Korrektur der Nachlässe um die Vorsteuer:

❷b 2002 Nachlässe an 260 Vorsteuer   380

Zum Monatsende werden die Nachlässe wertmindernd erfasst:

❸ **Monatsabschlussbuchung:**

2002 Nachlässe an 200 Fertigungsmaterial (FM)   2.000

Alternative: Direktanlieferung („Just-in-time oder verbrauchsorientiert")

❶ **Eingangsrechnung:**

	Soll	Haben
600 Aufwendungen für FM	100.000	
260 Vorsteuer	19.000	
an 440 V.a.LL.		119.000

❷ **Verbuchung des Lieferantenskontos (Nettomethode) und Banküberweisung:**

	Soll	Haben
440 V.a.LL.	119.000	
an 6002 Nachlässe (Ertrag)		2.000
an 260 Vorsteuer		380
an 280 Bank		116.620

❸ **Monatsabschlussbuchung:**

6002 Nachlässe für FM an 600 Aufwendungen für FM   2.000

(2) Kundenskonti (in €)

Beispiel:

> Die *Speedy GmbH* veräußert an einen Kunden ein Ersatzteil (Nettowert: 18.000 €) mit 2 % Skonto.

❶ Ausgangsrechnung:

	Soll	Haben
240 F.a.LL.	21.420	
an 500 Umsatzerlöse		18.000
an 480 Umsatzsteuer		3.420

❷ Erlös- und Steuerberichtigung sowie Banküberweisung (Nettomethode):

	Soll	Haben
280 Bank	20.991,60	
5001 Erlösberichtigung (Aufwand)	360,00	
480 Umsatzsteuer	68,40	
an 240 F.a.LL.		21.420

❸ Monatsabschlussbuchung:

500 Umsatzerlöse an 5001 Erlösberichtigung	360

4.2 Buchung von Bestandsveränderungen

4.2.1 Bestands- oder aufwandsorientierte Buchungen (Lager- oder Just-in-time-Buchungen)

(1) Lagerentnahmen

Üblicherweise unterhalten die Unternehmen Materiallager, in denen das angelieferte Material bis zur Weiterverarbeitung aufbewahrt wird.

Der eigentliche Materialverbrauch ist als Aufwand zu erfassen. Bei Verwendung des Materials nimmt z.B. der Bestand an Betriebsstoffen ab. Dies verdeutlicht Abb. 49:

Soll	203 Betriebsstoffe	Haben	Soll	603 Aufwendungen Betriebsstoffe	Haben
Anfangsbestand	Betriebsstoff-verbrauch		Betriebsstoff-verbrauch		
+ Einkäufe					
	Schlussbestand				

Abb. 49: Lagerentnahmen

Buchungssatz:
„Aufwendungen Betriebsstoffe an Betriebsstoffe"

(2) Just-in-time-Lieferungen

In den zurückliegenden rund 20 Jahren wurden viele Volkswirtschaften durch einen tiefgreifenden Strukturwandel geprägt. Im Mittelpunkt steht seither die Kostenminimierung aller wirtschaftlichen Prozesse. Derzeit ist nicht absehbar, wann dieser Kostendruck nachlassen wird. Es ist zu vermuten, dass für die Unternehmen der Druck, Kosten zu minimieren, ein dauernder Wegbegleiter sein wird.

Neben der Einsparung beim Personalaufwand spielen die Einsparpotenziale bei den Materialaufwendungen die zweitwichtigste Rolle.

Die Bevorratung von Material verursacht nicht unerhebliche Lagerkosten. Deswegen kamen viele Unternehmen auf die Idee, das Material erst dann buchungstechnisch zu erfassen, wenn es gebraucht wird. Erhebliche Lagerkosten können somit entfallen. Man spricht dabei von „Just-in-time-Lieferungen".

In modernen Werken der Automobilindustrie gehen die Unternehmen heute sogar so weit, dass sie die Zulieferanten direkt auf dem Werksgelände ansiedeln. Dies bringt für das verarbeitende Unternehmen zusätzliche Transportkostenersparnisse. Hinzu kommt, dass der Lieferant stärker das "Ohr am Kunden" hat und somit die Kommunikationsprozesse effizienter ablaufen.

Bei Just-in-time-Lieferungen wird der Materialeinkauf direkt als Aufwand verbucht.

Ein Bestandszugang beim Lager entfällt. Die Bestandskonten der Kontenklasse 2 enthalten somit nur noch den Anfangsbestand und den durch Inventur ermittelten Schlussbestand sowie als Differenz die Bestandsveränderung (Mehrung oder Minderung) als Saldo.

Bestandsmehrung:

200 Rohstoffe (€)			
Anfangsbestand	1 Mio.	Schlussbestand	1,5 Mio.
Bestandsmehrung	0,5 Mio.		

Abb. 50: Bestandsmehrung

Bestandsminderung:

200 Rohstoffe (€)			
Anfangsbestand	1 Mio.	Schlussbestand	0,8 Mio.
		Bestandsminderung	0,2 Mio.

Abb. 51: Bestandsminderung

Um den tatsächlichen Rohstoffverbrauch zu ermitteln, muss man die Bestandsveränderung des Rohstoffbestandskontos auf das Rohstoffaufwandskonto umbuchen.

Dies soll anhand zweier Beispiele erörtert werden.

Beispiel Bestandsmehrung:

Der Rohstoffbestand der *Speedy GmbH* liegt am Jahresanfang bei 1.000.000 €. Unterjährig werden Rohstoffe im Nettowert von 3.000.000 € eingekauft. Die Stichtagsinventur zum Jahresende ergibt einen Bestand von 1.500.000 €. Der Bestand hat sich demnach gegenüber dem Jahresanfang um 500.000 € erhöht.

Welche Buchungen sind vorzunehmen, um den tatsächlichen Rohstoffverbrauch festzustellen?

❶ Erfassung des Anfangsbestands an Rohstoffen:
200 Rohstoffe an 800 Eröffnungsbilanzkonto   1.000.000

❷ Direkte Verbuchung des Materialeinkaufs:
600 Aufwendungen für Rohstoffe   3.000.000
260 Vorsteuer   570.000
     an 440 V.a.LL.   3.570.000

❸ Erfassung des Schlussbestands an Rohstoffen:
801 Schlussbilanzkonto an 200 Rohstoffe   1.500.000

❹ Buchung des Mehrbestands:
200 Rohstoffe an 600 Aufwendungen für Rohstoffe   500.000

❺ Verbuchung der tatsächlichen Rohstoffaufwendungen bei Mehrbestand auf dem GuV-Konto:
802 GuV-Konto an 600 Aufwendungen für Rohstoffe   2.500.000

Bei Bestandserhöhungen im Rahmen von Just-in-time-Lieferungen folgt der tatsächliche Materialaufwand (2.500.000 €) aus der Differenz der gesamten Materialeinkäufe (3.000.000 €) und des Mehrbestands in Höhe von 500.000 €.

Rohstoffverbrauch = Einkauf - Bestandsmehrung

600 Aufwendungen Rohstoffe (€)		
Einkauf	3 Mio.	Bestandsmehrung 0,5 Mio.
		Verbrauch 2,5 Mio.

Abb. 52: Tatsächlicher Materialverbrauch bei Bestandsmehrung

Beispiel Bestandsminderung:

In obigem Beispiel liegt jetzt der Schlussbestand bei 800.000 €. Insgesamt errechnet sich eine Bestandsminderung um 200.000 €.

Die Buchungen ❶ und ❷ bleiben unverändert.

❸ lautet jetzt:
801 Schlussbilanzkonto an 200 Rohstoffe   800.000

---

❹ Der Minderbestand wird wie folgt gebucht:
600 Aufwendungen für Rohstoffe an 200 Rohstoffe   200.000

---

❺ Der tatsächliche Rohstoffverbrauch bei Minderbestand wird auf dem GuV-Konto erfasst:
802 GuV-Konto an 600 Aufwendungen für Rohstoffe   3.200.000

Bei Bestandsminderungen im Rahmen von Just-in-time-Lieferungen ergibt sich der tatsächliche Materialaufwand (3.200.000 €) aus der Summe der gesamten Materialeinkäufe (3.000.000 €) und des Minderbestands in Höhe von 200.000 €.

Rohstoffverbrauch = Einkauf + Bestandsminderung

---

600 Aufwendungen Rohstoffe (€)	
Einkauf 3 Mio.	Verbrauch 3,2 Mio.
Bestandsminderung 0,2 Mio.	

Abb. 53: Tatsächlicher Materialverbrauch bei Bestandsminderung

4.2.2   Erfassung der Bestände an unfertigen und fertigen Erzeugnissen

Hans Genau, der Finanzbuchhalter der *Speedy GmbH*, hat seinem Chef, *Manfred Kolb*, zu erläutern, wie die Bestände bei der Fahrzeugfertigung von der Rohstoffeinlagerung bis zum verkauften Fahrzeug zu buchen sind und wie somit die Bilanzpositionen Rohstoffe, unfertige und fertige Erzeugnisse sowie Forderungen aus Lieferungen und Leistungen im Jahresabschluss entstehen.

Hans Genau führt aus, dass dieses Problem bei *Speedy* durch

---

die „automatische Kontenfindung" im Modul MM (Material Management) von SAP R/3

---

leicht zu lösen ist, wonach die notwendigen Konten im System hinterlegt werden und somit bei Bestandsveränderungen im Materialbereich automatisch eine Kontenzuordnung der Bestände stattfindet. Im Mittelpunkt der Überlegungen steht dabei das Erfolgskonto

---

520 Bestandsveränderungen.

Dies ist ein Sammelkonto auf dem im Soll die Bestandsminderungen als Aufwand und im Haben die Bestandserhöhungen als Ertrag erfasst werden.

Aufwendungen	520 Bestandsveränderungen	Erträge
Bestandsminderungen		Bestandsmehrungen

Beispiel (ohne USt, in €):

> Einkauf und Einlagerung von Rohstoffen für die Produktion eines Pkw im Wert von 20.000 € und Weiterverarbeitung bis zum fertigen Pkw, der an Kunden verkauft und von diesem per Bankscheck bezahlt wird.

Einkauf und Einlagerung von **Rohstoffen**:
❶ 200 Rohstoffe an 440 V.a.LL.   20.000

Verbrauch Rohstoffe:
❷ 600 Aufwendungen für Rohstoffe an 200 Rohstoffe   10.000

Bei der Weiterverarbeitung entsteht eine Werterhöhung, z.B. in Höhe von 5.000 €, durch Auszahlung der Fertigungslöhne:
❸ 620 Aufwendungen für Löhne an 280 Bank   5.000

Zugang an unfertigen Erzeugnissen:
❹ 210 Unfertige Erzeugnisse an 520 Bestandsveränderungen   15.000

Das Fertigprodukt entsteht und wird mit den Herstellungskosten aktiviert: Zusätzlicher Mehrwert 10.000 € für Materialaufwendungen.

Bestandsabgang bei unfertigen Erzeugnissen:
❺ 520 Bestandsveränderungen an 210 Unfertige Erzeugnisse   15.000

Erfassung Materialaufwand:
❻ 600 Aufwendungen für Rohstoffe an 200 Rohstoffe   10.000

Bestandszugang bei **fertigen Erzeugnissen**:
❼ 220 Fertige Erzeugnisse an 520 Bestandsveränderungen   25.000

Das Fahrzeug wird an einen Kunden zum Preis von 100.000 € verkauft:

Bestandsabgang bei fertigen Erzeugnissen:
❽ 520 Bestandsveränderungen an 220 Fertige Erzeugnisse   25.000

❾ 240 F.a.LL. an 500 Umsatzerlöse   100.000

Kunde bezahlt Rechnung per Bankscheck:
❿ 280 Bank an 240 F.a.LL.   100.000

Auf dem Konto 520 Bestandsveränderungen wurden folgende Aufwendungen und Erträge erfasst:

Aufwendungen	520 Bestandsveränderungen		Erträge
	❺ 15.000		❹ 15.000
	❽ 25.000		❼ 25.000

Aufwendungen	802 Gewinn- und Verlustkonto	Erträge	
❸ Lohnaufwendungen	5.000	❾ Umsätze	100.000
❷, ❻ Materialaufwendungen	20.000		
Jahresüberschuss	75.000		

Aktiva	Bilanzveränderung gegenüber Vorjahr		Passiva
Umlaufvermögen		Eigenkapital	
- Vorräte		- Jahresüberschuss	+ 75.000
❶ ,❷, ❻ Rohstoffe	0	Verbindlichkeiten	
❹, ❺ Unfertige Erzeugnisse	0	- ❶ V.a.LL.	+ 20.000
❼, ❽ Fertige Erzeugnisse	0		
- Forderungen u. sonst. Vermögens-			
gegenstände			
❾, ❿ F.a.LL.	0		
- ❸, ❿ Liquide Mittel (Bank)	+ 95.000		
Veränderung Bilanzsumme	+ 95.000	Veränderung Bilanzsumme	+ 95.000

Die Existenz eines Kontos 520 Bestandsveränderungen setzt voraus, dass in der Ge-winn- und Verlustrechnung das Gesamtkostenverfahren verwendet wird. Gleichwohl müssen auch beim Umsatzkostenverfahren die aktuellen Bestände der Rohstoffe, un-fertigen und fertigen Erzeugnisse gebucht werden. Diese Bestandsveränderungen werden beim Umsatzkostenverfahren kostenstellenbezogen auf die Funktionsberei-che Herstellung, Vertrieb und Verwaltung sowie „Sonstiges" verrechnet.

4.3 Verbuchung der Umsatzsteuer innerhalb der EU und mit Drittländern

4.3.1 Güterverkehr im Gemeinschaftsgebiet der EU

Seit der Realisierung des Europäischen Binnenmarktes (1993) muss im Handel mit ausländischen Staaten unterschieden werden zwischen dem

- Warenverkehr mit EU-Mitgliedstaaten und dem
- Warenverkehr mit Nicht-EU-Mitgliedstaaten, den so genannten Drittländern (aus deutscher Sicht sind dies z.B. USA, Japan und Schweiz).

Beispiele für Geschäftsfälle innerhalb der EU:

❶ Die **Papierfabrik *Schuster KG*, Stuttgart, verkauft** am 11. Januar ... an eine **fran-zösische Druckerei** in Paris Druckpapier im Nettowert von 35.000 € mit einem Zahlungsziel von 60 Tagen.

> ❷ Am 15. Januar ... **erwirbt die *Schuster KG* von einem belgischen Unternehmen** in Brüssel Farbstoffe für die Papierherstellung zum Nettopreis von umgerechnet 40.000 €. Das Zahlungsziel beträgt 30 Tage.

Die Europäische Union (EU) ist umsatzsteuerrechtlich ein Gemeinschaftsgebiet. Deshalb ist der Warenverkehr zwischen den einzelnen EU-Mitgliedstaaten als innergemeinschaftliche Lieferung oder innergemeinschaftlicher Erwerb von Waren zu verstehen. Nur im Warenhandel mit Drittländern liegt umsatzsteuerrechtlich eine Einfuhr oder Ausfuhr von Waren vor.

Wegen der unterschiedlichen Umsatzsteuersätze in den EU-Mitgliedstaaten wurde eine umsatzsteuerrechtliche Übergangsregelung erlassen (§ 1 Abs. 1 Nr. 5 UStG):

> - Innergemeinschaftliche gewerbliche **Lieferung** von Gütern ist **umsatzsteuerfrei**.
> - Innergemeinschaftlicher gewerblicher **Erwerb** von Gütern **unterliegt der Umsatzsteuer** des jeweiligen **Bestimmungslandes** (Erwerbsteuer).
> - **Geschuldete Umsatzsteuer kann zugleich als Vorsteuer verrechnet werden.** Die Umsatzsteuer belastet das Unternehmen nicht.

Bis zu einer endgültigen Regelung ist nicht die Lieferung von einem EU-Mitgliedstaat in einen anderen umsatzsteuerpflichtig, sondern der Erwerb der Ware, und zwar mit dem Umsatzsteuersatz des jeweiligen Bestimmungslandes. Umsatzsteuer wird somit erst dort erhoben, wo die Ware den gewerblichen Erwerber erreicht **(Bestimmungslandprinzip)**.

Der Erwerber der Ware schuldet seinem Finanzamt die Umsatzsteuer, die er zugleich als Vorsteuer abziehen kann, soweit er Unternehmer ist und die Ware für sein Unternehmen erworben hat. Die Umsatzsteuer belastet den gewerblichen Erwerber der Ware nicht.

In den Umsatzsteuervoranmeldungen sind die steuerpflichtigen **innergemeinschaftlichen Erwerbe (i.E.)** und die steuerfreien **innergemeinschaftlichen Lieferungen (i.L.)** getrennt auszuweisen. Deshalb werden in der Finanzbuchhaltung getrennte Konten eingerichtet:

> **250 Innergemeinschaftlicher Erwerb (i.E.) mit den Unterkonten**
> **2501 Bezugskosten**
> **2502 Nachlässe**
> **506 Erlöse aus innergemeinschaftlicher Lieferung (i.L.) mit dem Unterkonto**
> **5061 Erlösberichtigungen**
> **2602 Vorsteuer (19 %) für i.E.**
> **4802 Umsatzsteuer (19 %) für i.E.**

Das Konto 250 erfasst alle Erwerbe von Werkstoffen, Handelswaren, Anlagegütern etc. als Nachweis der Umsatzsteuervoranmeldung und Umsatzsteuerverprobung. Es ist ein Zwischenkonto, von dem später die Umbuchungen auf das betreffende Werkstoff-, Waren- oder Anlagekonto erfolgen.

Die Buchungssätze für die Geschäftsfälle ❶ und ❷ der *Schuster KG* lauten (in €):

---

❶a Buchung der umsatzsteuerfreien innergemeinschaftlichen Lieferung von Deutschland nach Frankreich:
240 F.a.LL. an 506 Erlöse aus i.L.   35.000

❶b Umbuchung der innergemeinschaftlichen Lieferung auf das Konto 500 Umsätze:
506 i.L. an 500 Umsätze   35.000

---

❷a Buchung des umsatzsteuerpflichtigen innergemeinschaftlichen Erwerbs aus Belgien und Verrechnung mit der zu zahlenden Umsatzsteuer in Deutschland (19 %):
250   i.E. an 440 V.a.LL.   40.000

2602 Vorsteuer i.E. an 4802 Umsatzsteuer i.E.   7.600

❷b Umbuchung des innergemeinschaftlichen Erwerbs auf das Konto 202 (602) Hilfsstoffe:
202 (602) Hilfsstoffe an 250 i.E.   40.000

Zur Kontrolle der Umsatzsteuer im innergemeinschaftlichen Handelsverkehr wird allen zum Vorsteuerabzug berechtigten Unternehmen eine

---

Umsatzsteueridentifikationsnummer (USt-Id-Nr.)

---

zugeteilt, die mit dem jeweiligen Ländercode (z.B. DE für Deutschland) beginnt.

Beispiel: DE 123456789 (Bestimmtes Unternehmen in Deutschland), 11-stellig
          FR 12345678910 (Bestimmtes Unternehmen in Frankreich), 13-stellig

---

Ausgangsrechnungen müssen jeweils die eigene Identifikationsnummer und die des Kunden ausweisen. Dies ermöglicht einen schnellen Informationsaustausch zwischen den Finanzbehörden der einzelnen EU-Mitgliedsstaaten.

4.3.2   Güterverkehr mit Drittländern

Während die Einfuhr von Gütern aus Drittländern, die nicht der EU angehören, der Einfuhrumsatzsteuer (§ 11 UStG) und eventuell dem Zoll unterliegt, ist die Ausfuhr von Gütern umsatzsteuerfrei.

Es sind folgende Konten betroffen:

> **251 Gütereinfuhr mit den Unterkonten**
> **2511 Bezugskosten (neben Fracht auch der Zoll)**
> **2512 Nachlässe**
> **2604 Einfuhrumsatzsteuer (EUSt)**
> **482 Zollverbindlichkeiten (Summe aus Zoll und EUSt)**
> **507 Erlöse aus Güterausfuhr mit dem Unterkonto**
> **5071 Erlösberichtigungen**

Das Konto 251 ist wie das Konto 250 ein Zwischenkonto, von dem später die Umbuchungen auf das betreffende Werkstoff-, Waren- oder Anlagekonto erfolgen.

Die **Einfuhrumsatzsteuer (19 % oder 7 %)**, die in Unternehmen als Vorsteuer abzugsfähig ist, und der **Zoll (in Prozent vom Zollwert je nach Art der Ware)** werden von der Zollbehörde erhoben.

> **Zollbehörden erheben Zoll und Einfuhrumsatzsteuer.**

Beide Abgaben dienen dem Schutz inländischer Erzeugnisse vor ausländischer Konkurrenz. Sie haben unterschiedliche Bemessungsgrundlagen:

Ermittlung der Bemessungsgrundlage für den Zoll: Zollwert	Ermittlung der Bemessungsgrundlage für die Einfuhrumsatzsteuer (EUSt)
Warenwert (netto)	Zollwert
+ Verpackungskosten	+ Zoll
+ Transportkosten **(Auslandsfracht)**	+ Verbrauchssteuern
- möglicher Skonto	+ Beförderungskosten **(Inlandsfracht)**
Zollwert	**EUSt-Bemessungsgrundlage = Aktivierungswert gemäß § 255 HGB**

Rechnungen in ausländischer Währung sind vor der Buchung auf der Basis amtlicher Devisenkurse umzurechnen.

Von Banken in Rechnung gestellte **Kosten der Zahlungsabwicklung** (Maklergebühr, Abwicklungsgebühr, Spesen) werden auf dem Konto

> **675 Kosten des Geldverkehrs**

erfasst.

Kursunterschiede zwischen Rechnungseingang und -ausgleich werden gebucht auf:

> **543 Andere sonstige betriebliche Erträge und**

> **693 Andere sonstige betriebliche Aufwendungen**

Beispiel für Import aus den USA:

Die Papierfabrik *Schuster KG* bezieht aus den USA Lackpapier, das sie ihren Kunden unverändert anbietet. Die Eingangsrechnung lautet (Angenommener Währungskurs: 1 Euro = 1,2500 USD):

Lackpapier im Nettowert von	100.000 USD =	80.000 €
+ Transportkosten (bis Hamburg) in Höhe von	2.000 USD =	1.600 €
Rechnungsbetrag	102.000 USD =	81.600 €

Die Ware wird mit firmeneigenem Lkw in Hamburg abgeholt.

❶ Buchung der Importeingangsrechnung (in €):
251 Gütereinfuhr   80.000
2511 Bezugskosten   1.600
     an 440 V.a.LL.   81.600

❷ Umbuchung der Bezugskosten auf Gütereinfuhr :
 251 Gütereinfuhr an 2511 Bezugskosten   1.600

❸ Umbuchung der Gütereinfuhr auf das Konto 228 (608) Handelswaren:
228 (608) Handelswaren an 251 Gütereinfuhr   81.600

Die *Schuster KG* erhält vom zuständigen Zollamt den Bescheid über die Zollabgabe und die Einfuhrumsatzsteuer (in €):

Warenwert	80.000	Zollwert	81.600,00
+ Transportkosten	1.600	+ Zoll	6.528,00
Zollwert	81.600	Bemessungswert EUSt 88.128,00	
8 % Zoll	6.528	19 % EUSt	16.744,32

Buchung der Zollverbindlichkeiten:

2511 Bezugskosten (Zoll)   6.528,00
2604 EUSt   16.744,32
     an 482 Zollverbindlichkeiten   23.272,32

Die Einfuhrumsatzsteuer ist bei der *Schuster KG* als Vorsteuer abzugsfähig.

Erfolgt die **Zahlung der Lieferantenrechnung** zu einem späteren Zeitpunkt, so können **Währungsgewinne oder -verluste** auftreten.

Die Ausfuhr von Waren/Leistungen in Drittländer ist einschließlich aller Nebenkosten aus Gründen der Exportförderung umsatzsteuerfrei (§ 4 Nr. 1 und Nr. 3 UStG), sofern der Nachweis der Ausfuhrlieferung durch internationalen Frachtbrief oder Grenzübertrittsbescheinigung des Zolls erbracht wird.

Deshalb entsteht in exportintensiven Unternehmen oft ein Vorsteuerüberhang.

Beispiel für Export in die Schweiz:

Die *Schuster KG* exportiert Saugpapier in die Schweiz mit eigenem Lkw.

Die **Ausgangsrechnung** lautet:

Warenwert	13.500 CHF
+ Transportkosten	1.500 CHF
Rechnungsbetrag	15.000 CHF

Angenommener Wechselkurs: **1,60 CHF für 1 Euro**

Buchung der Exportausgangsrechnung:
240 F.a.LL. an 507 Erlöse aus Güterausfuhr   9.375 €

Umbuchung der Erlöse aus Güterausfuhr auf Umsatzerlöse:
507 Erlöse aus Güterausfuhr an 500 Umsatzerlöse   9.375 €

4.4   Multiple Testfragen

1.   Anschaffungsnebenkosten sind
     a) im § 255 Abs. 1 HGB definiert.
     b) im § 125 AktG geregelt.
     c) gesetzlich nicht definiert.

2.   Anschaffungsnebenkosten
     a) erhöhen den Wert des Bestands an Waren.
     b) verringern den Wert des Bestands an Waren.
     c) sind Aufwendungen.

3.   Handelswaren sind Produkte,
     a) die nicht selbst hergestellt werden.
     b) die selbst hergestellt werden.
     c) die weiterverarbeitet werden können.
     d) die nicht weiterverarbeitet werden können.
     e) mit denen gehandelt wird.

4.   Bei Produktmängeln kann
     a) das Erzeugnis zurückgegeben werden.
     b) der Produktpreis gemindert werden.
     c) der Kunde wenig ausrichten.

5.   Bei Rücksendungen ist
     a) die Umsatzsteuer zu korrigieren.
     b) die Umsatzsteuer nicht zu korrigieren.
     c) der Bestand zu korrigieren.
     d) der Umsatz zu berichtigen.

6.   Sofortrabatte werden
     a) buchhalterisch gesondert erfasst.
     b) nicht gesondert verbucht.

7.   Preisnachlässe werden aufgrund
     a) von nachträglichen Boni gewährt.
     b) von Mängelrügen gewährt.
     c) gerichtlicher Urteile gewährt.
     d) nicht verbucht.

8.   Bei Preisnachlässen ist die Umsatzsteuer
     a) anteilmäßig zu korrigieren.
     b) nicht zu berichtigen.
     c) mit der Vorsteuer zu verrechnen.

9.   Die Einräumung von Skonto ist
     a) Zahlungsanreiz für Kunden und Lieferanten
     b) und setzt die Zahlungsfähigkeit voraus.

c) Rabattzahlungen ähnlich.

d) bargeldlosen Zahlungen ähnlich.

e) buchhalterisch nicht zu verbuchen.

10. Skontozahlungen erbringen für den Nutzer

a) einen Zinsvorteil.

b) keinen Zinsvorteil.

c) eine zusätzliche Rendite.

d) keinen Vorteil und stellen nur Ausgaben dar.

11. Bei Lagerbuchungen werden

a) die Materialbestände erfasst.

b) die Materialbestände nicht erfasst.

c) die Materialverbräuche als Aufwand verbucht.

12. Bei Just-in-time-Materialbuchungen

a) werden keine Materialbestände verbucht.

b) wird der Verbrauch direkt bei der Verwendung im Produktionsprozess erfasst.

c) wird der Verbrauch vom Lagerbestandskonto nicht abgebucht.

13. Der Wert des Bestands an fertigen Erzeugnissen

a) enthält nur Aufwendungen für den Produktionsprozess.

b) bemisst sich nach Verkaufspreisen.

c) ist gleich Null, wenn keine Bestände vorhanden sind und die Kunden alle hergestellten Produkte gekauft haben.

d) enthält keine Lohn- oder Gehaltsaufwendungen.

14. Ein Mehrbestand an Produkten

a) ist als Aufwand zu verbuchen.

b) ist als Ertrag zu erfassen.

15. Ein Minderbestand

a) ist als Aufwand zu verbuchen.

b) ist als Ertrag zu erfassen.

4.5   Fallstudie: Lieferanten- und Kundenbuchungen der *Speedy GmbH*

Handelswaren, Bezugskosten, Sofortrabatt und Rücksendungen (Retouren)

Für folgende Geschäftsfälle sind die **Rechnungen und Gutschriften** zu buchen:
1. Ein Blechlieferant, der auf Lager liefert, räumt *Speedy* einen *Mengenrabatt* in Höhe von 30 % auf den Listenpreis von 30.000 € + 19 % USt ein.
2. Der Spediteur dieser Bleche schickt seine Frachtrechnung über netto 1.000 € + 19 % USt.
3. *Speedy* schickt die Hälfte der gelieferten Bleche in 1. wieder zurück, da diese zur Weiterverarbeitung nicht zu gebrauchen sind.
4. Verkauf (Rechnung) eines „*Speedy* Turbo Gtii" für 250.000 € + 19 % USt.
5. Derselbe Kunde gibt seinen „*Speedy* Turbo Gtii" zurück, da das Bodenblech schon bei Auslieferung durchgerostet war. Nettowert: 250.000 € + 19 % USt.
6. Die *Speedy GmbH* kauft für ihren Kundenshop 1.000 Regenschirme, die mit dem eigenen Firmenlogo versehen sind, bei einem namhaften Lieferanten ein. Nettopreis: 100.000 € + 19 % USt, Verpackungskosten: netto 1.000 €.
7. *Speedy* verkauft gegen Rechnung einen Regenschirm
    a) zu 200 € + 19 % USt an einen Kunden.
    b) Bei Abnahme von zehn Stück wird ein Mengenrabatt von 20 % gewährt. Ein Kunde kauft zehn Schirme.
8. Ein Kunde schickt den Schirm zurück (Nettopreis: 200 €), da er eine Krawatte mit dem Firmenlogo bestellt hatte. Stornieren Sie die Ausgangsrechnung.
9. *Speedy* möchte Lackfarben der *Farben und Fasern AG*, Münster, testen. Hierzu erhält sie eine Lieferung über zehn Lackfässer silbergrau zum Preis von insgesamt netto 5.000 € plus Verpackungskosten in Höhe von 500 €. Man trifft die Vereinbarung, dass *Speedy* bei Nichtgefallen die ungebrauchten Lackfässer kostenlos unter hälftiger Erstattung der Verpackungskosten zurückschicken kann. Eine eventuelle Rückerstattung der Ausgaben für Hilfsstoffe soll entfallen.
10. *Speedy* schickt einige Lackfässer gegen Verrechnung der halben Verpackungskosten unter 9. zurück.

Nachträgliche Preisnachlässe und Skonti

1. *Speedy* kauft gegen Rechnung bestandsorientiert 100 Motorenrohlinge (Vorprodukte) von der Firma *Kolbenschmaidt* im Wert von 1.000.000 € netto (+ 19 % USt). Da diese von *Speedy* nachbearbeitet werden müssen, erhält *Speedy* nach zähen Verhandlungen 40 % Preisnachlass. Buchen Sie den Preisnachlass. Wie ist zum Monatsabschluss zu buchen?
2. Ein Kunde von *Speedy* macht geltend, dass sein Kleinwagen Pinta S nur 150 km/h anstatt der versprochenen 160 km/h erreicht. *Speedy* gewährt nachträglich einen Nachlass von 10 % des Kaufpreises in Höhe von 15.000 € (+ 19 % USt). Buchen Sie den Preisnachlass. Wie ist zum Monatsabschluss zu buchen?
3. Ein Kunde der *Speedy GmbH* zahlt eine Rechnung für bezogene Waren, die er aufwandsorientiert verbucht hat, über 20.000 € (+ 19 % USt) abzüglich 2 % Skonto durch Banküberweisung. Buchen Sie aus Kunden- und aus Lieferantensicht einschließlich Monatsabschluss.

4.6 Lösungen multiple Testfragen

1. a)

2. a)
   c)

3. a)
   c)
   e)

4. a)
   b)

5. a)
   c)
   d)

6. b)

7. a)
   b)
   c)

8. a)

9. a)
   b)
   c)

10. a)
    c)

11. a)
    c)

12. a)
    b)
    c)

13. a)
    c)

14. b)

15. a)

4.7   Lösung Fallstudie (in €)

Handelswaren, Bezugskosten, Sofortrabatt und Rücksendungen (Retouren)

1.	200	Rohstoffe	21.000	
	260	Vorsteuer	3.990	
		an 440 V.a.LL.		24.990
2.	2001	Bezugskosten Rohstoffe	1.000	
	260	Vorsteuer	190	
		an 440 V.a.LL.		1.190
3.	440	V.a.LL.	12.495	
		an 200 Rohstoffe		10.500
		an 260 Vorsteuer		1.995
4.	240	F.a.LL.	297.500	
		an 500 Umsatzerlöse		250.000
		an 480 Umsatzsteuer		47.500
5.	500	Umsatzerlöse	250.000	
	480	Umsatzsteuer	47.500	
		an 240 F.a.LL.		297.500
6.	228	Waren	100.000	
	2281	Bezugskosten Waren	1.000	
	260	Vorsteuer	19.190	
		an 440 V.a.LL.		120.190
7a)	240	F.a.LL.	238	
		an 510 Umsatzerlöse Waren		200
		an 480 Umsatzsteuer		38
7b)	240	F.a.LL.	1.904	
		an 510 Umsatzerlöse Waren		1.600
		an 480 Umsatzsteuer		304
8.	510	Umsatzerlöse Waren	200	
	480	Umsatzsteuer	38	
		an 240 F.a.LL.		238
9.	202	Hilfsstoffe	5.000	
	2021	Bezugskosten Hilfsstoffe	500	
	260	Vorsteuer	1.045	
		an 440 V.a.LL.		6.545
10.	440	V.a.LL.	297,50	
		an 2021 Bezugskosten Hilfsstoffe		250,00
		an 260 Vorsteuer		47,50

Nachträgliche Preisnachlässe und Skonti

1.	Eingangsrechnung:			
	201	Vorprodukte	1.000.000	
	260	Vorsteuer	190.000	
		an 440 V.a.LL.		1.190.000

Nachträglicher Preisnachlass von 40 %:

```
        440   V.a.LL.                                         476.000
              an 2012 Nachlässe für Vorprodukte                          400.000
              an 260   Vorsteuer                                          76.000

        Monatsabschlussbuchungssatz:
        2012 Nachlässe für Vorprodukte an 201 Vorprodukte                400.000

2.  Ausgangsrechnung:
        240   F.a.LL.                                         17.850
              an 500 Umsatzerlöse                                         15.000
              an 480 Umsatzsteuer                                         2.850

        Nachträglicher Preisnachlass von 10 %:
        5001  Erlösberichtigungen                             1.500
        480   Umsatzsteuer                                    285
              an 240  F.a.LL.                                             1.785

        Monatsabschlussbuchungssatz:
        500   Umsatzerlöse an 5001 Erlösberichtigungen                   1.500

3.  Kundenskonto (Sicht Speedy):
        Ausgangsrechnung:
        240   F.a.LL.                                         23.800
              an 510 Warenerlöse                                          20.000
              an 480 Umsatzsteuer                                         3.800

        Skonto:
        280   Bank                                            23.324
        5101  Erlösberichtigung                               400
        480   Umsatzsteuer                                    76
              an 240 F.a.LL.                                              23.800

        Monatsabschlussbuchungssatz:
        510   Umsatzerlöse an 5101 Erlösberichtigung                     400

        Lieferantenskonto (Kundensicht):
        Eingangsrechnung:
        608   Warenaufwendungen                               20.000
        260   Vorsteuer                                       3.800
              an 440 V.a.LL.                                              23.800

        Skonto:
        440   V.a.LL.                                         23.800
              an 6082 Nachlässe auf FM                                   400
              an 260   Vorsteuer                                         76
              an 280   Bank                                              23.324

        Monatsabschlussbuchungssatz:
        6082 Nachlässe Waren an 608 Warenaufwendungen                    400
```

5   Buchung täglicher Geschäftsfälle Teil 2

5.1   Finanzbuchungen

5.1.1   Wechsel

Ein Teil der verkauften Waren und Produkte wird durch Wechsel finanziert („bezahlt"). Beim Wechsel handelt es sich um ein Wertpapier, das ein Zahlungsversprechen beinhaltet. Andere Wertpapiere sind z.B. Schecks, Aktien und festverzinsliche Wertpapiere.

Der Wechsel erfüllt mehrere Aufgaben und dient als:

(1) **Kreditmittel**. Nach dem Kauf hat der Schuldner zumeist drei Monate Zeit, um die Wechselschuld zu begleichen.

(2) **Zahlungsmittel**. Einen Wechsel kann der Aussteller seinerseits als Zahlungsmittel einsetzen und damit wiederum seine Lieferverbindlichkeiten bezahlen. Der Wechsel wird an so genannte Remittenten weitergegeben.

(3) **Besicherung des Kredits**. Die Wechselforderung kann wertpapierrechtlich nachgewiesen werden. Für den Wechsel gelten strenge rechtliche Vorschriften.

Die Grundstruktur des Wechselgeschäfts erläutert Abb. 54.

Beispiel:

Die *Speedy GmbH* verkauft Fahrzeuge an die *Müller KG*. Die *Müller KG* ist nicht in der Lage, die Fahrzeuge sofort zu bezahlen. Zur Finanzierung des Geschäfts wird ein Wechsel verwendet. Die *Speedy GmbH* ist der Aussteller des Wechsels. Die *Müller KG* („Bezogener") geht dabei ein Zahlungsversprechen ein, wonach sie sich verpflichtet, an den Aussteller oder einen Dritten, den Remittenten, nach Ablauf von zumeist drei Monaten unter Hinzuzahlung eines vereinbarten Zinsaufwands, den Kaufpreis zu begleichen.

Zunächst stellt der Aussteller den Wechsel aus und sendet ihn dem Bezogenen zu. Man spricht in dieser Phase vom gezogenen Wechsel oder von der Tratte. Akzeptiert der Kunde die Zahlungsbedingungen durch seine Unterschrift auf dem Wechsel, so wird aus der Tratte ein Akzept.

Die *Speedy GmbH* hat selbst Verbindlichkeiten gegenüber einem Unterlieferanten A und gibt den Wechsel an A weiter oder erwähnt in der Wechselurkunde den A schon als Remittenten (1).

Im Normalfall präsentiert A (Remittent) am Fälligkeitstag des Wechsels der *Müller KG* den Wechsel, die die Schuld begleicht.

Auf der Vorderseite des Wechsels unterschreibt der Bezogene, hier: der Prokurist der *Müller KG*, „quer". Gibt der Aussteller oder der Remittent A seinerseits den Wechsel an einen neuen Wechselgläubiger B weiter, so garantieren der Aussteller oder A mit ihren Unterschriften auf der Rückseite des Wechsels – dem Indossament – dem neuen Wechselinhaber B die Einlösung des Wechsels. Kann der Bezogene

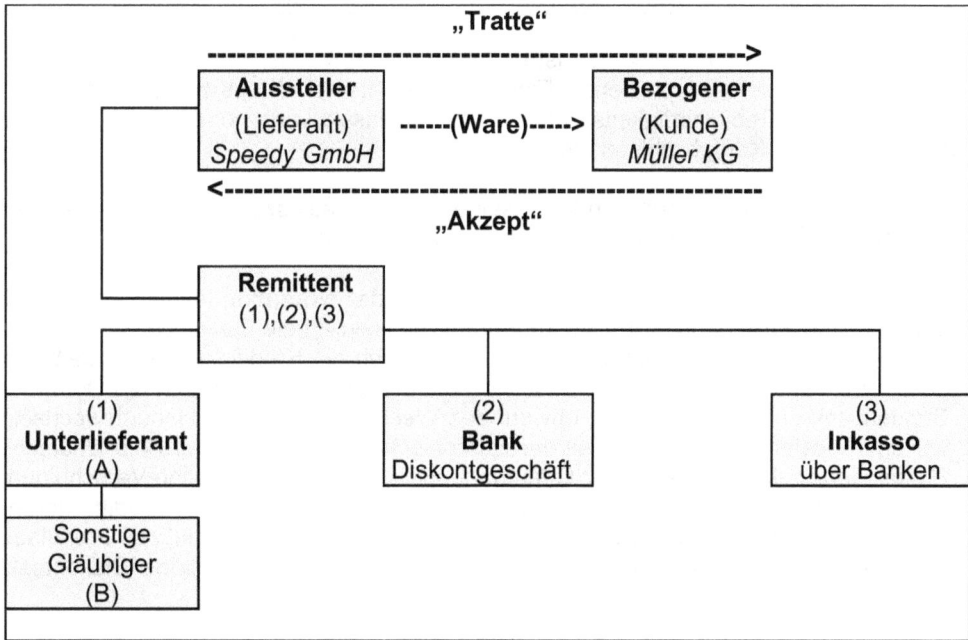

```
                              „Tratte"
        ------------------------------------------------------>
      ┌─────────────────┐                    ┌─────────────────┐
      │   Aussteller    │                    │   Bezogener     │
      │   (Lieferant)   │   ------(Ware)----->│    (Kunde)      │
      │  Speedy GmbH    │                    │   Müller KG     │
      └─────────────────┘                    └─────────────────┘
        <------------------------------------------------------
                              „Akzept"

           ┌─────────────────┐
           │   Remittent     │
           │   (1),(2),(3)   │
           └─────────────────┘

  ┌──────────────┐        ┌──────────────┐        ┌──────────────┐
  │      (1)     │        │      (2)     │        │      (3)     │
  │ Unterlieferant│       │     Bank     │        │   Inkasso    │
  │      (A)     │        │ Diskontgeschäft│      │  über Banken │
  └──────────────┘        └──────────────┘        └──────────────┘

  ┌──────────────┐
  │   Sonstige   │
  │   Gläubiger  │
  │      (B)     │
  └──────────────┘
```

Abb. 54: Grundstruktur des Wechselgeschäfts

nach Vorlage des Wechsels durch B am Verfalltag nicht zahlen, haften der Aussteller (*Speedy GmbH*) und der Remittent A dem letzten Wechselinhaber B gesamtschuldnerisch. Somit hat B die Möglichkeit, sich den zahlungskräftigeren Wechselschuldner unter der *Speedy GmbH* und A herauszusuchen.

In der Bilanz unterscheidet man:

> Besitzwechsel Konto 245 und
> Schuldwechsel Konto 450.

Der Unterlieferant B „besitzt den Wechsel" und verbucht den Wechsel als Forderung gegenüber den Wechselschuldnern: 245 Besitzwechsel.

Der Bezogene – die *Müller KG* – ist der primäre Wechselschuldner gegen den sich zunächst alle Ansprüche richten. Die Wechselschuld erscheint in dessen Bilanz als kurzfristige Verbindlichkeit unter 450 Schuldwechsel.

Die *Speedy GmbH* und der Remittent A halten den Wechsel nicht mehr in der Hand, gleichwohl sind sie aus der entstandenen Wechselkette dem Wechselinhaber B gesamtschuldnerisch verpflichtet. Beide Unternehmen müssen „unter" der Bilanz diese so genannten Haftungsverhältnisse gemäß § 251 HGB angeben. Hierbei handelt es sich um eventuelle Verpflichtungen aus dem Wechselgeschäft, die nicht in der Bilanz zu zeigen sind.

> Die wirtschaftliche Bedeutung des Wechselgeschäfts konzentriert sich nur noch auf Kleinunternehmen und allenfalls auf mittelständische Firmen.

Beim Verkauf von Baumaschinen ist es üblich, einen Bagger oder ähnliche Maschinen über Wechsel zu finanzieren. Eine Wechselunterschrift des Kunden ist schnell geleistet, eine Kreditwürdigkeitsprüfung wird nachlässig vorgenommen, Hauptsache man kann einen Kaufabschluss melden.

In Großunternehmen findet man Wechselgeschäfte relativ selten. Großunternehmen pflegen sich „seriös" über die Kapitalmärkte zu finanzieren.

Das Wechselgeschäft spielte für die **Geldpolitik der Notenbanken** bis Ende 1998 eine gewisse Rolle. Durch den Verkauf von Wechseln an die *Deutsche Bundesbank* zum Vorzugszins, dem **„Diskontsatz"**, konnten sich die Kreditinstitute Zentralbankgeld beschaffen. Seit Januar 1999 ist der Ankauf von Wechseln durch die Deutsche Bundesbank endgültig entfallen, obwohl das Wechselgeschäft mit Handelswechseln weiterhin bestehen bleibt. Als Teil der Europäischen Zentralbank wird die *Deutsche Bundesbank* zukünftig neben der Offenmarktpolitik verstärkt kurzfristige Verschuldungen der Kreditinstitute über Verpfändungen von Wertpapieren und Kreditforderungen der Geschäftsbanken gegen notenbankfähige Kreditschuldner auf der Grundlage eines „Basiszinssatzes" abwickeln, der etwas höher als der damalige Diskontsatz ausfiel.

Die fünf grundlegenden Buchungssätze beim Wechselgeschäft sind in Abb. 55 jeweils aus der Sicht des Lieferanten (*Speedy GmbH*) und des Kunden (*Müller KG*) auf der Grundlage des folgenden Beispiels dargestellt.

Beispiel:

> Die *Speedy GmbH* verkauft am 01.06.02 Fahrzeuge an die *Müller KG* im Gegenwert von 100.000 € + 19.000 € Umsatzsteuer. Die *Müller KG* akzeptiert einen vom Vertreter der GmbH ausgestellten Wechsel, wonach der Kaufpreis in drei Monaten am 01.09.02 fällig wird. *Speedy* belastet als Entschädigung dafür, dass der Kaufpreis nicht sofort beglichen wird, den Kunden mit 8 % Diskont (Jahreszins), dies entspricht 2 % für drei Monate, in Höhe der Rechnungssumme von 119.000 €. Am Verfalltag löst die *Müller KG* den Wechsel per Banküberweisung ein.

❶ zeigt die Ausgangs- und Eingangsrechnung.

❷ beinhaltet einen Aktiv- und Passivtausch; die „Qualität" der Forderung oder der Verbindlichkeit hat sich geändert.

❸ bei *Speedy* entsteht ein Diskontertrag (Zinsertrag für spätere Zahlung), bei Müller ein entsprechender Aufwand. Wechselzinsen unterliegen dabei nicht der Umsatzsteuer, da sie als eigenständige Kreditleistung vereinbart werden.

❹ Präsentation oder Einlösung des Wechsels.

❺ Begleichung der Diskontrechnung aus ❸.

Speedy GmbH (Lieferant) (245 Besitzwechsel)	Müller KG (Kunde) (450 Schuldwechsel)
❶ **Lieferantenrechnung:** 240 F.a.LL. 119.000 an 500 Umsatzerlöse 100.000 an 480 Umsatzsteuer 19.000	❶ **Eingangsrechnung:** 084 Fuhrpark 100.000 260 Vorsteuer 19.000 an 440 V.a.LL. 119.000
❷ **Eingang Akzept bei *Speedy*:** 245 Besitzwechsel an 240 F.a.LL. 119.000	❷ **Müller unterschreibt Tratte:** 440 V.a.LL. an 450 Schuldwechsel 119.000
❸ **Diskontertrag, fällig am Verfalltag:** (Rechnungsstellung) 240 F.a.LL. an 573 Diskonterträge 2.380	❸ **Diskontaufwand des Kunden:** (Rechnungseingang) 753 Diskontaufwendungen an 440 V.a.LL. 2.380
❹ **Präsentation des Wechsels:** 280 Bank an 245 Besitzwechsel 119.000	❹ **Einlösung des Wechsels:** 450 Schuldwechsel an 280 Bank 119.000
❺ **Vereinnahmung Diskontertrag:** 280 Bank an 240 F.a.LL. 2.380	❺ **Begleichung Diskontaufwand:** 440 V.a.LL. an 280 Bank 2.380

Abb. 55: Buchungen von Besitz- und Schuldwechseln

Wie schon in Abb. 54 dargestellt, gibt es drei Möglichkeiten für die *Speedy GmbH* den Wechsel zu verwenden (Buchungssätze aus der Sicht der *Speedy GmbH*).

(1) *Speedy* präsentiert den Wechsel nicht selbst, wie in ❶ bis ❺ dargestellt, sondern gibt den Wechsel sofort nach Erhalt zum Ausgleich einer Rechnung in Höhe von 100.000 € netto + Umsatzsteuer an den Unterlieferanten A per Indossament weiter.

Buchung: 440 V.a.LL. an 245 Besitzwechsel	119.000

Speedy hat den Wechsel aus der Hand gegeben. Das Unternehmen „bezahlt" seine Verbindlichkeit mit der Hergabe des Wechsels.

A belastet *Speedy* mit 8 % Diskont (2.380 €), da der von *Speedy* weitergegebene Wechsel drei Monate später fällig wird als die Verbindlichkeit.

Buchung: 753 Diskontaufwendungen an 440 V.a.LL.	2.380

(2) *Speedy* reicht den auf die *Müller KG* gezogenen Wechsel bei der Volksbank zur Diskontierung ein. Die Bank berechnet 6 % Diskont und 10 € Spesen und überweist den Rest auf das Bankkonto der *Speedy GmbH*. Die Bank stellt keine Umsatzsteuer in Rechnung, da Bankgeschäfte nicht der Umsatzsteuer unterliegen.

		Soll	Haben
Buchung:	280 Bank	117.205	
	753 Diskontaufwendungen	1.785	
	675 Kosten des Geldverkehrs	10	
	an 245 Besitzwechsel		119.000

(3) Die *Speedy GmbH* überträgt kurz vor dem Verfalltag (01.09.02) den Wechsel per Indossament zum Inkasso an die Kreissparkasse. Dies geschieht oftmals aus Liquiditätsgründen oder dass *Speedy* sich die Unannehmlichkeiten eines Wechselprotests ersparen möchte. Auch dieses Mal lässt sich das Kreditinstitut diese Dienstleistung bezahlen und verlangt 20 € Einzugsgebühren.

		Soll	Haben
Buchung:	280 Bank	118.980	
	675 Kosten des Geldverkehrs	20	
	an 245 Besitzwechsel		119.000

Der Verfalltag naht. Wir wollen annehmen, dass die *Speedy GmbH* den Wechsel bis zur Fälligkeit behalten hat. Da die *Müller KG* zahlungsunfähig ist und die *Speedy GmbH* zur Prolongation nicht bereit ist, geht der Wechsel zu Protest.

Beim **Wechselprotest** kann der jeweilige Wechselinhaber den Wechselbetrag vom Schuldner oder bei vorheriger Weitergabe des Wechsels von jedem Indossanten verlangen. Der entstandene Schaden ist dabei dem Wechselinhaber zu ersetzen.

Protestwechsel stellen ein besonderes Risiko dar. Im Interesse der Bilanzklarheit wird der Besitz- oder Schuldwechsel auf ein Konto „Protestwechsel" umgebucht.

Der letzte Wechselinhaber erstellt eine Regressrechnung, die er dem Regressnehmer präsentiert. Mit Erstellung der Regressrechnung erfolgt die

| Umbuchung des Protestwechsels auf das Konto 269 Übrige sonstige Forderungen, |

da jetzt der Wechsel keinen Bestand mehr hat.

| Beim Regresspflichtigen erfolgt die Buchung – bei Erhalt der Regressrechnung – auf das Konto 489 Übrige sonstige Verbindlichkeiten. |

Die Protesterhebung wird beurkundet (Art. 79 WG spricht von der „Aufnahme" des Protests) und erfolgt deshalb über die Einschaltung eines Notars oder eines Gerichtsbeamten. Die Rechnung des Notars über die Protesterhebung (Protestkosten 60 € + 19 % USt) ist von demjenigen vorzufinanzieren, der Protest erhebt.

Beispiel: Protesterhebung durch *Speedy GmbH*

Buchung bei *Speedy GmbH*:

	Soll	Haben
❶ 248 Protestwechsel	119.000,00	
an 245 Besitzwechsel		119.000,00

	Soll	Haben
❷ 675 Kosten des Geldverkehrs	60,00	
260 Vorsteuer	11,40	
an 280 Bank		71,40

Rückrechnung: Nachdem Protest erhoben wurde, und nachdem alle Beteiligten durch den jeweiligen Vormann informiert wurden, erstellt der letzte Wechselinhaber eine Rückrechnung, die einen Schadensersatz darstellt und selbst nicht der Umsatzsteuer unterliegt. Er wird sich in der Wechselkette den seiner Meinung nach zahlungsfähigsten Regresspflichtigen heraussuchen.

Nach Art. 48 WG können die Protestkosten einschl. sonstiger Auslagen (z.B. Telefongebühren, hier: 60 €) – die Vorsteuer (11,40 €) macht er als Forderung gegen das Finanzamt geltend – sowie eine Provisionsgebühr in Höhe von max. 1/3 % der Wechselsumme einschl. Umsatzsteuer (396,67 €) und mindestens 6 % Zinsen auf die Wechselsumme seit dem Verfalltage (Annahme: Zehn Tage nach Verfalltag = 198,33 € oder 10/360) geltend gemacht werden.

Buchung des letzten Wechselinhabers als Aussteller der Rückrechnung:

	Soll	Haben
269 Übrige sonst. Forderungen	119.655,00	
an 248 Protestwechsel		119.000,00
an 543 Andere sonst. betr.		
Erträge		456,67
(Protestkosten + Provision)		
an 571 Zinserträge		198,33

Buchung des Regresspflichtigen bei Erhalt der Protestrechnung:

	Soll	Haben
451 Protestwechsel	119.000,00	
675 Kosten des Geldverkehrs	456,67	
751 Zinsaufwendungen	198,33	
an 489 Übrige sonstige		
Verbindlichkeiten		119.655,00

5.1.2   Scheck

Der **Scheck** ist eine dem Wechsel verwandte, jedoch zu dem alleinigen Zweck des Zahlungsverkehrs bestimmte Anweisung auf ein Bankguthaben.

Man unterscheidet eigene Schecks von Kundenschecks.

Eigene Schecks, die die *Speedy GmbH* ausstellt, verwendet *Speedy*, um ihre Rechnungen an Lieferanten zu zahlen.

Buchungstechnisch werden die eigenen Schecks erst bei erfolgter Zahlung erfasst.

Buchung: 440 V.a.LL. an 280 Bank

Mit **Kundenschecks** begleichen einige Kunden der *Speedy GmbH* ihre Rechnungen.

Buchungstechnisch bedeutet der Eingang eines Kundenschecks zunächst eine Umwandlung der Forderung gegenüber dem Kunden (F.a.LL.) in höhere Liquidität.

Hierzu wird die Kundenforderung auf ein neues aktives Bestandskonto 286 Kundenschecks umgebucht, um dann als Gutschrift durch die Bank erfasst zu werden.

Buchungen: Eingang des Kundenschecks ➡ 286 Kundenschecks an 240 F.a.LL.   Gutschrift durch die Bank   ➡ 280 Bank an 286 Kundenschecks

Ein Kundenscheck kann auch zur Tilgung einer Lieferantenverbindlichkeit an den Lieferanten weitergegeben werden.

Buchung: 440 V.a.LL. an 286 Kundenschecks

Da die Schecks liquide Mittel darstellen, müssen Bestände an Kundenschecks, für die noch keine Gutschrift erfolgt ist, zum Bilanzstichtag in der Bilanz aktiviert und somit gesondert ausgewiesen werden (vgl. § 266 Abs. 2 HGB, Bilanzposition: Kassenbestand, Bundesbankguthaben, Guthaben bei Kreditinstituten und Schecks).

Buchung: 801 SBK an 286 Kundenschecks

5.1.3   An- und Verkauf von sonstigen Wertpapieren

Ein Unternehmen wird sonstige Wertpapiere in Form von Aktien und festverzinslichen Wertpapieren vorwiegend aus Liquiditätsüberlegungen heraus an- und verkaufen. Überschüssige flüssige Mittel sollen damit renditeträchtig angelegt werden. Diese Wertpapiere zählen dann zu den

Wertpapieren des Umlaufvermögens, Konto 270.

Aktien sind Dividendenpapiere, die ein Eigentumsrecht verbriefen, und die das Stimmrecht bei Hauptversammlungen des betreffenden Unternehmens ermöglichen. Aktien sind aus Unternehmenssicht Eigenkapital.

Bei den **festverzinslichen Wertpapieren** entsteht ein Anspruch auf eine feste Nominalverzinsung. Diese Wertpapiere sind aus Unternehmenssicht Fremdkapital.

Werden Aktien und festverzinsliche Wertpapiere langfristig angelegt (d.h. nicht zu Spekulationsgründen), dann ist eine Verbuchung unter den

---

Wertpapieren des Anlagevermögens (Kontengruppe 15) vorzunehmen:
- 150 Stammaktien,
- 151 Vorzugsaktien.
- 156 Festverzinsliche Wertpapiere.

Bei **Beteiligungsabsicht** an einem anderen Unternehmen sind die Wertpapiere unter

---

- Anteile an verbundenen Unternehmen (Kontengruppe 11)
  oder unter
- Beteiligungen (Kontengruppe 13) zu erfassen.

Beide Wertpapierarten unterliegen schwankenden Kursen. Wobei der Gläubiger eines festverzinslichen Wertpapiers bei Ablauf der Festlegungsfrist einen Anspruch auf Rückzahlung zum Nennwert hat und zumeist kein Kursrisiko eingeht, wenn er bis zum Ende der Laufzeit wartet.

Die Wertpapiere sind mit Anschaffungskosten, einschließlich der Anschaffungsnebenkosten, zu aktivieren.

Aktivierung der Wertpapiere = Anschaffungskosten + Anschaffungsnebenkosten

---

Die Nebenkosten sind von Bank zu Bank unterschiedlich. Die Sätze liegen derzeit bei

---

- **Aktien: 1,06 % des Kurswerts**
  (Bankenprovision = 1 %; Händler-Courtage = 0,06 %) und
- **festverzinslichen Wertpapieren: 0,575 % des Nennwerts**
  (Bankenprovision = 0,5 %; Händler-Courtage = 0,075 %).

Somit sind die Nebenkosten umso höher je höher der Kurs- oder Nennwert ist.

Achtung!!!

Bei Internet-Banken (online-banking) sind diese Kostensätze deutlich geringer.

5.1.3.1 Aktien

Beispiel für An- und Verkauf von Aktien:

Die *Speedy GmbH* verfügt über liquide Mittel und kauft 1.000 *Sleepy*-Aktien zum Kurswert von 130 € je Stück plus Anschaffungsnebenkosten von 1,06 %.

Ankauf:

270 Wertpapiere des Umlaufvermögens an 280 Bank   131.378

Gewinne aus einem Verkauf dieser Papiere sind auf dem Ertragskonto

578 Erträge aus Wertpapieren des Umlaufvermögens

zu verbuchen.

Kursgewinne von Wertpapieren des Anlagevermögens sind unter

560 Erträge aus anderen Wertpapieren zu verbuchen.

Die **Verluste** sind als Aufwand auf

746 Verluste aus dem Abgang von Wertpapieren des Umlaufvermögens

oder bei langfristiger Anlage unter

745 Verluste aus dem Abgang von Finanzanlagen

zu erfassen.

Buchung bei Verkauf mit Gewinn (in €):

Annahme: Die *Speedy GmbH* verkauft 500 *Sleepy*-Aktien zu 200 € je Stück.

Kurswert 100.000 abzüglich Verkaufskosten (1,06 %) = 98.940, erworben zu 500 * 130 = 65.000 plus Gebühren von 689.

	Soll	Haben
280 Bank	98.940	
an 270 Wertpapiere des Umlaufvermögens		65.689
an 578 Erträge aus Wertpapieren des Um-laufvermögens		33.251

Buchung bei Verkauf mit Verlust (in €):

Annahme: Die *Speedy GmbH* verkauft 500 *Sleepy*-Aktien zu 100 je Stück.
Kurswert 50.000 abzüglich Verkaufskosten (1,06 %) = 49.470, erworben zu 65.689.

	Soll	Haben
280 Bank	49.470	
746 Verluste aus dem Abgang von Wertpapieren des Umlaufvermögens	16.219	
an 270 Wertpapiere des Umlaufvermögens		65.689

5.1.3.2   Festverzinsliche Wertpapiere

Beispiel für den An- und Verkauf eines festverzinslichen Wertpapiers:

Speedy GmbH erwirbt am 15. Mai 02 eine Bundesanleihe 2002, Nennwert 10.000 € zum Kurs von 96 %, Nominalverzinsung 4,5 %, Laufzeit 2012. Die Zinsen werden halbjährlich am 01.05. und am 01.11. ausbezahlt. Der Ankauf der Wertpapiere ist unter der Annahme einer Bank- und Maklerprovision von insgesamt 0,575 % des Nennwerts zu verbuchen. *Speedy* veräußert die Wertpapiere am 20.11.05 zum Börsenkurs von 106 %. Steuerliche Aspekte sind zu vernachlässigen.

Bei festverzinslichen Wertpapieren werden die Zinsen nachträglich halb- oder ganzjährig gezahlt. Liegt der Kauf der Wertpapiere zwischen den Zinsterminen, so sind vom Käufer an den Verkäufer

Tagesstückzinsen

zu zahlen.

Gemäß Börsenstatuten errechnen sich diese im Beispiel wie folgt:

15. Mai minus 01. Mai = 14 Tage + 2 Börsentage minus 1 Kalendertag = 15 Zinsanspruchstage des Verkäufers.

Die **Stückzinsen** ergeben sich somit unter Verrechnung dieser 15 Tage auf den nominellen Zinsanspruch der Anleihe wie folgt:

10.000 * 0,045 * 15/360 = 18,75 €

Anschaffungskosten:

96 % von 10.000 € plus 0,575 % von 10.000 € = 9.657,50 €

Buchung des Ankaufs am 15. Mai 02:

	Soll	Haben
156 Festverzinsliche Wertpapiere des	9.657,50	
Anlagevermögens		
751 Zinsaufwendungen	18,75	
an 280 Bank		9.676,25

Buchung des Verkaufs am 20. November 05:

> Stückzinsen:
> 20. November minus 1. November = 19 Tage ı 1 = 20 Tage
> 10.000 * 0,045 * 20/360 = 25,00 €

Kurswert (106 %)	10.600,00
minus Provision (0,575 % vom Nennwert)	57,50
Nettoerlöse	10.542,50
+ Stückzinsen (Käufer an Verkäufer)	25,00
Bankgutschrift	10.567,50

	Soll	Haben
280 Bank	10.567,50	
an 156 Festverzinsliche Wertpapiere des		9.657,50
Anlagevermögens		
an 560 Erträge aus anderen Wertpapieren		885,00
an 571 Zinserträge		25,00

5.1.4 Anzahlungen

Erhält ein Lieferant für die erbrachte Leistung eine Anzahlung des Kunden, dies ist bei Großaufträgen oder bei Sonderanfertigungen oftmals der Fall, so entsteht eine Verbindlichkeit besonderer Art, die erst bei endgültiger Lieferung des Produkts getilgt wird. In der Zwischenzeit handelt es sich um einen

> **zinslosen Kredit**.

Buchungstechnisch ist ein neues passives Bestandskonto einzuführen:

> 430 Erhaltene Anzahlungen

Beim Kunden, der Anzahlungen leistet, entsteht ein neues aktives Bestandskonto.

> 090 Geleistete Anzahlungen auf Sachanlagen
> 230 Geleistete Anzahlungen auf Vorräte

Die Anzahlungskonten werden aufgelöst, sobald die Leistung vollständig erbracht ist.

Anzahlungen sind umsatzsteuerpflichtig. Der Unternehmer, der die Anzahlung erhält, hat eine Anzahlungsrechnung mit gesondertem Ausweis der Umsatzsteuer auszustellen (§§ 13, 15 UStG).

Beispiel für erhaltene Anzahlungen:

> Die *Speedy GmbH* (Kunde) leistet am 01.03. an einen blechproduzierenden Lieferanten A eine Anzahlung von 20 % auf Rohstoffe im Wert von insgesamt 100.000 € (netto) + Umsatzsteuer, die am 31.03. geliefert werden.

Aus der Sicht des Lieferanten A ist wie folgt zu buchen:

❶ Buchung nach Eingang der Anzahlung am 01.03.:

	Soll	Haben
280 Bank	23.800	
an 430 Erhaltene Anzahlungen		20.000
an 480 Umsatzsteuer		3.800

Lieferung mit Ausgangsrechnung am 31.03. und Verrechnung der erhaltenen Anzahlungen:

	Soll	Haben
❷ a) 240 F.a.LL.	119.000	
an 500 Umsatzerlöse		100.000
an 480 Umsatzsteuer		19.000

	Soll	Haben
❷ b) 430 Erhaltene Anzahlungen	20.000	
480 Umsatzsteuer	3.800	
an 240 F.a.LL.		23.800

❸ Überweisung der Restschuld durch den Kunden:

280 Bank an 240 F.a.LL.		95.200

❹ **Zusammenfassung** von ❷ b) und ❸:

	Soll	Haben
280 Bank	95.200	
430 Erhaltene Anzahlungen	20.000	
480 Umsatzsteuer	3.800	
an 240 F.a.LL.		119.000

Üblicherweise werden erhaltene Anzahlungen auf Bestellungen als passives Bestandskonto geführt. Allerdings gibt es die Möglichkeit, das Konto 430 gegen die Vorräte abzusetzen (§ 268 Abs. 5 HGB).

Im Jahresabschluss 1995 hat dies *Daimler-Benz* getan. Das Unternehmen wies in diesem Geschäftsjahr den höchsten Verlust der Unternehmensgeschichte aus. Um den Verlust an Eigenkapital ein wenig abzubremsen und einen vergleichsweise höheren Eigenkapitalanteil auszuweisen, setzte man die erhaltenen Anzahlungen, die fast ausschließlich Projekte und langfristige Aufträge bei *DASA*, *Dornier* und *MTU* betrafen, von den Vorräten ab. Die erhaltenen Anzahlungen beliefen sich auf 3.671 Mio. DM, immerhin rund 4 % der Bilanzsumme. Der Anteil des Eigenkapitals an der Bilanzsumme stieg durch diesen „Trick" von 14,5 auf 15,1 %.

Beispiel für geleistete Anzahlungen:

Aus der Sicht der *Speedy GmbH* wird der Geschäftsfall wie folgt gebucht:

❶ Buchung nach Begleichung der Anzahlung am 01.03.:

	Soll	Haben
230 Geleistete Anzahlungen	20.000	
260 Vorsteuer	3.800	
an 280 Bank		23.800

Eingangsrechnung (aufwandsorientiert) und Erhalt der Rohstoffe am 31.03. und Verrechnung der geleisteten Anzahlung:

	Soll	Haben
❷ a) 600 Aufwendungen für Rohstoffe	100.000	
260 Vorsteuer	19.000	
an 440 V.a.LL.		119.000

	Soll	Haben
❷ b) 440 V.a.LL.	23.800	
an 230 Geleistete Anzahlungen		20.000
an 260 Vorsteuer		3.800

❸ Überweisung der Restschuld durch die *Speedy GmbH*:

440 V.a.LL. an 280 Bank   95.200

❹ **Zusammenfassung** von ❷ b) und ❸:

	Soll	Haben
440 V.a.LL.	119.000	
an 230 Geleistete Anzahlungen		20.000
an 260 Vorsteuer		3.800
an 280 Bank		95.200

5.1.5   Leasing

Definition:

> Unter Leasing versteht man einen miet- oder pachtähnlichen Vertrag zwischen Lea-
> singgeber und Leasingnehmer über die Nutzung beweglicher oder unbeweglicher
> Anlagegüter.

Der **Leasingnehmer wird Besitzer** und der **Leasinggeber bleibt rechtlicher Eigentümer** des Gegenstandes.

Wer von beiden Vertragspartnern das Anlagegut bilanzieren muss ist aus handels-
rechtlicher Sicht derjenige, der über das wirtschaftliche Eigentum verfügt und deshalb
das Investitionsrisiko trägt. Ob das Leasinggut dem Leasinggeber oder Leasingnehmer zur Aktivierung zuzurechnen ist, hängt vor allem von der Leasingart und der konkreten Ausgestaltung des Leasingvertrages ab, in der die Kündigungsmöglichkeit von
Bedeutung ist.

> **Handelsrechtliche Aktivierung ➡ Wer trägt das Investitionsrisiko?**
> **Abhängig von**
> **- Leasingart und**
> **- Kündigungsmöglichkeit**

Nach der **vertraglichen Gestaltung** lassen sich drei Leasingarten unterscheiden:

> **- Operating Leasing**
> **- Spezial-Leasing und**
> **- Finanzierungsleasing**

5.1.5.1   Operating Leasing

Beim Operating Leasing sind **gängige Wirtschaftsgüter**, wie z.B.
- EDV-Anlagen,
- Fahrzeuge
Gegenstand des Vertrages, der meist kürzer ist als die Nutzungsdauer der Leasing-
objekte. Außerdem können die Verträge zumeist kurzfristig oder jederzeit von beiden
Vertragspartnern gekündigt werden. Die geleasten Anlagegegenstände, für die der
Leasinggeber das volle Investitionsrisiko trägt, lassen sich nach Beendigung der
meist kurzen Mietzeit oder bei vorzeitiger Kündigung auch problemlos weitervermie-
ten oder verkaufen.

Handels- und steuerrechtlich ist das Operating Leasing somit wie ein **normaler Miet-
vertrag** zu behandeln. Deshalb ist das **Leasingobjekt dem Leasinggeber** zuzurechnen. Er hat das Anlagegut zu Anschaffungs- oder Herstellungskosten zu aktivieren und entsprechend der betriebsgewöhlichen Nutzungsdauer abzuschreiben. Die
monatlichen Leasingraten stellen Erträge beim Leasinggeber und Aufwendungen
beim Leasingnehmer dar.

5.1.5.2 Spezial-Leasing

Güter des Spezial-Leasing sind auf **spezielle Bedürfnisse des Leasingnehmers** zugeschnitten, die nach Ablauf des Leasingvertrages von einem anderen Unternehmen nicht mehr genutzt werden können (z.B. spezielle Fertigungsmaschinen). Für diese Anlagegüter **trägt der Leasingnehmer das volle Investitionsrisiko**. Sie sind deshalb dem Leasingnehmer zuzuordnen und von ihm zu aktivieren und abzuschreiben.

5.1.5.3 Finanzierungsleasing

Das Finanzierungsleasing dient der Finanzierung von Anlagegütern, die der Leasingnehmer bereits beim Hersteller oder Händler ausgewählt hat. Der Leasinggeber kauft den Gegenstand beim Hersteller oder Händler des betreffenden Kunden und vermietet ihn an diesen. Das Leasingobjekt wird dann zumeist direkt vom Hersteller oder Händler an den Leasingnehmer ausgeliefert.

Beim Finanzierungsleasing wird eine **unkündbare Grundmietzeit** vereinbart, die in der Regel kürzer als die betriebsgewöhnliche Nutzungsdauer des Leasingobjekts ist. Im Gegensatz zum Operating Leasing und Spezial-Leasing, die kein Bilanzierungsproblem darstellen, kommt es beim Finanzierungsleasing für die Zurechnung eines Leasinggegenstandes zum Leasinggeber oder Leasingnehmer vor allem auf das

---
Verhältnis der unkündbaren Grundmietzeit zur betriebsgewöhnlichen Nutzungsdauer
---

des geleasten Gegenstandes an. (**Mobilien-Leasing-Erlass**, Bundesministerium der Finanzen, Schreiben vom 19.04.1971, BStBl 1971 I, S. 264).

❶
Beträgt die **Grundmietzeit weniger als 40 % oder mehr als 90 % der betriebsgewöhnlichen Nutzungsdauer**, so ist der Leasinggegenstand stets dem **Leasingnehmer** zuzurechnen. Gleichgültig, ob er ein Optionsrecht auf Kauf oder Mietverlängerung hat oder nicht hat. Im Mobilien-Leasing-Erlass des Bundesfinanzministers wird unterstellt, dass der Leasingnehmer bei einer Grundmietzeit von weniger als 40 % der betriebsgewöhnlichen Nutzungsdauer den Leasinggegenstand behält, damit sich die hohen Leasingraten in der Grundmietzeit, die oft schon 80 % der Anschaffungskosten decken, für ihn lohnen. Bei einer Grundmietzeit von 90 % der betriebsgewöhnlichen Nutzungsdauer ist der Leasinggegenstand für den Leasinggeber nur noch von geringem Wert.

❷
Beträgt dagegen die **Grundmietzeit zwischen 40 % und 90 % der betriebsgewöhnlichen Nutzungsdauer**, so hat der Leasinggegenstand nach Ablauf der Grundmietzeit noch einen relativ hohen Zeitwert. Hat der Leasingnehmer kein Optionsrecht, so ist der Gegenstand dem **Leasinggeber** zuzuordnen. Im Falle einer Kauf- oder

Mietverlängerungsoption ist der Gegenstand dem Leasingnehmer nur dann zuzurechnen, wenn die Ausübung der Option für ihn besonders günstig ist, also der Kaufpreis geringer ist als der Buchwert oder die Anschlussmiete niedriger ist als die lineare Abschreibung.

Zurechnung von Leasinggegenständen			
		Grundmietzeit	
		❶ kürzer als 40 % oder länger als 90 % der betriebsgewöhnlichen Nutzungsdauer	❷ zwischen 40 % und 90 % der betriebsgewöhnlichen Nutzungsdauer
ohne Kauf- oder Mietverlängerungsoption		Leasingnehmer	Leasinggeber
mit Kaufoption	Kaufpreis geringer als Buchwert am Ende der Grundmietzeit bei linearer Abschreibung	Leasingnehmer	Leasingnehmer
	Kaufpreis höher oder gleich dem Restbuchwert am Ende der Grundmietzeit bei linearer Abschreibung	Leasingnehmer	Leasinggeber
mit Mietverlänge-rungsop-tion	Anschlussmiete geringer als lineare Abschreibung	Leasingnehmer	Leasingnehmer
	Anschlussmiete höher oder gleich der linearen Abschreibung	Leasingnehmer	Leasinggeber
Spezial-Leasing		Leasingnehmer	Leasingnehmer

Abb. 56: Zurechnung von Leasinggegenständen beim Finanzierungsleasing

5.1.5.4 Buchung und Bilanzierung von Leasingverhältnissen

Die Bilanzierung bei Leasing richtet sich danach, ob der Leasinggegenstand dem Leasinggeber oder Leasingnehmer zuzurechnen ist.

Zurechnung zum Leasinggeber

Mit Ausnahme des Spezial-Leasing sehen viele Leasingverträge bei ihrer Ausgestaltung vor, dass der Leasinggegenstand dem Leasinggeber zuzurechnen ist. Der Leasinggeber aktiviert den Leasinggegenstand mit seinen Anschaffungs- oder Herstellungskosten und schreibt ihn über die betriebsgewöhnliche Nutzungsdauer ab. Die monatlichen Leasingraten sind beim Leasinggeber Betriebseinnahmen/Ertrag und beim Leasingnehmer Betriebsausgaben/Aufwand.

Beispiel:

Die *Industrie-Leasing GmbH* erwirbt am 2. Januar 01 einen Lkw und vermietet ihn sofort an das *Metallwerk Hein e.K.* als Leasingnehmer für jährlich 25.000 € + 19 % USt. Im Leasingvertrag wird eine unkündbare Mietzeit von sechs Jahren ohne Kauf- und Mietverlängerungsoption vereinbart. Die Anschaffungskosten betragen 100.000 € netto + 19 % USt. Die betriebsgewöhnliche Nutzungsdauer beträgt neun Jahre. Die Zahlungen erfolgen über das Bankkonto.

Die Grundmietzeit beträgt 66,6% der betriebsgewöhnlichen Nutzungsdauer. Die Zurechnung erfolgt wegen dem Mobilien-Leasing-Erlass beim Leasinggeber.

Buchungen beim Leasinggeber (in €)

❶ Anschaffung des Leasinggegenstands:

	Soll	Haben
084 Fuhrpark	100.000	
260 Vorsteuer	19.000	
an 280 Bank		119.000

❷ Jährliche Leasingratenerträge:

	Soll	Haben
280 Bank	29.750	
an 5401 Leasingerträge		25.000
an 480 USt		4.750

❸ Jährliche lineare Abschreibung nach der betriebsgewöhnlichen Nutzungsdauer (1/9 des Anschaffungswerts):

652 Abschreibungen auf Sachanlagen an 084 Fuhrpark   11.111,11

Buchung beim Leasingnehmer (in €)

❶ Jährliche Aufwendungen für Leasingrate:

	Soll	Haben
671 Leasingaufwendungen	25.000	
260 Vorsteuer	4.750	
an 280 Bank		29.750

Zurechnung zum Leasingnehmer

Der Leasingnehmer hat den Gegenstand mit seinen Anschaffungs- oder Herstellungskosten zu aktivieren und entsprechend der betriebsgewöhnlichen Nutzungsdauer abzuschreiben. Als Gegenbuchung hat der Leasingnehmer zugleich in Höhe der Anschaffungs- oder Herstellungskosten eine Verbindlichkeit gegenüber dem Leasinggeber zu passivieren. Der Leasinggeber aktiviert den Leasinggegenstand im Umlaufvermögen (z.B. unter Waren). In gleicher Höhe aktiviert er eine Forderung gegenüber dem Leasingnehmer und stellt dem Leasingnehmer die Umsatzsteuer aus der Summe der Leasingraten in Rechnung.

Die Leasingraten sind in einen erfolgsneutralen Tilgungsanteil und einen erfolgswirksamen Zins- und Kostenanteil aufzuteilen. Der Tilgungsanteil wird beim Leasingnehmer als Minderung der Verbindlichkeit und beim Leasinggeber als Minderung der entsprechenden Forderung gebucht. Die Zins- und Kostenanteile sind für den Leasingnehmer als Betriebsausgaben/Aufwand und für den Leasinggeber als Betriebseinnahmen/Ertrag zu buchen.

Beispiel:

Die *Industrie-Leasing GmbH* erwirbt am 2. Januar 01 eine Sortieranlage zum Anschaffungswert von netto 500.000 €, die sie sogleich am 5. Januar an das *Metallwerk Matthias Hein e.K.* für 120.000 €/Jahr + 19 % USt vermietet. Es wird eine Grundmietzeit von fünf Jahren mit einer Kaufoption vereinbart, wonach das Metallwerk die Maschine nach Ablauf von fünf Jahren für 180.000 € erwerben kann. Die Nutzungsdauer der Maschine beträgt bei linearer Abschreibung zehn Jahre. Die Zahlungen erfolgen über das Bankkonto.

Buchungen beim Leasinggeber (in €)

❶ Anschaffung des Leasinggegenstands:

	Soll	Haben
228 Waren	500.000	
260 Vorsteuer	95.000	
an 280 Bank		595.000

❷ Übergabe des Leasinggegenstandes mit Kaufoption an den Leasingnehmer:

242 Kaufpreisforderungen an 510 Umsatzerlöse für Waren 500.000

❸ Umsatzsteuerforderung des Leasinggebers aus dem Leasinggeschäft:

Die Leasingraten unterliegen der Umsatzsteuer. Sie ist aus der Summe der Leasingraten mit 19 % von 600.000 € = 114.000 € zu ermitteln, dem Leasingnehmer in Rechnung zu stellen und von diesem sofort zu zahlen.

Abführung USt an Finanzamt:

2421 Umsatzsteuerforderungen an 480 Umsatzsteuer 114.000

Eingang USt-zahlung durch Leasingnehmer:

280 Bank an 2421 Umsatzsteuerforderungen 114.000

❹ Eingang der ersten Leasingrate auf dem Bankkonto:

Die Leasingrate in Höhe von 120.000 € ist für jedes Jahr der Grundmietzeit in einen Tilgungsanteil und einen Zins- und Kostenanteil aufzuteilen, wobei der Zins- und Kostenanteil jeder Rate am einfachsten mithilfe der Formel der **Zinsstaffelmethode** ermittelt wird:

(Summe der Zins- und Kostenanteile : Summe der Zahlenreihen aller Raten) * (Anzahl der Restraten + 1)

Ermittlung des Zins- und Kostenanteils aller Leasingraten:

Fünf Leasingraten zu jeweils 120.000 € =	600.000 €
- Anschaffungskosten (= Tilgungsanteil)	500.000 €
Zins- und Kostenanteil aller Raten	**100.000 €**

Summe der Jahresziffernreihe: 1 + 2 + 3 + 4 + 5 = 15 oder (1 + 5) : 2 * 5 = **15**

Als Zins- und Kostenanteil sind bei der ersten Leasingrate somit

5/15 von 100.000 € = 33.333,33 € anzusetzen; bei der zweiten Rate 4/15 von 100.000 € = 26.666,67 € etc.

Jahre	Relativer Zins- und Kosten- anteil/Rate	Absoluter Zins- und Kosten- anteil/Rate in €	Tilgungsanteil je Rate in €	Leasingrate je Jahr in €
1	5/15	33.333,33	86.666,67	120.000,00
2	4/15	26.666,67	93.333,33	120.000,00
3	3/15	20.000,00	100.000,00	120.000,00
4	2/15	13.333,33	106.666,67	120.000,00
5	1/15	6.666,67	113.333,33	120.000,00
	15/15	**100.000,00**	**500.000,00**	**600.000,00**

Buchung der Leasingrate am Ende des ersten Jahres:

	Soll	Haben
280 Bank	120.000,00	
an 242 Kaufpreisforderungen		86.666,67
an 5401 Leasingerträge		33.333,33

Buchungen beim Leasingnehmer (in €)

❶ Aktivierung des Leasinggegenstandes und Zahlung der Umsatzsteuer:

075 Sortieranlagen an 442 Kaufpreisverbindlichkeiten	500.000
260 Vorsteuer an 280 Bank (siehe ❸ oben)	114.000

❷ Zahlung der ersten Leasingrate:

	Soll	Haben
442 Kaufpreisverbindlichkeiten	86.666,67	
671 Leasingaufwendungen	33.333,33	
an 280 Bank		120.000,00

❸ Lineare Abschreibung nach betriebsgewöhnlicher Nutzungsdauer (zehn Jahre = 10 %):

652 Abschreibungen auf Sachanlagen an 075 Sortieranlagen   50.000

5.2 Personalbuchungen

5.2.1 Bestandteile des Personalaufwands

Der Arbeitnehmer erhält für seine Tätigkeit ein Entgelt. Der Bruttolohn wird an Arbeiter ausbezahlt, der Angestellte erhält ein Bruttogehalt. Dieses Bruttoentgelt wird nicht in voller Höhe ausbezahlt.

Vom Bruttoentgelt behält der Arbeitgeber die Steuern und sonstige Abgaben ein.

Dies sind z.B.:

> - Lohnsteuer,
> - Kirchensteuer,
> - Ergänzungsabgaben, wie z.B. den Solidaritätszuschlag sowie den Arbeitnehmeranteil zur Sozialversicherung.

Kirchensteuer und Solidaritätszuschlag werden auch als Annexsteuern bezeichnet, da sie als Bemessungsgrundlage eine andere Steuer, hier die Lohnsteuer haben.

> **Annexsteuern** = „Man zahlt Steuern auf die Steuern"

Nach diesen Abzügen ergibt sich das Nettoentgelt, das der Arbeitnehmer per Banküberweisung angewiesen erhält. Zusätzlich entstehen für den Arbeitgeber sonstige Aufwendungen auf freiwilliger Basis (z.B. Fahrtkostenzuschüsse).

Personalaufwand = Bruttogehälter		
eines Unternehmens + Arbeitgeberanteil zur Sozialversicherung		
+ sonst. Leistungen (z.B. vermögenswirk. Leistungen)		
Bruttoentgelt der Arbeitnehmer		
./. Arbeitnehmeranteil Sozialversicherung ./. Lohnsteuer (LSt) ./. Kirchensteuer (nur für Mitglieder) (8 % oder 9 % der LSt) ./. Ergänzungsabgaben: z.B. Solidaritätszuschlag (5,5 % der LSt)		Sozialversicherung: - Renten-, - Kranken-, - Arbeitslosen-, - Unfall- und - Pflegeversicherung
= **Nettoentgelt der Arbeitnehmer**		

Abb. 57: Bestandteile des Personalaufwands

Die Lohnsteuer ist eine besondere Erhebungsform der Einkommensteuer. Die Lohnsteuer wird monatlich vom Arbeitgeber aufgrund von Lohnsteuertabellen an das Finanzamt abgeführt. Schuldner der Steuer ist der Arbeitnehmer. Dies merkt er spätestens dann, wenn er durch den Lohnsteuerjahresausgleich oder bei Besserverdienenden durch die Einkommensteuererklärung eine Steuernachzahlung leisten muss. Die Lohnsteuer berechnet sich nach der Höhe des zu versteuernden Einkommens des Arbeitnehmers. Der Tarif ist so konstruiert, dass die **durchschnittliche Besteuerung mit wachsendem Einkommen zunimmt**. Man spricht dann von einem

progressiven Tarif.

Dieser gilt nicht für alle Einkommensbereiche. So bleibt z.B. das Existenzminimum lohnsteuerfrei (so genannter **Grundfreibetrag**: seit 2004 = 7.664 € für Alleinstehende und das Doppelte für zusammenveranlagte Ehepaare).

Die Beiträge zur Sozialversicherung der Arbeitnehmer bestehen aus mehreren Komponenten (Renten-, Kranken-, Arbeitslosen- und Pflegeversicherung). Sie wurden bis Mitte 2005 jeweils zur Hälfte vom Arbeitgeber und vom Arbeitnehmer geleistet.

Seit 01.07.2005 müssen **gesetzlich versicherte Arbeitnehmer** gemessen am Bruttolohn um 0,9 % höhere Krankenversicherungsbeiträge abführen als die Arbeitgeber (+ 0,4 % für Zahnersatz und + 0,5 % für Krankengeld). **Kinderlose Arbeitnehmer** zwischen 23 und 64 Jahren müssen seit 01.01.2005 einen um 0,25 % erhöhten Beitrag zur Pflegeversicherung leisten.

Ausnahmen:

Arbeitnehmer von Unternehmen in **Sachsen** zahlen den Beitrag zur Pflegeversicherung in voller Höhe und haben dafür den Buß- und Bettag als Feiertag beibehalten. Bei der **gesetzlichen Unfallversicherung** zahlt der Arbeitgeber 100 % der Beiträge.

Entscheidend für die Unternehmen ist die Tatsache, dass sich beim Personalaufwand neben dem Bruttoentgelt ein „Sozialversicherungsberg" auftürmt, der je nach Branche bis zu 100 % des Bruttoentgelts ausmachen kann.

5.2.2   Buchungstechnik

Im folgenden Beispiel soll anhand von fiktiven Steuerabzügen die Buchungstechnik verdeutlicht werden.

Beispiel:

> Gehaltszahlung der *Speedy GmbH* an ihren Leiter Marketing Herrn *Zucker*, verheiratet und evangelisch. Das Bruttoentgelt belaufe sich auf 5.000 €.

Für die Löhne und Gehälter führt die *Speedy GmbH* die **Aufwandskonten**:

> 620 Löhne und 630 Gehälter

Die **Verbindlichkeiten gegenüber dem Finanzamt** (fällig am **10.** des Folgemonats) werden als

> 483 Sonstige Verbindlichkeiten gegenüber Finanzbehörden

verbucht.

Der einzubehaltende **Arbeitnehmeranteil zur Sozialversicherung** wird mit dem **Arbeitgeberanteil** der Krankenkasse vorzeitig gemeldet und von dieser spätestens bis zum **drittletzten Bankarbeitstag des laufenden Monats** durch Bankeinzug vereinnahmt. Diese Vorauszahlung wird auf dem Konto

> 264 Sozialversicherungs (SV)-Vorauszahlung

erfasst und bei Buchung der Gehälter oder Löhne und des Arbeitgeberanteils jeweils verrechnet.

Der Arbeitgeberanteil zur Sozialversicherung wird als Aufwand auf den Konten

> - 640 (Löhne) und
> - 641 (Gehälter)

verbucht.

Bei 5.000 € Gehalt ergeben sich fiktiv folgende Abzüge (in €) für Herrn *Zucker*:

Lohnsteuer	400
Solidaritätszuschlag	22
Kirchensteuer	32
Sozialversicherung Arbeitnehmeranteil	1.000

❶ Buchung des Bankeinzugs der SV-Beiträge insgesamt durch Krankenkasse:
   264 SV-Vorauszahlung an 280 Bank   2.000

❷ Gehaltszahlung an Herrn *Zucker*:

	Soll	Haben
630 Gehälter	5.000	
an 483 Sonst. Verb. Finanzbehörden		454
an 264 SV-Vorauszahlung		1.000
an 280 Bank		3.546

❸ Erfassung Arbeitgeberanteil zur Sozialversicherung in der GuV:

641 Arbeitgeberanteil zur Sozialversicherung **(zur Vereinfachung 50 %)**
   an 264 SV-Vorauszahlung   1.000

❹ Überweisung der einbehaltenen **Steuern im Folgemonat**:

	Soll	Haben
483 Sonst. Verb. Finanzbehörden	454	
an 280 Bank		454

5.2.3   Vorschüsse, geldwerter Vorteil und vermögenswirksame Leistungen

In unserem Beispiel erhält Herr *Zucker* von der *Speedy GmbH* auf Antrag im Juli einen **Gehaltsvorschuss** in Höhe von 1.000 €. Die *Speedy GmbH* verlangt im August den Gehaltsvorschuss wieder zurück.

Die *Speedy GmbH* hat durch die Gewährung des Vorschusses zunächst eine sonstige Forderung in der Form von

Forderungen gegen Mitarbeiter Konto 265.

Der Vorschuss wird mit dem auszuzahlenden Nettogehalt des nächsten Monats verrechnet. Das Konto 265 ist dann wieder ausgeglichen und das Bankkonto verzeichnet einen Abgang in Höhe des um den Vorschuss verminderten Nettogehalts.

❶ Verbuchung Vorschuss im Juli:
265 Forderungen an Mitarbeiter an 280 Bank   1.000

❷ Gehaltszahlung und Verrechnung des Vorschusses im August:

	Soll	Haben
630 Gehälter	5.000	
an 265 Forderungen an Mitarbeiter		1.000
an 483 Sonst. Verb. Finanzbehörden		454
an 264 SV-Vorauszahlung		1.000
an 280 Bank		2.546

Unternehmen bezahlen ihren Mitarbeitern nicht nur Gehalt, sondern gewähren auch Zuwendungen in der Form von **Sachbezügen**, die nicht aus Geld bestehen. Durch diese Sachbezüge entsteht steuerrechtlich ein so genannter

> **geldwerter Vorteil.**

Dies können z.B.

> - preiswerte Kantinenessen,
> - verbilligte Dienstwohnungen,
> - die Nutzung von Dienstfahrzeugen für private Zwecke oder Jahreswagenrabatte,
> - Rabatte auf Bücher oder preisreduzierte Küchengeräte sein.

Der Sinn und Zweck dieser Wohltaten für Mitarbeiter besteht einerseits in einem „**Incentive**". Das Unternehmen möchte den Mitarbeiter stärker an das Unternehmen binden. Andererseits sichert sich das Unternehmen einen nicht unerheblichen Teil seines Umsatzes durch Mitarbeitergeschäfte. 2006 hat *Mercedes-Benz* rund 15 % des gesamten Absatzes seiner Pkw an eigene Mitarbeiter getätigt.

> Für den Fiskus sind gewährte Sachbezüge umsatz- und einkommensteuerpflichtig.

Bei der „**1 %-Regelung**"

> **1 % des auf volle 100 € abgerundeten Bruttolistenpreises**

erfolgt die Versteuerung des geldwerten Vorteils wie folgt:

Herr *Zucker* erhält von der *Speedy GmbH* einen firmeneigenen und selbst produzierten Dienstwagen (*Speedy* Turbo Gtii) zum **Bruttolistenpreis** von 50.000 € (einschließlich 19 % Umsatzsteuer). *1 %*, das entspricht 500 €, davon 79,83 € USt, stellen Sachbezug und damit geldwerten Vorteil dar, der versteuert werden muss.

Bei der Gehaltsabrechnung wird dieser Sachbezug in Höhe von 500 € zusätzlich zum Bruttogehalt addiert. Hierauf berechnen sich jetzt die aufgrund der um 500 € gestiegenen Bemessungsgrundlage ebenfalls erhöhten Steuern und Sozialabgaben.

Die **Gehaltsbuchung** von Herrn *Zucker* sieht jetzt folgendermaßen aus:

	Soll	Haben
630 Gehälter	5.000,00	
635 Sachbezüge	500,00	
an 483 Sonst. Verb. Finanzbehörden		500,00
an 264 SV-Vorauszahlung		1.080,00
an 500 Umsätze		420,17
an 480 Umsatzsteuer		79,83
an 280 Bank		3.420,00

In unserem Beispiel belastet der Dienstwagen (unter Vernachlässigung der Gehaltsvorauszahlung) Herrn *Zucker* netto mit 126 € (3.546 zu 3.420 €).

Die Gewährung eines geldwerten Vorteils ist für *Speedy* als Hersteller und Arbeitgeber umsatzsteuerpflichtig.

Speedy bucht den Nettobetrag der Umsätze von 420,17 € auf

> - 500 „Umsätze" (bei **eigenen, selbst produzierten Produkten**, vgl. § 277 Abs. 1 HGB) oder auf
> - 543 „andere sonstige betriebliche Erträge" (bei **Fremdprodukten**).

Die Arbeitnehmer haben die Möglichkeit, bis zu einer bestimmten Summe, staatlich begünstigt zu sparen, wenn die Ersparnisbildung durch den Arbeitgeber vermögenswirksam angelegt wird **(vermögenswirksame Leistungen)**. Über die angesammelten Ersparnisse kann frühestens nach Ablauf einer Sperrfrist verfügt werden. Beteiligt sich der Arbeitgeber an dieser Ersparnisbildung, dann stellt dieser Anteil zusätzlichen Personalaufwand dar, der das Bruttoentgelt und somit die Steuer- und Sozialversicherungsabgaben des Arbeitnehmers und des Arbeitgebers erhöht.

Der Arbeitgeberanteil zur Vermögensbildung wird dabei auf das Aufwandskonto

> **632 Sonstige tarifliche oder vertragliche Aufwendungen**

gebucht.

Die vom Unternehmen abzuführende **vermögenswirksame Sparleistung** erscheint als passives Bestandskonto unter

> **486 Verbindlichkeiten aus vermögenswirksamen Leistungen.**

Lohn- und Gehaltspfändungen gegenüber den Mitarbeitern sammelt das Unternehmen auf dem Konto

> **489 Übrige sonstige Verbindlichkeiten.**

5.3   Besonderheiten der Anlagenbuchhaltung

Beim Anlagevermögen sind Gegenstände auszuweisen, „die bestimmt sind, dauernd dem Geschäftsbetrieb zu dienen" (§ 247 Abs. 2 HGB). Unter „dauernd" ist „langfristig" zu verstehen. Das Anlagevermögen wird somit vom Umlaufvermögen abgegrenzt, das folglich Vermögensgegenstände enthält, die kurzfristig (bis zu einem Jahr) dem Unternehmen zur Verfügung stehen.

Die Anlagegüter werden mit Anschaffungskosten gebucht. Die Anschaffungskosten umfassen
- den Anschaffungspreis einschließlich der Anschaffungsnebenkosten, wie z.B. Transportkosten,
- abzüglich der Anschaffungskostenminderungen, wie z.B. Skonti.

Zum **Anlagevermögen** zählen:
I.   Immaterielle Vermögensgegenstände (IVG)
II. Sachanlagen
III. Finanzanlagen

Zu den Sachanlagen zählen v.a. Grundstücke und Gebäude, technische Anlagen und Maschinen, Betriebs- und Geschäftsausstattung, Fuhrpark sowie geleistete Anzahlungen und Anlagen im Bau.

Zu den Finanzanlagen werden Anteile und Ausleihungen an verbundenen Unternehmen und Beteiligungen sowie die Wertpapiere des Anlagevermögens, die langfristig gehalten werden, gerechnet.

Das Anlagevermögen wird in einer eigenständigen Anlagenbuchhaltung erfasst. Die Anlagekonten des Hauptbuches werden in Anlagengruppen zusammengefasst und aufgrund der Vielfalt der Anlagegegenstände zur besseren Übersicht in einer Nebenbuchhaltung geführt.

Das Sachanlagevermögen ist insbesondere im produzierenden Gewerbe gemessen an der Bilanzsumme sehr hoch. Beim *BAYER-Konzern* wurden 2006 hierfür 8,3 Mrd. € oder 23 % der Vermögenswerte ausgewiesen. Bei Dienstleistungsunternehmen, wie z.B. dem *SAP-Konzern*, lag dieser Anteil bei 13 %.

5.3.1   Immaterielle Vermögensgegenstände

Zu den immateriellen Vermögensgegenständen (IVG) werden nur entgeltliche Werte gerechnet, die wie folgt kategorisiert werden können:

(1) Konzessionen, gewerbliche Schutzrechte und ähnliche Rechte und Werte sowie Lizenzen an solchen Rechten und Werten:
Dies sind Patente, Marken-, Urheber- und Verlagsrechte, Geschmacks- und Gebrauchsmuster sowie Warenzeichen; ebenso Produktionsverfahren, Software-Programme, Rezepte, Know-how sowie entsprechende Lizenzen.
(2) Geschäfts- oder Firmenwert
(3) Geleistete Anzahlungen auf IVG.

Der Geschäftswert wird auch als aktiver Unterschiedsbetrag oder Goodwill bezeichnet. Ein negativer Unterschiedsbetrag kann als Badwill oder Lucky Buy auf der Passivseite der Bilanz festgehalten wird.

Geschäfts- oder Firmenwerte sind in der Bilanz anzusetzen, wenn z.B. die *Speedy GmbH* die *Quicky GmbH* zu 50 % erwerben möchte und hierfür einen Kaufpreis bezahlt, der höher ist, als dies den „Vorstellungen" der *Quicky GmbH* entspricht.

Firmenwerte werden ermittelt, indem das Eigenkapital von *Quicky* eine Marktbewertung erfährt. Das Eigenkapital wird um Chancen und Risiken korrigiert. Dies geschieht durch die Wirtschaftsprüfungsgesellschaften der beteiligten Unternehmen.

Diese Vorverträge werden den abschließenden Verhandlungen zugrunde gelegt, die auf Geschäftsführungs- oder Vorstandsebene ablaufen. Letztendlich wird ein Kaufpreis erzielt, der in den meisten Fällen einen „Aktiven Unterschiedsbetrag" oder **Goodwill** beinhaltet. In unserem Beispiel wäre die *Speedy GmbH* bereit, aufgrund positiver zukünftiger Ertragserwartungen, für die *Quicky GmbH* anteilig *mehr zu* bezahlen, als das bei der *Quicky GmbH* ausgewiesene anteilige (50 % entsprechende) Eigenkapital ausmacht. *Speedy* zeigt „seinen guten Willen". Man spricht in diesem Fall davon, dass die Anschaffungskosten oder der Beteiligungsbuchwert höher sind, als das anteilig ausgewiesene Eigenkapital der *Quicky GmbH* unter Berücksichtigung stiller Reserven und Lasten (vgl. Abb. 58).

Aktive und passive Unterschiedsbeträge beim Erwerb von Beteiligungen		
Goodwill	Lucky Buy	Badwill
Aktiver Unterschiedsbetrag	Passiver Unterschiedsbetrag	Passiver Unterschiedsbetrag
Erwartung: Gute Ertragslage	„Schnäppchen"	Erwartung: Schlechte Ertragslage

Abb. 58: Unterschiedsbeträge

Buchungstechnisch kann ein Goodwill nach deutschem Handelsrecht
❶ ergebniswirksam oder
❷ ergebnisneutral erfasst werden:

❶ Ausweis des Firmenwerts unter den IVG und planmäßige oder außerplanmäßige Abschreibung **oder**

❷ ergebnisneutrale Verrechnung mit den Rücklagen.

Für den *Daimler-Benz*-Konzern spielte diese Wahlmöglichkeit bei der Verrechnung des Firmenwerts Anfang der 90er Jahre des letzten Jahrhunderts eine nicht unerhebliche Rolle. In einer Phase, wo die Rücklagen des Unternehmens noch sehr hoch waren, wurde die Verrechnung der Firmenwerte – bei der sich nachträglich als Fehlschlag erwiesenen Umstrukturierung zum integrierten Technologiekonzern – gegen die Rücklagen vorgenommen. Die erhebliche Konzernerweiterung machte sich nie ergebniswirksam, sondern nur als Rückgang der Gewinnrücklagen bemerkbar.

Es kann vorkommen, dass beim Kaufpreis für das Unternehmen ein Preisabschlag wegen erwarteter künftiger Verluste oder Ertragseinbußen zum Ausdruck kommt. Man spricht dann von einem negativen Unterschiedsbetrag oder Badwill. Hierbei handelt es sich um einen Ertrag, den das Unternehmen noch nicht realisiert, d.h. noch nicht vereinnahmt hat. In der Bilanz der *Speedy GmbH* hat der **Badwill** zunächst Fremdkapitalcharakter, wenn für das Unternehmen pessimistische Zukunftserwartungen bestehen, insofern ist der Badwill unter den Rückstellungen („Rückstellungen für drohende Verluste") auszuweisen. Erst wenn die Geschäftslage der erworbenen Tochter sich tatsächlich verschlechtert, kann *Speedy* den Badwill als sonstigen betrieblichen Ertrag verbuchen und die Rückstellung auflösen.

Einen **Sonderfall eines passivischen Unterschiedsbetrags** stellt der **Lucky Buy** dar. Ähnlich wie beim Badwill wird ein Kaufpreis erzielt, der geringer ist als der entsprechende Wert der Beteiligung, allerdings erwartet man bei *Speedy* jetzt nicht, dass die *Quicky GmbH* in Zukunft schlechte Geschäfte macht. Der Kaufpreis ist vielmehr das Ergebnis geschickter Verhandlungsführung durch das Management der *Speedy GmbH*. Man hat ein „Schnäppchen" erzielt – einen „glücklichen Kauf" getätigt. Am Abschlussstichtag steht fest, dass aus dem Erwerb ein Gewinn realisiert wurde. Der Unterschiedsbetrag ist im Jahresabschluss unter den sonstigen betrieblichen Erträgen ergebniswirksam zu verbuchen.

5.3.2   Andere aktivierte Eigenleistungen

Ein Industriebetrieb fertigt nicht nur Güter, die er an Kunden veräußern möchte. Es werden auch Vermögensgegenstände produziert, die innerbetrieblich verwendet werden (so genannte andere aktivierte Eigenleistungen). Hierbei kann es sich um Umbauten, Transportvorrichtungen etc. handeln. Die dabei entstehenden Vermögensgegenstände werden auch als selbst erstellte Anlagen bezeichnet.

Buchungstechnisch wird die Eigenleistung als Umsatz zu Herstellungskosten verbucht, der den Wert des Anlagegutes erhöht. Der Aufwand zur Herstellung wiederum wird als Bestandsminderung erfasst, sodass sich die Bilanzsumme nicht erhöht. Die Summe der Aufwendungen und Erträge steigt in gleichem Umfang. Durch diese Vorgehensweise entsteht bei der Bilanzierung selbst erstellter Anlagen kein Gewinn.

Wir führen ein neues Ertragskonto ein:

530 Selbst erstellte Anlagen

Die *Speedy GmbH* baut ihre Blechpresse im Presswerk um und bucht hierfür aktivierungsfähigen Lohn- und Materialaufwand in Höhe von insgesamt 100.000 €.

❶ **Erfassung der Aufwendungen:**
600/620 Material-/Lohnaufwand an 200/280 Materialbestand/Bank   100.000

❷ **Aktivierung der Eigenleistung:**
075 TAM an 530 Selbst erstellte Anlagen   100.000

Im GuV-Konto erscheinen die Aufwendungen und Erträge betragsgleich, der Gewinn
ändert sich nicht.

5.3.3   Planmäßige und außerplanmäßige Abschreibungen

Abschreibungen auf das Anlagevermögen sollen den Werteverzehr aufgrund der
Nutzung, des technischen Fortschritts sowie außergewöhnlicher Vorgänge erfassen.

Dabei unterscheidet man Anlagegüter, deren Nutzung zeitlich begrenzt ist, und Anlagegüter, die nicht abnutzbar sind, d.h. zeitlich unbegrenzt zur Verfügung stehen.

Abb. 59 enthält eine Reihe von Beispielen für Anlagegüter, die begrenzt oder unbegrenzt genutzt werden können.

Anlagegüter: begrenzt nutzbar	Anlagegüter: nicht abnutzbar
- IVG: z.B. EDV-Produkte, Geschäftswerte	- Grundstücke ohne betrieblich ausbeut-bare Bodenschätze
- Gebäude	- Anlagen im Bau
- Grundstücke mit betrieblich ausbeutba-ren Bodenschätzen	- Anzahlungen auf Anlagen
- Fahrzeuge	- Beteiligungen an anderen Unternehmen
- Maschinen und maschinelle Anlagen	- Wertpapiere des Anlagevermögens
- Betriebs- und Geschäftsausstattung	- Ausleihungen
„Planmäßige" und „außerplanmäßige" Abschreibungen möglich	Nur „außerplanmäßige" Abschreibungen möglich
IVG = Immaterielle Vermögensgegenstände	

Abb. 59: Abschreibungen auf Anlagegüter

Zeitlich begrenzt nutzbare Anlagegüter müssen dabei planmäßig und außerplanmäßig abgeschrieben werden, wohingegen nicht abnutzbare Anlagegüter nur außerplanmäßig abgeschrieben werden dürfen.

Bei planmäßigen Abschreibungen werden die Abschreibungen auf die voraussichtliche Nutzungsdauer verteilt.

Planmäßige Abschreibungen werden auf dem Aufwandskonto

---

652 Abschreibungen auf Sachanlagen

---

erfasst. Mit der Abschreibung ist im Monat des Zugangs zu beginnen. Die einzelnen Abschreibungssätze sind in den steuerlichen AfA-Tabellen (AfA = Absetzung für Abnutzung) festgelegt (letzte Änderung: Stand 2002).

AfA-Tabellen = Absetzung für Abnutzung

Außerplanmäßige Abschreibungen **müssen** bei zeitlich begrenzt nutzbaren und somit abnutzbaren Anlagegütern zusätzlich zu den planmäßigen Abschreibungen angesetzt werden, wenn eine **dauernde Wertminderung** eintritt.

Bei nur **vorübergehender Wertminderung kann** eine außerplanmäßige Abschreibung angesetzt werden (Wahlrecht – gemildertes Niederstwertprinzip).

Eine dauernde Wertminderung liegt z.B. bei der Aufgabe einer ganzen Produktionssparte vor. Die zugehörigen Maschinen werden nicht mehr benötigt, neben die planmäßige Abschreibung tritt die außerplanmäßige Abschreibung.

Bei einem **zeitweiligen Rückgang von Börsenkursen können** außerplanmäßige Abschreibungen auf Wertpapiere des Anlagevermögens angesetzt werden.

Grundstücke können sich nicht abnutzen, sie sind dauerhaft nutzbar. Sollte allerdings eine Naturkatastrophe die Nutzung einschränken, z.B. aufgrund eines Vulkanausbruchs, so kann außerplanmäßig abgeschrieben werden. Der Wertansatz ist entsprechend zu verringern.

Außerplanmäßige Abschreibungen verbucht man auf das Aufwandskonto:

---

655 Außerplanmäßige Abschreibungen auf Anlagevermögen

5.3.4   Geringwertige Wirtschaftsgüter

Bei **beweglichen Anlagegütern** mit **Nettoanschaffungskosten** bis zu einer bestimmten Höhe konnte bis Ende 2007 in vollem Umfang zwischen der

---

- Aktivierung und Vollabschreibung im Anschaffungsjahr oder der

- Aktivierung mit anschließender Abschreibung über die Nutzungsdauer

---

gewählt werden (vgl. § 6 Abs. 2 EStG). Diese so genannten **geringwertigen Wirtschaftsgüter (GWG)** werden auf den aktiven Bestandskonten

---

079 (Geringwertige Anlagen und Maschinen)
089 (Geringwertige BGA)

---

verbucht.

Beispiel:

> Die *Speedy GmbH* schafft sich gegen Rechnung ein neues und preiswertes Fern-
> sehgerät an, damit die Mitarbeiter des Unternehmens immer aktuell informiert sind;
> Nettowert 150 €.

Für die Verbuchung der Abschreibungen ergeben sich **zwei Möglichkeiten (❶ u. ❷)**:

❶ Aktivierung bei Anschaffung

	Soll	Haben
089 GWG (BGA)	150,00	
260 Vorsteuer	28,50	
an 440 V.a.LL.		178,50

und Abschreibung über sieben Jahre (Nutzungsdauer gemäß AfA-Tabelle 2002),
bedeutet pro Jahr **zum Jahresabschluss**:

> 654 Abschreibungen auf GWG   an   089 Geringwertige Wirtschaftsgüter   21,43 €

❷ Aktivierung wie ❶ und Sofortabschreibung im Anschaffungsjahr:

> 654 Abschreibungen auf GWG   an   089 Geringwertige Wirtschaftsgüter   150 €

Der Spielraum bei der bilanziellen Behandlung der GWG ermöglicht den Unternehmen eine **Gestaltung des Gewinns**. In einer **Gewinnsituation** kann durch die Vollabschreibung der GWG der Gewinn und damit die Steuerzahlung gedrückt werden.
In einer **Verlustsituation** kann die Aktivierung mit anschließender jährlichen Abschreibung den Periodenverlust im Vergleich zur Vollabschreibung verringern.

Die vom Gesetzgeber gegebene Handlungsalternative bedeutet über die Nutzungsdauer betrachtet, dass in einer Gewinnsituation die Steuerzahlungen bestenfalls ver-
schoben, aber nicht eingespart werden. Bei der Abschreibung über die Nutzungsdauer erzielt das Unternehmen einen Liquiditäts- und Zinsvorteil, durch die Möglichkeit, die „eingesparten" Ausgaben renditeträchtig anzulegen.

> **Neuregelung der GWG ab 2008**

Mit Wirkung zum **01.01.2008** hat der deutsche Gesetzgeber diesen bilanzpolitischen
Handlungsspielraum erheblich eingeschränkt (§ 6 Abs. 2 und Abs. 2a EStG neue
Fassung).

Für **Gewinneinkunftsarten** (siehe Kapitel 5.4, hierzu zählen Einkünfte aus Land-
und Forstwirtschaft sowie Einkünfte aus Gewerbebetrieb und Einkünfte aus selbstständiger Arbeit) sind die GWG bis einschließlich einer Wertgrenze von 150 € im
Anschaffungsjahr voll abzuschreiben. Das Wahlrecht Aktivierung und jährliche Ab-

schreibung oder Vollabschreibung entfällt.

Für **Überschusseinkunftsarten** (siehe Kapitel 5.4, hierzu zählen z.B. Einkünfte aus unselbstständiger Tätigkeit und Einkünfte aus Vermietung und Verpachtung) bleibt es bei der **alten Wahlrechtsregelung** und bei der Nettowertgrenze von 410 €.

Bei GWG, deren Anschaffungs- oder Herstellungswert **über 150 €** liegen, aber **1.000 € nicht überschreiten**, hat die **Aktivierung in einem Sammelposten** zu erfolgen. Dieser Sammelposten ist gleichmäßig über fünf Jahre abzuschreiben. Der Abgang dieser Wirtschaftsgüter ist bei der Folgebewertung nicht zu berücksichtigen **(sog. Poolbewertung)**.

Investitionsgüter über 1.000 € Anschaffungs- oder Herstellungswert sind im Anlagenverzeichnis aufzuführen und über die betriebsgewöhliche Nutzungsdauer abzuschreiben

---

GWG müssen als bewegliches Anlagevermögen
- **selbstständig nutzbar,**
- **bewertbar und**
- **abnutzbar sein (§ 6 Abs. 2 EStG).**

Die Bedingung **selbstständige Nutzbarkeit** verlangt die unabhängige Nutzung der Anlagegüter von anderen Wirtschaftsgütern des Anlagevermögens. Die **Bewertbarkeit** erfordert die Existenz eines konkreten Preises. Darüber hinaus müssen diese Güter **verschleißfähig**, d.h. abnutzbar sein. Laptops, Notebooks und Palmtops, bei denen die einzelnen Komponenten einer EDV-Anlage zusammengeführt sind, können stets selbstständig genutzt werden.

Die Aufstellung in Abb. 60 enthält einige Beispiele für GWG, die vor allem EDV-Artikel betreffen.

Beispiele für „Geringwertige Wirtschaftsgüter"	
Ja	**Nein** (da nicht selbstständig nutzbar)
- Möbel (Stuhl, Tisch etc.)	- Zentraleinheit (Rechner)
- Laptop	- PC-Drucker
- Notebook	- PC-Bildschirm
- Palmtop	- PC-Tastatur
- Trivialsoftware	- PC-Lautsprecher
- Radio	- Scanner
- Fernseher	- Joystick
- Moped	- DVD-/Videogerät
- Fahrrad	- Speicherbausteine (so genannte RAMs),

Abb. 60: Beispiele für GWG

Die **Nutzungsdauer der EDV-Artikel** wird auf Basis der gültigen AfA-Tabellen der Finanzverwaltung festgelegt und beträgt z.B. in Deutschland derzeit
- **sieben Jahre für Großrechner und**
- **drei Jahre für Workstations, PCs, Notebooks und Drucker.**

5.4   Steuern des Unternehmens aus der Sicht des Finanzbuchhalters

5.4.1   Einkunftsarten des deutschen Einkommensteuerrechts

Das deutsche Steuerrecht kennt **sieben Einkunftsarten** (vgl. § 2 Abs. 1 EStG):
1. Einkünfte aus Land- und Forstwirtschaft (§ 13 EStG),
2. Einkünfte aus Gewerbebetrieb (§§ 15 ff. EStG),
3. Einkünfte aus selbstständiger Arbeit (§ 18 EStG),
4. Einkünfte aus nichtselbstständiger Arbeit (§§ 19 f. EStG),
5. Einkünfte aus Kapitalvermögen (§ 20 EStG),
6. Einkünfte aus Vermietung und Verpachtung (§ 21 EStG),
7. sonstige Einkünfte im Sinne des § 22 ff. EStG.

Ohne in die Details zu gehen, seien einige Punkte zu den Einkunftsarten 2., 3., 4., 5. und 7. erläutert, die von allgemeinem Interesse für einen Finanzbuchhalter sind.

Einkünfte aus Gewerbebetrieb liegen demnach vor, wenn eine „nachhaltige" Tätigkeit ausgeübt wird, die auf „Gewinnerzielungsabsicht" ausgerichtet ist.

In der Gewerbeordnung steht, was der Gesetzgeber unter einem Gewerbe versteht. Eine wesentliche Voraussetzung ist, dass das Geschäft in einer „Handwerksrolle" dokumentiert ist. Ein Handwerker muss zur Ausübung seines Berufes in der Form eines Gewerbebetriebs eine „Meisterprüfung" abgelegt haben. Seit 2004 reicht für bestimmte Handwerksberufe das Ablegen der Gesellenprüfung aus.

Besondere Erwähnung im Gesetz erfahren die Personengesellschaften, wie OHG und KG, deren Tätigkeiten bei Einkunftserzielungsabsicht als Gewerbe gelten und damit der Einkommensteuer unterliegen. An dieser Stelle der Hinweis: Kapitalgesellschaften zahlen auch Einkommensteuer. Diese Steuer wird Körperschaftsteuer genannt. Die gesetzlichen Regelungen hierzu findet man im Körperschaftsteuergesetz.

Das **Gewerbe darf nicht sittenwidrig sein** und somit nicht gegen das

„Anstandsgefühl aller recht und billig Denkenden"

verstoßen.

Das **„älteste Gewerbe der Welt"** galt lange Zeit als Gewerbe im obigen Sinn bis höchstrichterlich durch den Bundesfinanzhof entschieden wurde, dass dieses Gewerbe sittenwidrig ist. Für die betroffenen Damen und Herren hatte dies eine wichtige Konsequenz. Ihre schicken „Freiersschlitten", d.h., die Aufwendungen für den Pkw konnten nicht mehr in vollem Umfang als Dienstwagen geltend gemacht werden. Trotzdem wollte der Fiskus auf die einträgliche Steuereinnahmequelle nicht verzichten. Das „älteste Gewerbe der Welt" zahlt jetzt Steuern auf Einkommen, die als „Sonstige Einkünfte" gelten.

Neuere Bestrebungen des Gesetzgebers gehen dahin, die Sittenwidrigkeit des Dirnenlohns aufzuheben, z.B. ist es jetzt möglich, dass die Dirnen der Sozialversicherungspflicht unterliegen. Die steuerrechtliche Konsequenz aus der Anerkennung der Dirnentätigkeit als seriöser Beruf wäre die neuerliche Einstufung als Gewerbe.

Die logische Konsequenz hieraus müsste die Einführung einer entsprechenden Meisterprüfung an der IHK sein. Dies scheint der Gesetzgeber aber bislang noch nicht zu Ende gedacht zu haben.

Wann führt die IHK eine Meisterprüfung für den Dirnenberuf ein?

Wichtig für den Leser sollte die Erkenntnis sein, dass die Steuerbehörden auch auf Einkünfte Steuern erheben, die bislang gemeinhin als sittenwidrig galten.

Einkünfte aus selbstständiger Arbeit sind in erster Linie die Einkünfte der freien Berufe, wie z.B. Rechtsanwälte, Dolmetscher, Künstler, Ärzte, Wirtschaftsprüfer etc. bei denen die Gewinnerzielungsabsicht nicht im Vordergrund der wirtschaftlichen Tätigkeit steht.

Für uns ist wichtig, dass die Einkunftsarten 1. bis 3. Gewinneinkünfte sind. In diesen Fällen muss ein Jahresabschluss erstellt werden, allerdings nicht in einer bestimmten Gliederungsform. Diese ist, wie wir schon wissen, nur für Kapitalgesellschaften (& Co) und publizitätspflichtige Unternehmen vorgeschrieben. Bei den anderen Einkunftsarten fordert das Gesetz eine Darstellung der Überschüsse der Einnahmen über die Werbungskosten.

Die bedeutendste Überschusseinkunftsart sind die **Einkünfte aus nichtselbstständiger** Arbeit, besser als Arbeitnehmereinkünfte bekannt.

Die **Bruttoeinkünfte** werden jährlich im Wege des Lohnsteuerjahresausgleichs oder der Einkommensteuererklärung um bestimmte Werbungskosten und Sonderausgaben bereinigt und der Besteuerung unterworfen.

Werbungskosten sind Kosten, die entstehen, um das Einkommen des Arbeitnehmers zu erhalten. Hierunter fallen die Aufwendungen für die Fahrten zum Arbeitsplatz.

Sonderausgaben sind Kosten der Einkommensverwendung. Hierzu zählt etwa der Kauf eines Wohnhauses unter Ansetzung der daraus resultierenden Abschreibungen bei der Berechnung der Einkommensteuer.

Unterjährig versucht der Fiskus über „Näherungstabellen", so genannte „Lohnsteuertabellen", sich der tatsächlichen Höhe der Besteuerung der Arbeitnehmer anzunähern. Schließlich muss der Staat im Jahresverlauf über Einnahmen verfügen.

Die seit Jahren diskutierte „Große Steuerreform" möchte die vielfältigen Abzugsmöglichkeiten für Werbungskosten und Sonderausgaben verringern, um damit die Bemessungsgrundlage für die Erhebung der Einkommensteuer zu vergrößern.

„Große Steuerreform" zielt auf Verbreiterung der Bemessungsgrundlage

Die Steuersätze könnte man dann deutlich herabsetzen. Weiterhin planen die Politiker die Möglichkeiten, vorwiegend höherer Einkommensschichten, Werbungskosten aus Abschreibungen, z.B. beim Immobilienerwerb in den neuen Bundesländern, einkommensteuermindernd geltend zu machen, abzuschaffen. Es wird als ungerecht empfunden, wenn ein Bruttoeinkommensmillionär derzeit aufgrund dieser diversen Abzugsmöglichkeiten kaum Einkommensteuer zahlt. Wohingegen der „kleine Mann", der sich keinen Immobilienerwerb leisten kann, treu und brav Lohnsteuer abführt.

Zu den **Einkünften aus Kapitalvermögen** zählen Zinsen, Dividenden aus Aktien etc. Seit **2008** beträgt der Freibetrag, so genannter „Sparerpauschbetrag" bei Einzelveranlagung 801 € und bei Zusammenveranlagung 1.602 € jeweils einschließlich eventuell entstehender Werbungskosten, z.B. für den Besuch von Hauptversammlungen oder Depotgebühren.

Zu den **Sonstigen Einkünften** zählt der Gesetzgeber Steuertatbestände, die unter den Einkunftsarten 1. bis 6. nicht erfasst werden. Dies sind

- Renteneinkünfte,
- Private Veräußerungsgeschäfte (ehemals: Spekulationsgeschäfte) sowie
- der „Dirnenlohn".

Renten wurden schon bis 2004 besteuert, allerdings nur mit dem **Ertragsanteil**, der bei der Masse der Renteneintritte so klein war, dass keine effektive Rentenbesteuerung vorgenommen wurde. Durch das **Alterseinkünftegesetz** werden die Renten ab 2005 nach und nach voll steuerpflichtig. 2040 soll die gesamte Rente der Steuerpflicht unterliegen. Im Gegenzug werden bis 2025 die Rentenbeiträge der Arbeitnehmer ebenfalls nach und nach steuerfrei gestellt (**„Nachgelagerte Besteuerung"**).

Spekulationsgeschäfte setzen Veräußerungen voraus, die zu realisierten Gewinnen oder Verlusten führen können. Fiktive Gewinne, wie z.B. Kurssteigerungen von Wertpapieren, die noch nicht veräußert wurden, unterliegen nicht der Besteuerung.

Private Veräußerungsgeschäfte entstehen vor allem bei

- Spekulationsgewinnen aus der Veräußerung von Grundstücken und Grundstücksrechten sowie
- aus anderen Wirtschaftsgütern, insbesondere bei Wertpapieren.

Die **Spekulationsfristen** für Veräußerungsgewinne

- bei privaten, nicht eigengenutzten Grundstücken betragen zehn Jahre oder
- ein Jahr bei Wertpapieren im Privatvermögen.

Gewinne aus Spekulationsgeschäfte unterliegen einer **Freigrenze** von weniger als 512 € je Kalenderjahr. Bei einer Freigrenze erfolgt beim Überschreiten von 511,99 €, im Gegensatz zum Freibetrag, eine Besteuerung der gesamten Summe.

Ab 2009 entfällt die Spekulationsfrist für Wertpapiere. Sämtliche Veräußerungsgewinne aus Wertpapiergeschäften werden dann steuerpflichtig.

Im deutschen Einkommensteuerrecht können Verluste bestimmter Einkommensarten mit Gewinnen oder Überschüssen anderer Einkommensarten verrechnet werden.

Das **Ehegattensplitting** bietet Ehegatten die Möglichkeit einer „Zusammenveranlagung". Da der Einkommensteuertarif progressiv verläuft und der Durchschnittssteuersatz mit steigender Bemessungsgrundlage, d.h. Einkommen, zunimmt, ergibt dies für Eheleute bei Zusammenveranlagung erhebliche Steuervorteile. Den Splittingvorteil gewährt der Staat, um die Familie zu fördern.

Beispiel zum Ehegattensplitting:

Die Eheleute *Müller* beantragen beim Finanzamt nach der Heirat die Zusammenveranlagung im Wege des Ehegattensplittings. Frau *Müller* verdient jährlich brutto 25.000 €, ihr Mann 100.000 €. Bei Einzelveranlagung würden sie fiktiv beispielsweise 2.500 € (10 %) oder 30.000 € (30 %) an Einkommensteuer zahlen. Beim Ehegattensplitting werden die Einkünfte addiert. Dies macht 125.000 €, durch zwei geteilt, ergibt 62.500 €, hierauf die Steuer berechnet (20 %) ergibt 12.500 €; multipliziert mit zwei, folgt hieraus eine Steuerschuld von nur noch 25.000 €; also in unserem Beispiel eine Steuerersparnis von 7.500 €.

Derzeit wird in den politischen Gremien die Ausdehnung des Ehegattensplittings auf ein Familiensplitting diskutiert, vor allem um Familien mit Kinder stärker steuerlich zu entlasten als doppelverdienende Ehegatten ohne Kinder.

5.4.2   Gewinnabhängige und gewinnunabhängige Steuern gemäß § 275 HGB

§ 275 HGB schreibt für Kapitalgesellschaften (& Co) vor, die Steuern in gewinnabhängige Steuern, dies sind Steuern vom Einkommen und vom Ertrag, sowie in gewinnunabhängige Steuern, so genannte sonstige Steuern, einzuteilen.

5.4.2.1   Steuern vom Einkommen und vom Ertrag

Bei den **Kapitalgesellschaften** zählen zu den Steuern vom Einkommen die Körperschaftsteuer, einschl. der Kapitalertragsteuer, sowie alle Arten von Ergänzungsabgaben (z.B. Solidaritätszuschlag – SolZ). Zu den Steuern vom Ertrag gehört die Gewerbeertragsteuer. Bei den latenten Steuern handelt es sich um Gewinnsteueraufwendungen, die zu keinen Auszahlungen führen. Latente Steuern werden im Kapitel Steuerrückstellungen behandelt.

Die **Körperschaftsteuer** ist auf der Grundlage des Gewinnverwendungsbeschlusses zu berechnen. Da dies der wichtigste Beschluss der Hauptversammlung oder der Gesellschafterversammlung darstellt, liegt der Gewinnverwendungsbeschluss zum

Zeitpunkt der Feststellung des Jahresabschlusses noch nicht vor. Die Körperschaft-steuer geht somit vom Vorschlag über die Verwendung des Ergebnisses aus. Sollte auf der Hauptversammlung oder der Gesellschafterversammlung durch die Aktionäre oder Gesellschafter ein abweichender Beschluss gefasst werden – was äußerst sel-ten vorkommt – so wird eine entsprechende Anpassung im folgenden Geschäftsjahr vorgenommen.

Der körperschaftsteuerliche Gewinn wird ermittelt, indem zum Jahresüberschuss der Steuerbilanz, die nicht identisch mit der Handelsbilanz sein muss, alle nicht als Auf-wand abzugsfähigen Ausgaben wieder hinzugerechnet werden. Hierzu zählen die als Aufwand auf dem Konto 771 Körperschaftsteuer einschl. SolZ gebuchten Personen-steuern sowie „verdeckte Gewinnausschüttungen". Darunter fallen z.B. günstige Dar-lehenszinsen an Vorstandsmitglieder sowie 50 % der Vergütungen der Aufsichtsräte (Tantiemen), der die Geschäftsführung zu überwachen hat (vgl. § 10 Nr. 4 KStG).

Thesaurierte, d.h. nicht ausgeschüttete Gewinne und Gewinnausschüttungen wer-den seit 2002 einheitlich, ab 2008 mit 15 % besteuert.

Die Verbuchung der Körperschaftsteuer erfolgt auf dem Aufwandskonto

> 771 Körperschaftsteuer.

Die Körperschaftsteuer ist wie die Einkommensteuer und die Umsatzsteuer gemäß Art. 106 Grundgesetz eine „Gemeinschaftssteuer", die Bund und Ländern in etwa zu gleichen Teilen gemeinsam zusteht. Die Gemeinden erhalten einen kleineren Anteil.

Die **Gewerbeertragsteuer** wird auf den Gewerbeertrag (vgl. § 7 GewStG) erhoben, der um Hinzurechnungen (vgl. § 8 GewStG) und Kürzungen (vgl. § 9 GewStG) be-reinigt wird. Jeder Gewerbebetrieb ist gewerbesteuerpflichtig. Der Gewerbeertrag entspricht zunächst dem Gewinn des Gewerbebetriebes nach dem EStG und nach dem KStG. Hinzuzurechnen sind gewisse Fremdkapitalzinsen und Schulden, die Dauerschuldcharakter haben und nicht aus dem laufenden Geschäftsverkehr ent-standen sind. Der Fiskus geht davon aus, dass ein Gewerbebetrieb besonders leis-tungsfähig ist, wenn er z.B. durch einen Gesellschafter dauerhafte Schulden aufge-nommen hat. Somit ist es geltendes Recht, dass Gewerbesteuer auf bestimmte Fremdkapitalzinsen abzuführen ist.

> Die Gewerbeertragsteuer (GeSt) errechnet sich nach dem Schema:
> GeSt = m * h (E - GeSt) oder GeSt = m * h * E : (1 + m * h)

wobei bedeuten:

m = Steuermesszahl von einheitlich 3,5 % seit 2008 (§ 11 Abs. 2 GewStG)
h = Individueller Hebesatz der Gemeinden (seit 2004 mindestens 200 %)
E = Bereinigter Gewerbeertrag

Bei einer Steuermesszahl von 3,5 % und einem Hebesatz der Gemeinde Stuttgart von 420 % errechnet sich für die *Speedy GmbH* ein Steuersatz von:
GeSt = 0,12816 * E oder 12,82 %.

Die Gewerbeertragsteuer steht derzeit zu 85 % des Aufkommens primär den Gemeinden zu. Bund und Länder werden durch eine Umlage beteiligt.

Die Verbuchung der Gewerbeertragsteuer erfolgt auf dem Aufwandskonto

> **770 Gewerbeertragsteuer.**

Im Gegensatz zur Körperschaft- und Kapitalertragsteuer ist die Gewerbeertragsteuer steuerrechtlich zu den abzugsfähigen Betriebsausgaben zu rechnen.

> Aufwendungen für die Gewerbeertragsteuer sind Betriebsausgaben und mindern den körperschaftsteuerlichen Gewinn sowie den Gewinn aus Gewerbetätigkeit.

Einzelpersonen und Personengesellschaften sind nach § 242 Abs. 2 HGB verpflichtet, eine GuV-Rechnung aufzustellen, allerdings schreibt das Gesetz keine bestimmte Gliederung vor. Die Einkommensteuer des Einzelunternehmers und der Personengesellschafter darf **nicht** ausgewiesen werden, da sie nicht den Betrieb, sondern die Privatsphäre betreffen. Diesbezügliche Steuerzahlungen durch das Unternehmen sind über die **Privatkonten 3001** zu buchen.

> Die Steuern vom Einkommen und vom Ertrag einschließlich der Lohnsteuer machen derzeit knapp über 40 % des gesamten staatlichen Steueraufkommens aus.

5.4.2.2 Sonstige Steuern und Besonderheiten

Hierunter fallen alle nicht unter Steuern vom Einkommen und vom Ertrag ausgewiesene Steuern, die von der Gesellschaft zu entrichten sind und als Aufwand verrechnet werden.

> Dies sind z.B.:
> Bier-, Branntwein-, Erbschaft-, Getränke-, Grund-, Hunde-, Jagd-, Kaffee-, Kfz-, Mineralöl- und Tabaksteuer.

Diese Steuern werden als Aufwandsteuern bezeichnet und mindern als Betriebsausgabe oben diskutierte Gewinnsteuern. Im IKR werden sie unter den sonstigen betrieblichen Aufwendungen in der Kontengruppe 70 „Betriebliche Steuern" erfasst.

Gewisse Steuern sind unmittelbar bei den besteuerten Vermögensgegenständen **als Anschaffungsnebenkosten zu aktivieren.** Hierzu zählen die **Grunderwerbsteuer** und die **Einfuhrzölle.** Wie wir schon wissen, belasten diese Abgaben das Unternehmen nur über die Abschreibungen auf das entsprechende Anlagegut.

Unter der Position „sonstige Steuern" müsste eigentlich auch die **Umsatzsteuer** ausgewiesen werden, da diese Steuer vom Unternehmen abzuführen ist.

Wie wir schon wissen, ist die Umsatzsteuer im Normalfall ein durchlaufender Posten, der die GuV-Rechnung als entgangener Ertrag nur in den Fällen belastet, in denen die Preiswirkung einen Kauf verhindert. Die Umsatzsteuer ist deswegen nur außerhalb der GuV-Rechnung, entweder als „Sonstige Verbindlichkeit" oder, falls die Geschäfte schlecht gehen, als „Sonstiger Vermögensgegenstand" zu bilanzieren.

Die Umsatzsteuer ist mit derzeit rund 25 % des staatlichen Steueraufkommens der zweite Eckpfeiler der Steuereinnahmen.

Bis 1997 gehörte die **Gewerbekapitalsteuer** noch zu den Aufwandsteuern. Ihre Abschaffung wurde beschlossen, da sie wie die seit 1997 nicht mehr erhobene Vermögensteuer eine Substanzsteuer darstellt. Bei der Gewerbekapitalsteuer wurde der Einheitswert des Gewerbebetriebs und bei der betrieblichen Vermögensteuer wurde das Vermögen des Unternehmens nach dem Bewertungsgesetz der Besteuerung zugrunde gelegt. Beide Steuern waren zu entrichten, unabhängig davon, ob das Unternehmen einen Gewinn erzielte oder nicht. Betriebswirtschaftlich gab es seit langer Zeit Einstimmigkeit über eine notwendige Abschaffung. Das politische Tauziehen um die Abschaffung dieser Substanzsteuern hat Jahrzehnte gedauert, bis die betriebswirtschaftlichen Überlegungen die Gerechtigkeits- und verteilungspolitischen Argumente in den Hintergrund treten ließen.

Allerdings ist dieses politische Spielchen nicht neu. Bis Ende der achtziger Jahre des vorigen Jahrhunderts gab es noch die **Lohnsummensteuer**. Der Fiskus war auf die „geniale Idee" gekommen, die Unternehmen nach der Höhe der gezahlten Löhne zu besteuern. Die Abschaffung dieser Art der Gewerbesteuer hat politisch ebenfalls einige Jahre gedauert.

Bei Anwendung des Umsatzkostenverfahrens in der GuV-Rechnung ist zu beachten, dass Aufwandsteuern, die den Herstellungskosten, den Vertriebskosten oder den allgemeinen Verwaltungskosten zugerechnet wurden, von der Position sonstige Steuern abzuziehen sind.

5.4.3   Buchhalterische Behandlung der Steuern

Hinsichtlich der buchhalterischen Behandlung der Steuern unterscheidet man:

- Aktivierungspflichtige Steuern,
- Aufwandsteuern (Betriebliche Steuern),
- Personensteuern (Private und juristische Personen),
- Durchlaufende Steuern.

Zu den **aktivierungspflichtigen Steuern** im Rahmen der Anschaffungsnebenkosten (§ 255 HGB) zählen:

- **Grunderwerbsteuer** für den Erwerb von Grundstücken und Gebäuden
  (Steuersatz: 3,5 % des Kaufpreises) sowie die
- **Zölle**.

Buchungstechnisch erhöhen sie die Anschaffungskosten von Grundstücken und Gebäuden und sind deswegen als eigener Steuerposten im IKR nicht aufgeführt.

Beispiel (in €):

Rechnung für den Erwerb eines unbebauten Grundstücks
Grundstückskosten   100.000
plus 3,5 % Grunderwerbsteuer (GeSt)   3.500
plus Notariatskosten netto   2.000
plus Eintragung Grundbuch   1.000
Anschaffungskosten (gem. § 255 HGB)   **106.500**

050 Unbebaute Grundstücke (einschl. GeSt)	106.500	
260 Vorsteuer auf Notariatskosten	380	
an 440 V.a.LL.		106.880

Zu den **Aufwandsteuern** werden gerechnet:

- Gewerbeertragsteuer (770), die als Betriebsausgabe bei ESt/KSt abzugsfähig ist,
- Grundsteuer (702),
- Kfz-Steuer (703),
- Verbrauchsteuern (708), z.B. Mineralölsteuer und Tabaksteuer,
- sonstige betriebliche Steuern (709), z.B. Vergnügungssteuer für Kneipen.

Zu den wichtigsten **Personensteuern** zählen:

- Einkommensteuer und SolZ (3001) sowie Kirchensteuer (3001) des Einzelunternehmers oder der Personengesellschaft sowie
- Körperschaftsteuer und SolZ (771) der juristischen Personen (AG und GmbH) und
- Kapitalertragsteuer (772) auf Dividenden und Zinsen.

Steuern, die den **Eigentümer des Unternehmens** betreffen, wie z.B.

- Einkommen-,
- Erbschaft- oder Schenkungs-,
- Kfz-Steuer und
- Aufwendungen des Steuerberaters für die Erstellung der Steuererklärung

sind unter Berücksichtigung der anfallenden Umsatzsteuer immer auf dem **Privatkonto (3001)** zu verbuchen.

Steuern als Durchlaufposten sind die

- Umsatzsteuern (260 und 480), die in der Bilanz erfasst werden, da sie nicht erfolgswirksam sind und die
- vom Unternehmen einbehaltene Lohn-/Kirchensteuer sowie SolZ (483).

Steuernachzahlungen werden als

periodenfremde Aufwendungen auf Konto 699

erfasst, wenn sie für zurückliegende Geschäftsjahre zu zahlen sind.

Steuerrückerstattungen für zurückliegende Geschäftsjahre stellen

periodenfremde Erträge dar, die auf Konto 549

zu buchen sind.

Säumnis- und Verspätungszuschläge sind unter

759 Sonstige Zinsen und ähnliche Aufwendungen

zu verbuchen.

Die **Aufwendungen für Steuerberatung** fallen unter

677 Rechts- und Beratungskosten.

5.5   Multiple Testfragen

1. Der Wechsel ist
    a) ein Zahlungsversprechen.
    b) ein Wertpapier.
    c) ein Zahlungsmittel.
    d) eine Möglichkeit im Ausland Geld zu wechseln.

2. Der Aussteller eines Wechsels
    a) kann der Lieferant von Waren sein.
    b) kann identisch mit dem Käufer eines Produkts sein.
    c) ist ein Remittent.

3. Der Bezogene eines Wechsels
    a) kann der Käufer einer Ware sein.
    b) ist Wechselschuldner.
    c) ist Wechselgläubiger.

4. Buchungstechnisch werden Wechsel
    a) als Besitzwechsel erfasst.
    b) als Schuldwechsel erfasst.
    c) in der Bilanz nicht erfasst.

5. Unter Schecks werden
    a) fremde Schecks (Kundenschecks) gebucht.
    b) eigene Schecks erfasst.
    c) nur Werte erfasst, die zu einem sicheren Geldzufluss führen.

6. Stückzinsen sind
    a) vom Käufer an den Verkäufer festverzinslicher Wertpapiere zu zahlen.
    b) die zu zahlenden Zinsen je Stück Wertpapier.
    c) ein fester nominaler Zinssatz je Geschäftsjahr multipliziert mit der Anzahl der Zinsanspruchstage.

7. Anzahlungen sind
    a) sind umsatzsteuerpflichtig.
    b) nicht umsatzsteuerpflichtig.
    c) buchungstechnisch nicht zu erfassen.

8. Zu den Sozialversicherungsbeiträgen zählen
    a) Beiträge zur Rentenversicherung.
    b) Beiträge zur Krankenversicherung.
    c) Beiträge zur Arbeitslosenversicherung.
    d) Beiträge zur Unfallversicherung.
    e) vermögenswirksame Leistungen.
    f) Beiträge zur Pflegeversicherung.

9. Unter geldwertem Vorteil verstehen die Steuerrechtler

a) die steuerpflichtige Gewährung von Sachleistungen an Mitarbeiter.
b) eine unbar zu leistende Steuerzahlung.
c) einen Steuerfreibetrag.

10. Vermögenswirksame Leistungen sind für die Unternehmen Zahlungen an Mitarbeiter, die
   a) freiwillig geleistet werden.
   b) aufgrund gesetzlicher Verpflichtungen zu zahlen sind.
   c) einmal im Jahr erfolgen.
   d) die zusammen mit dem Urlaubs- und Weihnachtsgeld ausgezahlt werden.

11. Ein Goodwill entsteht
   a) falls die Anschaffungskosten für ein Tochterunternehmen größer sind als der Wert des anteiligen Eigenkapitals der Tochtergesellschaft.
   b) als Folge der guten Zukunftsaussichten für ein Tochterunternehmen.
   c) als Folge von schlechten Zukunftsaussichten für ein Tochterunternehmen.

12. Andere aktivierte Eigenleistungen
   a) sind selbst erstellte Anlagen.
   b) erhöhen den Gewinn eines Unternehmens.
   c) verringern den Gewinn eines Unternehmens.
   d) lassen den Gewinn eines Unternehmens unverändert.

13. Auf einem Grundstück wird eine Goldader entdeckt,
   a) das Grundstück darf folglich planmäßig und außerplanmäßig abgeschrieben werden.
   b) das Grundstück darf nur noch außerplanmäßig abgeschrieben werden.
   c) das Grundstück darf nur noch planmäßig abgeschrieben werden.

14. Ein geringwertiges Wirtschaftsgut im Nettowert von bis zu 150 €
   a) ist bei Gewinneinkunftsarten seit 2008 im Erwerbsjahr voll abzuschreiben.
   b) durfte bis 2007 im Erwerbsjahr aktiviert und über die Nutzungsdauer planmäßig abgeschrieben werden.
   c) darf überhaupt nicht abgeschrieben werden.

5.6   Fallstudie: Personalbuchung

Peter Gross, Vertriebschef der *Speedy GmbH*, verdient monatlich 7.000 € brutto. Er fährt einen Dienstwagen der Marke *Speedy* X-Klasse zum Bruttolistenpreis von 40.000 € und bezieht vermögenswirksame Leistungen (VL) des Arbeitgebers in Höhe von spärlichen 10 €, die zusammen mit seiner eigenen Sparleistung in Höhe von 68 € auf sein Konto bei der Bausparkasse überwiesen werden.
- Nehmen Sie die Personalbuchungen vor.

Annahmen:
- Lohn-, Kirchensteuer und Solidaritätszuschlag (SolZ) 800 €;
- Sozialversicherungsanteil des Arbeitnehmers 1.600 €
  (Vereinfachte Annahme: 50 % der gesamten Sozialaufwendungen);
- für den Dienstwagen gilt die „1 %-Regelung".

5.7   Lösungen multiple Testfragen

1. a)
   b)
   c)

2. a)

3. a)
   b)

4. a)
   b)

5. a)
   b)

6. a)
   c)

7. a)

8. a)
   b)
   c)
   d)
   f)

9. a)

10. a)

11. a)
    b)

12. a)
    d)

13. a)

14. a)
    b)

5.8   Lösung Fallstudie (in €)

Die **Gehaltsabrechnung** (in €) für *Peter Gross* lautet wie folgt:

Bruttogehalt	7.000
+ Sachbezug (Dienstwagen: 1 % aus 40.000 €)	400
+ VL des Arbeitgebers	10
Steuer- und versicherungspflichtiges Bruttoeinkommen	7.410
- Lohn-, Kirchensteuer und SolZ	800
- Sozialversicherungsanteil des Arbeitnehmers für Renten-, Kranken-, Pflege- und Arbeitslosenversicherung	1.600
- Sachbezug	400
Gehalt nach Steuern und Versicherungsbeiträgen	4.610
- VL insgesamt	78
Ausgezahltes Nettogehalt	4.532

❶ Buchung des Bankeinzugs der SV-Beträge:
264 SV-Vorauszahlung an 280 Bank   3.200

❷ Gehaltszahlung an *Peter Gross:*

	Soll	Haben
630 Gehälter	7.000	
635 Sachbezüge	400	
632 Sonstige tarifl. oder vertragl. Aufwend.	10	
an 483 Sonstige Verb. Finanzbehörden		800,00
an 264 SV-Vorauszahlung		1.600,00
an 500 Umsätze		336,13
an 480 Umsatzsteuer		63,87
an 486 Verbindl. aus verm.wirks. Leist.		78,00
an 280 Bank		4.532,00

❷ Erfassung des Arbeitgeberanteils zur Sozialversicherung in der *Speedy-GuV:*

641 Arbeitgeberanteil zur Sozialversicherung (Gehälter)
    an 264 SV-Vorauszahlung   1.600

❸ Überweisung der direkten Steuern und Bausparbeiträge
    (Steuern am 10. des Folgemonats) **durch Speedy:**

	Soll	Haben
483 Sonst. Verb. Finanzbehörden	800	
486 Verbindlichkeiten aus vermög. wirk. Leist.	78	
an 280 Bank		878

6 Jahresabschluss

6.1 Abgrenzungen

Bislang wurden die Geschäftsvorfälle zum Zeitpunkt als sie angefallen sind gebucht. Im Jahresabschluss ist dies nur mit Einschränkungen möglich. Es gibt Geschäftsfälle, die nehmen vom Abschlussstichtag überhaupt keine Notiz.

So werden Mieten für den Januar schon im Dezember vorausbezahlt. Ein Kunde überweist den Rechnungsbetrag verspätet erst im folgenden Geschäftsjahr, obwohl die Ware schon längst bei ihm ist. Das Unternehmen rechnet im folgenden Geschäftsjahr mit einer Steuernachzahlung an das Finanzamt.

Es ist Aufgabe der „Abgrenzungen" eine periodengerechte Zuordnung auf das abzuschließende Geschäftsjahr vorzunehmen. Aufwendungen und Erträge des Geschäftsjahres sind dabei unabhängig von den Zeitpunkten der entsprechenden Zahlungen im Jahresabschluss zu berücksichtigen (vgl. § 252 Abs. 1 Ziff. 5 HGB).

Neben diesen zeitlichen Abgrenzungen spielen auch die Risikoeinschätzungen anhand von Rückstellungen eine wichtige Rolle im Jahresabschluss.

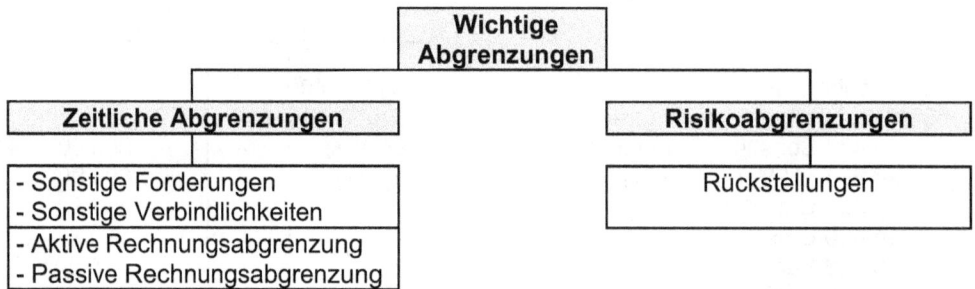

Abb. 61: Wichtige Abgrenzungen im Jahresabschluss

6.1.1 Sonstige Forderungen und sonstige Verbindlichkeiten

Hat ein Unternehmen im laufenden Geschäftsjahr Erträge erwirtschaftet oder Aufwendungen verursacht, die erst im folgenden Geschäftsjahr zu Einnahmen oder Ausgaben führen, so sind diese zum Jahresabschluss unter den Konten

> 269 Sonstige Forderungen
> 489 Sonstige Verbindlichkeiten

zu buchen. Der Bilanzierer bezeichnet diese Konten deswegen auch als „Antizipatives Aktivum" (sonstige Forderung) oder als „Antizipatives Passivum" (sonstige Verbindlichkeit).

Beispiel für „Sonstige Forderungen":

> Die *Speedy GmbH* hat an die *Müller OHG* – einen Lieferanten – eine Werkhalle vermietet, in der Teile vorgefertigt werden. Die monatliche Miete beträgt 15.000 €. Die *Müller OHG* überweist versehentlich die Dezembermiete erst im Januar des folgenden Geschäftsjahres.

❶ **Buchungen zum Jahresabschluss 31.12.01 (Erfolgswirksamkeit):**

269 Sonstige Forderungen an 540 Mieterträge   15.000

Die zugehörige GuV-Buchung sowie die Erfassung im Schlussbilanzkonto sollte der Leser inzwischen selbst durchführen können.

❷ **Buchungen im neuen Geschäftsjahr 02 (Zahlungswirksamkeit):**

Auflösung der sonstigen Forderungen nachdem der Anfangsbestand über das Eröffnungsbilanzkonto erfasst wurde.

280 Bank an 269 Sonstige Forderungen   15.000

Beispiel für „Sonstige Verbindlichkeiten":

> Dieses Mal „verschläft" die *Speedy GmbH* ihre Mietzahlung an die Stadt für die Nutzung von gemieteten Räumlichkeiten im Dezember. Die Miete in Höhe von 5.000 € wird von *Speedy* erst im Januar überwiesen.

❶ **Buchungen zum Jahresabschluss 31.12.01 (Erfolgswirksamkeit):**

670 Mietaufwendungen an 489 Sonstige Verbindlichkeiten   5.000

Die Buchungen für das GuV- und Schlussbilanzkonto seien dem Leser überlassen.

❷ **Buchungen im neuen Geschäftsjahr 02 (Zahlungswirksamkeit):**

Auflösung der Sonstigen Verbindlichkeiten. Die Buchung des Anfangsbestands kann selbstständig durchgeführt werden.

489 Sonstige Verbindlichkeiten an 280 Bank   5.000

Beispiel für langfristige Mietzahlung als „Sonstige Verbindlichkeit":

> Wir ändern das letzte Beispiel ab. Die Miete für den Zeitraum 01.09.01 bis 28.02.02 in Höhe von 30.000 € ist erst im März des folgenden Geschäftsjahres von der *Speedy GmbH* zu überweisen. Zwei Drittel des Aufwands für *Speedy* fallen in das abzuschließende Geschäftsjahr 01.

❶ Buchungen im Berichtsjahr und zum Jahresabschluss 31.12.01:

670 Mietaufwendungen an 489 Sonstige Verbindlichkeiten   20.000

Die Erfassung im GuV- und Schlussbilanzkonto kann der Leser selbst vornehmen.

❷ Buchungen im neuen Geschäftsjahr 02: Auflösung der sonstigen Verbindlichkeiten und Berücksichtigung des Mietaufwands im neuen Geschäftsjahr.

489 Sonstige Verbindlichkeiten   20.000
670 Mietaufwendungen   10.000
    an 280 Bank   30.000

Merke: Umsatzsteuer als Vor- oder Ausgangssteuer ist als sonstige Verbindlichkeit
oder sonstige Forderung abzugrenzen, wenn eine Rechnung vorliegt und die Leistung erbracht wurde (§§ 13,15 UStG). Liegt keine Rechnung vor, können nur die Net-
towerte abgegrenzt werden.

6.1.2   Aktive und passive Rechnungsabgrenzung

§ 250 HGB schreibt für Aufwendungen und Erträge des Folgejahres, die im abzu-
schließenden Geschäftsjahr im Voraus beglichen werden, eine Erfassung als Aktive
Rechnungsabgrenzung **(ARA)** oder Passive Rechnungsabgrenzung **(PRA)** vor. Bei
den bislang behandelten sonstigen Forderungen und sonstigen Verbindlichkeiten
führten die Aufwendungen und Erträge des Berichtsjahres erst zu Zahlungen im folgenden Geschäftsjahr.

Eine „Eselsbrücke" zum besseren Verständnis ermöglicht der englische Begriff für
die ARA,

„Prepaid Expenses" = „vorausbezahlter Aufwand".

Wird eine Miete für Januar im Dezember des Berichtsjahres vorausbezahlt, so erwirbt derjenige, der vorausbezahlt, ein Aktivum, nämlich das Recht, im Januar die betreffenden Räumlichkeiten vertragsgemäß zu nutzen. Der Bilanzierer aktiviert diese
Forderung als ARA. Umgekehrt verhält es sich, wenn eine Mieteinnahme im Dezember für Januar eingeht. Derjenige, der die Mieteinnahmen im Voraus vereinnahmt,
muss im Folgejahr dem Mieter das Recht der Nutzung einräumen. Der Bilanzierer
passiviert diese Verbindlichkeit als PRA. Folgende neue Konten kommen hinzu:

---

290 Aktive Rechnungsabgrenzung (ARA)
490 Passive Rechnungsabgrenzung (PRA)

Durch die ARA und die PRA werden im Voraus gezahlte Aufwendungen und Erträge
über die Schlussbilanz des Berichtsjahres in das folgende Geschäftsjahr übertragen.
Der Bilanzierer spricht von transitorischen Aktiva oder transitorischen Passiva.

(1) Aktive Rechnungsabgrenzung (ARA)

> Die *Speedy GmbH* zahlt für den Zeitraum 01.09.01 bis 28.02.02 halbjährlich die Miete in Höhe von 30.000 € an die Stadt im Voraus. 20.000 € betreffen demnach das Abschlussjahr. Wie ist die ARA zu buchen?

❶ Buchung der Mietvorauszahlung im Berichtsjahr:

670 Mietaufwendungen an 280 Bank   30.000

❷ Buchungen zum Jahresabschluss 31.12.01:

290 ARA an 670 Mietaufwendungen   10.000

> Die Buchungen ❶ und ❷ lassen sich zusammenfassen, in diesem Fall spricht man von der direkten Verbuchung der aktiven Rechnungsabgrenzung:

670 Mietaufwendungen	20.000	an 280 Bank	30.000
290 ARA	10.000		

10.000 € Miete betreffen das kommende Geschäftsjahr und müssen in der Bilanz des Berichtsjahres als ARA erfasst werden.

802 GuV-Konto an 670 Mietaufwendungen   20.000

Mit dieser Buchung gelangen 20.000 € Mietaufwendungen in die GuV des Berichtsjahres. Die Schlussbilanzkontoerfassung der ARA kann der Leser durchführen.

❸ Buchungen im neuen Geschäftsjahr 02:

Die ARA ist über das Eröffnungsbilanzkonto zu eröffnen und in Höhe von 10.000 € periodengerecht aufzulösen. Die erste Buchung übernimmt der Leser. Die zweite Buchung lautet:

670 Mietaufwendungen an 290 ARA   10.000

Das Konto 670 Mietaufwendungen enthält jetzt periodengerecht 10.000 € als Aufwand des neuen Geschäftsjahres.

> Bei der **Bildung einer ARA** vermindert sich der Aufwand der Berichtsperiode entsprechend (siehe Buchung ❷ oben).
>
> In einer Gewinnsituation wird durch die ARA der Gewinn in der Periode erhöht und in einer Verlustsituation der Verlust verringert.

(2) Passive Rechnungsabgrenzung (PRA)

Das ARA-Beispiel wird so abgeändert, dass die *Müller OHG* ihre monatliche Miete an die *Speedy GmbH* in Höhe von 15.000 € für den Zeitraum 01.09.01 bis 28.02.02 im Berichtsjahr im Voraus überweist. Wie wird die PRA bei *Speedy* erfasst? Demnach betreffen 60.000 € das Berichtsjahr und 30.000 € das folgende Geschäftsjahr.

❶ **Buchung der Mieteinnahme im Berichtsjahr 01:**

280 Bank an 540 Mieterträge   90.000

❷ **Buchungen zum Jahresabschluss 31.12.01:**

540 Mieterträge an 490 PRA   30.000

Die Buchungen ❶ und ❷ lassen sich zusammenfassen, in diesem Fall spricht man von der direkten Verbuchung der passiven Rechnungsabgrenzung:

---

280 Bank   90.000   an 540 Mieterträge   60.000
                                          an 490 PRA   30.000

Die GuV-Buchung und die Erfassung in der Schlussbilanz kann der Leser wieder selbst üben.

❸ **Buchungen im neuen Geschäftsjahr 02:**

Die PRA ist zu eröffnen und anschließend in Höhe von 30.000 € periodengerecht aufzulösen.

490 PRA an 540 Mieterträge   30.000

Das Konto 540 Mieterträge enthält jetzt periodengerecht 30.000 € als Ertrag des neuen Geschäftsjahres.

Bei der **Bildung der PRA** (siehe Buchung ❷) verringern sich die Erträge. Für ein Unternehmen in einer Gewinnsituation bedeutet dies eine Gewinneinbuße im Berichtsjahr. In einer Verlustsituation wird der Periodenverlust erhöht.

Die folgende Abbildung gibt einen Überblick zur Erfassung von zeitlichen Abgrenzungen im Jahresabschluss.

Berichtsjahr	Folgejahr	Bilanzielle Erfassung im Berichtsjahr
Ertrag Aufwand	Einnahme Ausgabe	Sonstige Forderungen Sonstige Verbindlichkeiten
Ausgabe Einnahme	Aufwand Ertrag	Aktive Rechnungsabgrenzung Passive Rechnungsabgrenzung

Abb. 62: Zeitliche Abgrenzungen im Jahresabschluss

6.1.3 Rückstellungen

(1) Überblick

Den Umfang der Rückstellungen regelt § 249 HGB. Nach Absatz 1 **sind (Pflicht)**: Rückstellungen zu bilden für:

- **Ungewisse Verbindlichkeiten gegenüber einem Dritten**: Wie z.B. Garantieverpflichtungen, Inanspruchnahme aus Wechseln, Jahresabschluss- und Prüfungskosten, Pensionsverpflichtungen, Prozessrisiken, Steuernachzahlungen und Abgabeverpflichtungen, für die das Unternehmen Steuerschuldner ist sowie Tantiemen und Umweltschutzrisiken.
- **Drohende Verluste aus schwebenden Geschäften**: Dies kann vorkommen, wenn ein Preisverfall gekaufter, aber noch nicht gelieferter Rohstoffe eintritt oder bei Währungsverlusten für Aufträge, die in Euro kalkuliert, aber bei sinkendem Dollarkurs in Dollar fakturiert wurden. Seit 1997 ist eine Bildung dieser Rückstellungen gemäß § 5 Abs. 4a EStG nicht mehr möglich.
- **Unterlassene Instandhaltungsaufwendungen**, die im Folgejahr innerhalb von **drei Monaten** nachgeholt werden.
- Gewährleistungen, die ohne rechtliche Verpflichtung erbracht werden (**Kulanzen**).

Nach §§ 249 Abs. 1 Satz 3, 249 Abs. 2 HGB **dürfen** Rückstellungen gebildet werden für (**Wahlrecht, d.h. in Ermangelung einer vergleichbaren steuerrechtlichen Vorschrift steuerrechtlich nicht ansetzbar, BFHE v. 03.02.69**):

- **Unterlassene Instandhaltungsaufwendungen**, die in den Monaten **vier bis zwölf** nach Ende des Berichtsjahres nachgeholt werden.
- **Aufwendungen, die dem abgelaufenen oder früheren Geschäftsjahren zuzuordnen sind (so genannte Aufwandsrückstellungen)**. Hierunter fallen: Großreparaturen und Entsorgungsmaßnahmen, Sicherheitsinspektionen, die in mehrjährigen Intervallen erfolgen, z.B. bei Fluggesellschaften, der chemischen Industrie, der Glasindustrie, bei Kernkraftwerksbetreibern, aber auch regelmäßig wiederkehrende Reparaturen wie Überholungen des Maschinenparks oder die Renovierung von Wohnungen.

Die Beispiele zeigen, dass nach HGB diese Rückstellungen für Fremd- und Selbstverpflichtungen möglich sind.

HGB sieht Rückstellungen für Eigen- und Fremdverpflichtungen vor.

Die bilanzielle Zuordnung von Rückstellungen nimmt § 266 HGB vor. Demnach zählen die Rückstellungen zum Fremdkapital und sind in der Bilanz als

---

37 Rückstellungen für Pensionen und ähnliche Verpflichtungen
38 Steuerrückstellungen
39 Sonstige Rückstellungen

---

auszuweisen.

(2) Grundlegende Rückstellungsbuchungen

Zum Jahresabschluss wird das geschätzte Risiko für die betreffende Rückstellung als Aufwand periodengerecht verrechnet. Dadurch vermindert sich der ausgewiesene Gewinn und entsprechend die Steuerzahlung des Unternehmens. Die Gegenbuchung erfolgt auf dem jeweiligen Rückstellungskonto als passives Bestandskonto.

> Bildung der Rückstellung: „Aufwand an Rückstellung"

Als Aufwandskonto wählt man das Konto, das sachlich zutreffend ist. Bei erwarteten Gewerbesteuernachzahlungen ist dies das Konto 770 Gewerbeertragsteuer.

In der Folgeperiode gibt es nun **fünf Möglichkeiten** der Verrechnung der gebildeten Rückstellung. Dies bezeichnet man als Auflösung der Rückstellung.

Erstens, das Risiko wurde richtig eingeschätzt, die Rückstellung wird in gleicher Höhe gegen eine Auszahlung erfolgsneutral aufgelöst.

Zweitens, der Rückstellungsbildung im Berichtsjahr folgt überhaupt keine Zahlung in der Folgeperiode. Man hat ein Risiko gesehen, wo keines bestand. Die Rückstellung wird vollständig aufgelöst und in voller Höhe als „Sonstiger betrieblicher Ertrag" (548 Erträge aus der Auflösung von Rückstellungen) erfasst.

Drittens, das Risiko wurde leicht überschätzt. Es kommt in der Folgeperiode nicht so schlimm wie erwartet. Die Rückstellung wird wieder voll aufgelöst. Die Differenz zwischen der Rückstellungsbildung und der Auszahlung wird in der Folgeperiode als „Sonstiger betrieblicher Ertrag" (548 Erträge aus der Herabsetzung von Rückstellungen) erfasst.

Viertens, das Risiko wurde im Berichtsjahr unterschätzt. In der Folgeperiode „kommt es dicker als erwartet". Die Rückstellung wird in voller Höhe aufgelöst. Das zusätzlich entstandene Risiko wird als „Sonstiger betrieblicher Aufwand" (699 Periodenfremde Aufwendungen) verrechnet.

Fünftens, liegt zwischen der Bildung der Rückstellung und der Zahlung ein weiterer Bilanzstichtag, so ist die Rückstellung als Verbindlichkeit zu erfassen. Aus der Rückstellung wird dann in der zweiten Rechnungsperiode eine „Übrige sonstige Verbindlichkeit", die im Jahr der Zahlung aufzulösen ist.

Beispiel für eine sonstige Rückstellung:

> Gegen die *Speedy GmbH* läuft ein **Schadensersatzprozess** eines Käufers. Die Bremsen eines *Speedy* Turbo Gtii hätten versagt. Am Bilanzstichtag muss das Unternehmen befürchten, den Prozess zu verlieren und im nächsten Jahr zur Zahlung von Schadensersatz in Höhe von 1.000.000 € verurteilt zu werden.

Bildung der Rückstellung: Erfassung im Jahresabschluss 31.12.01:

677 Zuführungen zu Rückstellungen für Prozessrisiken	
an 390 Sonstige Rückstellungen	1.000.000

Der Aufwand geht in die GuV ein und erscheint in der Schlussbilanz. Diese Buchungen kann der Leser selbstständig ausführen.

In der **Periode 02** werden die **fünf erwähnten Möglichkeiten** alternativ gebucht:

A. *Speedy* verliert erwartungsgemäß den Prozess. Das Urteil wird am 01.11.02 verkündet. *Speedy* zahlt am 30.11.02 **wie erwartet 1.000.000 €**.
B. *Speedy* wird am 01.11.02 wider Erwarten von den Vorwürfen **freigesprochen**.
C. *Speedy* wird am 01.11.02 verurteilt **nur 600.000 €** am 30.11.02 zu zahlen.
D. *Speedy* erwischt es voll. Am 01.11.02 wird das Unternehmen verurteilt, **2.000.000 €** innerhalb von einem Monat an den Kläger zu überweisen. *Speedy* zahlt am 30.11.02.
E. Wie unter D. *Speedy* **zahlt erst am 01.02.03**, da das Gericht eine Frist von drei Monaten gesetzt hat.

Auflösung der Rückstellung zum Jahresabschluss 31.12.02:

A. 390 Sonstige Rückstellungen an 280 Bank   1.000.000
B. 390 Sonstige Rückstellungen
       an 548 Erträge aus der Auflösung von Rückstellungen   1.000.000
C. 390 Sonstige Rückstellungen   1.000.000
       an 280   Bank   600.000
       an 548   Erträge aus der Herabsetzung von Rückstellungen   400.000
D. 390 Sonstige Rückstellungen   1.000.000
      699 Periodenfremde Aufwen-
          dungen   1.000.000
       an 280 Bank   2.000.000
E. 390 Sonstige Rückstellungen   1.000.000
      699 Periodenfremde Aufwen-
          dungen   1.000.000
       an 489 Übrige sonstige Verbindlichkeiten   2.000.000

Buchung in Periode 03 (Fall E.):

E. 489 Übrige sonstige Verbindlichkeiten an 280 Bank   2.000.000

6.2 Allgemeine Bewertungsmaßnahmen

6.2.1 Maßgeblichkeitsprinzip

Im Kapitel Abschreibungen wurde erläutert, dass die Wahl der Abschreibungsmethode den Wertansatz, z.B. einer Maschine, erheblich beeinflussen kann. Umso höher die Abschreibungen, umso geringer der Gewinn und umso geringer die Gewinnsteuern.

§ 5 Abs. 1 Satz 1 EStG besagt, dass für den Schluss des Wirtschaftsjahres das Betriebsvermögen anzusetzen ist, das nach den handelsrechtlichen Grundsätzen ordnungsmäßiger Buchführung auszuweisen ist. Somit wird die Steuerbilanz aus der Handelsbilanz abgeleitet. Jeder einzelne ordnungsgemäße Ansatz in der Handelsbilanz ist grundsätzlich auch für die Steuerbilanz maßgebend, soweit nicht das Steuerrecht besondere Bewertungsvorschriften enthält.

Dieses Prinzip wird auch als Grundsatz der Maßgeblichkeit der Handelsbilanz für die Steuerbilanz bezeichnet.

Die Handelsbilanz ist maßgeblich für die Steuerbilanz.

Die handelsrechtlichen Bewertungsgrundsätze enthalten §§ 252 bis 256 HGB. Sie sind für Unternehmen aller Rechtsformen gültig. Sie orientieren sich an der Kapitalerhaltung des Unternehmens und dienen damit auch dem Schutz der Gläubiger.

Das Prinzip der vorsichtigen Bewertung gilt als höchster Bewertungsgrundsatz.

Die steuerrechtlichen Bewertungsgrundsätze regeln die §§ 5 bis 7k EStG. In ihnen findet man auch Hinweise zur Gewinnermittlung von Gewerbetreibenden, Ausführungen zu Pensionsrückstellungen sowie steuerliche Abschreibungsregelungen.

Die Steuerbilanz darf von Werten der Handelsbilanz nur dort abweichen, wo das Steuerrecht ausdrücklich andere Wertansätze vorschreibt. Dies findet man z.B. bei längeren steuerlichen Abschreibungsmöglichkeiten für Anlagegüter oder auch für Geschäftswerte. Längere Abschreibungsmöglichkeiten ermöglichen dem Fiskus letztendlich höhere kurzfristige Steuereinnahmen.

§ 5 Abs. 1 Satz 2 EStG bestimmt, dass steuerrechtliche Wahlrechte bei der Gewinnermittlung in Übereinstimmung mit der handelsrechtlichen Jahresbilanz auszuüben sind. In diesen Fällen ist der steuerrechtliche Wertansatz maßgeblich für die handelsbilanzielle Bewertung. In diesen Fällen beeinflussen steuerliche Überlegungen dann auch die Handelsbilanz. Man spricht von

„umgekehrter Maßgeblichkeit" der Steuerbilanz für die Handelsbilanz.

Unternehmen, die ihren Jahresabschluss publizieren müssen, dazu zählen in erster Linie die Kapitalgesellschaften, haben, falls unterschiedliche Bewertungen zu berücksichtigen sind, eine Handelsbilanz und durch darauf verrechnete Korrekturen eine Steuerbilanz zu erstellen.

Einzelkaufleute oder Personengesellschaften, die den Jahresabschluss nicht publizieren müssen, beschränken sich auf die Aufstellung einer Steuerbilanz, die zumeist identisch ist mit der Handelsbilanz.

Beispiel: Abschreibung eines Geschäftswerts

Die *Speedy GmbH* hat aus dem Erwerb von 50 % der *Speedy GmbH* einen Geschäftswert (Goodwill) von 1.000.000 € bilanziell angesetzt. Welche Abschreibungsmöglichkeiten hat das Unternehmen?

In der Handelsbilanz können gem. § 255 Abs. 4 HGB pauschale Abschreibungen beginnend spätestens im Folgejahr mit mindestens je 25 % gebucht werden oder es kann planmäßig über die Nutzungsdauer abgeschrieben werden.

In der Steuerbilanz muss der Geschäftswert über 15 Jahre linear (= 6 2/3 % jährlich) abgeschrieben werden (§ 7 Abs. 1 Satz 3 EStG).

Speedy hat somit mehrere Möglichkeiten:

Pauschale Abschreibung in der Handelsbilanz über z.B. fünf Jahre zu jeweils 20 %, d.h. jährlich 200.000 € Abschreibungen. In diesem Fall schreibt das Steuerrecht eine abweichende Regelung vor, nämlich 66.666,66 € jährliche Abschreibungen. Der Wert der Handelsbilanz ist nicht maßgeblich für die Steuerbilanz. Es gibt zwei unterschiedliche Wertansätze.

Orientierung an der steuerlichen Regelung: Der Geschäftswert wird planmäßig über 15 Jahre in der Handelsbilanz abgeschrieben. Handels- und steuerrechtliche Bewertung sind gleich hoch. Dies wäre der Fall der „umgekehrten Maßgeblichkeit".

Der Fall, dass die Handelsbilanz für die Steuerbilanz von Bedeutung ist, kann in unserem Beispiel nicht vorkommen. Dies wäre nur möglich, wenn keine steuerlichen Regelungen vorgesehen wären.

6.2.2   Bewertungsgrundsätze

Die Bewertungsvorschriften der §§ 252-256 HGB gelten für alle Kaufleute. Für Kapitalgesellschaften kommen Einschränkungen und zusätzliche Vorschriften in den §§ 279-283 HGB hinzu, auf die nicht näher eingegangen werden soll.

§ 252 Abs. 1 HGB enthält allgemeine Bewertungsgrundsätze. Man kann sie durchaus als „Grundgesetze der Bewertung" bezeichnen.

(1) Grundsatz der Bilanzidentität (Prinzip der formellen Bilanzkontinuität)

Dieser Grundsatz besagt, dass die Schlussbilanz des Berichtsjahres mit der Eröffnungsbilanz des Folgejahres wertmäßig in jeder Position übereinstimmen muss. Dies soll verhindern, dass zwischen den Geschäftsjahren keine Wertveränderungen vorgenommen werden.

(2) Going Concern-Prinzip (Prinzip der Unternehmensfortführung)

Der Finanzbuchhalter hat so zu bewerten, dass angenommen wird, das Unternehmen bestehe im Geschäftsjahr fort. Im Falle einer freiwilligen Auflösung, auch Liquidation genannt, der Gesellschaft oder im Konkursfall gelten spezielle Bewertungsbestimmungen.

(3) Grundsatz der Einzelbewertung

Jede Vermögens- oder Schuldenposition der Bilanz ist einzeln zu bewerten. Allerdings existieren Erleichterungen, wonach z.B. bei Betriebsstoffen Verbrauchsfolgeverfahren möglich sind. Man stelle sich vor, man müsste jede einzelne Heizöllieferung mit dem jeweils gültigen Anschaffungspreis auf die Produkte verrechnen. Dies wäre von den Unternehmen nicht zu realisieren.

(4) Grundsatz der Vorsicht

Obwohl im Gesetz erst an vierter Stelle erwähnt, gilt der Grundsatz der vorsichtigen Bewertung als der für das deutsche Bilanzrecht fundamentalste Grundsatz. Salopp formuliert hat sich im deutschen Bilanzrecht eine gewisse

"Schwäbische Mentalität"

niedergeschlagen.

"Mehr sein als scheinen"

könnte man diese Mentalität umschreiben. So spricht der Schwabe beispielsweise vom "Häusle" und nicht vom Haus. Vermögenswerte werden verniedlicht, obwohl sich vielleicht eine prächtige Villa hinter der Formulierung "Häusle" versteckt. Der Bilanzierungsgrundsatz der vorsichtigen Bewertung nach HGB und EStG bedeutet, dass bei den Vermögenswerten eher ein niedrigerer Wertansatz zu wählen ist, wohingegen die Passivseite der Bilanz und somit die Schulden und damit die Risiken, eher höher zu bewerten sind.

Dieser Grundsatz äußert sich in verschiedenen Prinzipien der Bewertung, die noch ausführlicher besprochen werden. Erwähnt seien das

- **Anschaffungswertprinzip**, wonach eine höhere Bewertung als die Anschaffungs- oder Herstellungskosten nicht möglich ist sowie - das **Imparitätsprinzip**, wonach nicht realisierte Gewinne, wie z.B. Kursgewinne aus Wertpapieren, die nicht veräußert wurden, nicht angesetzt werden dürfen, aber nicht realisierte Verluste angesetzt werden müssen.

Entscheidend für die Bewertung sind die Verhältnisse am Abschlussstichtag. Ereignisse, die nach dem Abschlussstichtag, aber vor Aufstellung der Bilanz bekannt werden, sind in der Bilanz zu berücksichtigen, wenn sie vor dem Abschlussstichtag verursacht wurden. In diesen Fällen spricht man von wertaufhellenden Tatsachen.

Beispiel für wertaufhellende Tatsachen:

Eine Lagerhalle der *Speedy GmbH* in Hintertupfingen brennt am 28.12.01 ab. Am 04.01.02 erfährt die Geschäftsleitung von dem Vorfall. Die Aufstellung des Jahresabschlusses ist für 02.02.02 geplant. Sind Abschreibungen auf die Lagerhalle zu berücksichtigen? Bilanzstichtag: 31.12.01.

Ja, Abschreibungen sind im Jahresabschluss 01 zu berücksichtigen, da es sich um wertaufhellende Tatsachen handelt.

Wie ändert sich der Fall, wenn der Brand am 10.01.02 stattgefunden hat und der Geschäftsleitung noch vor dem 02.02.02 bekannt wurde?

In diesem Fall wurde der Brand im neuen Geschäftsjahr verursacht und die entstandenen Aufwendungen müssen dem neuen Geschäftsjahr 02 zugerechnet werden.

Das Prinzip der Stichtagsbezogenheit bedeutet auch, dass z.B. Währungsverbindlichkeiten aus Lieferungen und Leistungen mit dem Kurs am Bilanzstichtag zu bewerten sind.

Bei Positionen, die die GuV-Rechnung betreffen, ist dagegen der durchschnittliche Wechselkurs im Jahresverlauf heranzuziehen. Dies gilt z.B. für Zinserträge aus der Anlage in Wertpapieren, die für ein ganzes Jahr vereinnahmt werden.

(5) Grundsatz der Periodenabgrenzung

Dieser Grundsatz besagt, dass Aufwendungen und Erträge, unabhängig von den Zeitpunkten der entsprechenden Zahlungen, in dem Geschäftsjahr erfasst werden müssen, in dem sie verursacht wurden. Um dies zu bewerkstelligen, gibt es Rechnungsabgrenzungsposten und Rückstellungen.

(6) Stetigkeitsgebot

Das Stetigkeitsgebot verlangt, dass die auf den vorhergehenden Jahresabschluss angewandten Bewertungsmethoden beibehalten werden sollen.

Konkret heißt dies, dass z.B. der Rechnungszinsfuß für die Pensionsrückstellungen nicht jedes Jahr nach Belieben und entsprechend der wirtschaftlichen Situation des Unternehmens aufwandswirksam verändert werden darf. Eine Abkehr vom Prinzip der Stetigkeit ist nur bei wesentlichen Strukturänderungen des Unternehmens (z.B. Produktionsumstellungen) statthaft.

6.2.3   Anschaffungs- und Herstellungskosten

In diesem Abschnitt sollen einige wichtige Wertmaßstäbe besprochen werden, die im HGB und im EStG erwähnt werden. Die Gesetze sprechen bei der Bemessung der Wertmaßstäbe immer von den Kosten. Gemeint sind hierbei nur Kosten mit pagatorischer Wirkung, d.h. aufwandsgleiche Kosten. Kalkulatorische Kosten, die nicht zu Ausgaben führen, sind nicht enthalten.

> Kosten sind nach HGB und Steuerrecht nur aufwandsgleiche Kosten.

(1) Unterscheidung der Einzel- von den Gemeinkosten

Um seiner zentralen Aufgabe der Produktkalkulation gerecht zu werden, unterscheidet die Kosten- und Leistungsrechnung zwischen Einzel- und Gemeinkosten.

Bei der Automobilproduktion sind die wichtigsten Einzelkosten der Materialaufwand und der Fertigungslohn. Es kann genau festgehalten werden, wieviel Bleche, Elektronikteile etc. für einen Pkw benötigt werden. Auch die Fertigungszeiten für die Mitarbeiter liegen je Produkt fest. Das Gehalt des Finanzbuchhalters auf das Produkt umzulegen ist schon mit größeren Schwierigkeiten verbunden. Diese Gemeinkosten kann man nicht direkt auf das Produkt verrechnen. Die Kosten- und Leistungsrechnung behilft sich mit einer Hilfskonstruktion – der Kostenstellenrechnung – und versucht, die Gemeinkosten näherungsweise auf das Produkt zu verrechnen.

> - Einzelkosten können direkt dem Produkt zugerechnet werden (z.B. Materialaufwendungen).
> - Gemeinkosten können dem Produkt nicht direkt zugerechnet werden (z.B. Gehalt eines Vorstands).

(2) Anschaffungskosten

Die Definition der Anschaffungskosten findet man in § 255 Abs. 1 HGB. Anschaffungskosten sind demnach Aufwendungen, die im Rahmen des Erwerbs von Vermögensgegenständen anfallen, einschließlich der Nebenkosten und der nachträglichen Anschaffungskosten, abzüglich Anschaffungspreisminderungen.

Bei Gegenständen des Anlagevermögens sind den Anschaffungskosten noch diejenigen Aufwendungen hinzuzurechnen, die durch das Versetzen in einen betriebsbereiten Zustand anfallen, soweit die Aufwendungen dem Vermögensgegenstand einzeln zugerechnet werden können (z.B. Montagekosten). Gemeinkosten dürfen nicht angesetzt werden.

Fremdkapitalzinsen können (Wahlrecht) als Anschaffungsnebenkosten handelsrechtlich und steuerrechtlich nur aktiviert werden, wenn die Kredite dazu dienen, die Herstellung zu beschaffender Neuanlagen mit längerer Bauzeit durch Anzahlungen oder Vorauszahlungen projektbezogen zu finanzieren.

Staatliche Subventionen und **Zuschüsse** von anderen Unternehmen sind als Anschaffungskostenminderungen abzusetzen.

Güter aus Zwangsversteigerungen, Schenkungen und Erbschaften können (Wahlrecht) maximal zum aktuellen Zeitwert angesetzt werden.

Einen Überblick zu den Anschaffungskosten gibt folgende Abbildung:

Anschaffungskosten	
(§ 255 Abs. 1 HGB maßgeblich auch für die steuerrechtlichen Anschaffungskosten)	
Nettoanschaffungspreis	**Kaufpreis ohne Umsatzsteuer**
+ Nebenkosten	Eingangsfrachten, Speditions-, Fundamentierungs- u. Montagekosten, Makler- u. Notargebühren, Grunderwerbsteuer, Einfuhrzölle, Inspektions- und Abnahmekosten, Fremdkapitalzinsen (unter bestimmten Voraussetzungen)
+ nachträgliche Anschaffungskosten	Anlieger- und Erschließungsbeiträge, Um- und Ausbauten
- Anschaffungskostenminderungen	Skonti, Rabatte, Gutschriften, Subventionen, Zuschüsse
= **Anschaffungskosten**	Erbschaften, Schenkungen und erworbene Güter aus Zwangsversteigerungen können zum Zeitwert bilanziert werden

Abb. 63: Erläuterung der Anschaffungskosten

(3) Herstellungskosten

Herstellungskosten dienen aufgrund fehlender Marktpreise als Bewertungsmaßstab für unfertige und fertige Erzeugnisse, aber auch für selbsterstellte Vermögensgegenstände des Anlagevermögens sowie eigene Überholungen und Reparaturen.

Die Definition der Herstellungskosten findet der Leser in § 255 Abs. 2 HGB und in Abschnitt 33 der Einkommensteuerrichtlinien (EStR).

Handels- und Steuerrecht verwenden unterschiedliche Wertansätze für Herstellungskosten.

Der Fiskus ist an einem besonders hohen Wertansatz interessiert, um entsprechende Steuereinnahmen zu verbuchen.

Wie Abbildung 64 zeigt, gibt es handels- und steuerrechtlich unterschiedliche Wertuntergrenzen.

Steuerrechtlich müssen die Material- und Fertigungsgemeinkosten, einschließlich Abschreibungen auf Fertigungsanlagen, in den untersten Wertansatz miteinbezogen werden. Fremdkapitalzinsen (Ausnahme: Objektfinanzierung) dürfen nicht berücksichtigt werden.

Die einzelnen Positionen, die per Wahlrecht sowohl handels- als auch steuerrechtlich oberhalb der Wertuntergrenzen einbezogen werden dürfen, sind der Abbildung zu entnehmen.

Herstellungskosten	
Handelsrechtlich (§ 255 Abs. 2 HGB)	**Steuerrechtlich** (Abschnitt 33 EStR)
Materialeinzelkosten (Fertigungsmaterial)	Materialeinzelkosten
Fertigungseinzelkosten (Fertigungslöhne)	Fertigungseinzelkosten
Sondereinzelkosten der Fertigung (z.B. Aufwendungen für Spezialwerkzeuge)	Sondereinzelkosten der Fertigung
Materialgemeinkosten (z.B. bei Lagerung, Pflege, Ausgabe von Material)	Materialgemeinkosten
Fertigungsgemeinkosten (z.B. Hilfslöhne, Löhne für Meister, Strom-, Gas-, Wasserverbrauch)	Fertigungsgemeinkosten
Werteverzehr des Anlagevermögens bzgl. Fertigungsanlagen (z.B. bilanzielle Abschreibungen, Zinsen für Fremdkapital)	Werteverzehr des Anlagevermögens bzgl. Fertigungsanlagen
Verwaltungsgemeinkosten (z.B. Gehälter der Vorstände, Geschäftsführer)	Verwaltungsgemeinkosten
Aufwendungen für soziale Betriebseinrichtungen (z.B. für Kantine)	Aufwendungen für soziale Betriebseinrichtungen
Aufwendungen für freiwillige soziale Leistungen (z.B. Jubiläumszuwendungen)	Aufwendungen für freiwillige soziale Leistungen
Aufwendungen für betriebliche Altersversorgung (z.B. Pensionsrückstellungen)	Aufwendungen für betriebliche Altersversorgung

Jeweilige Wertuntergrenzen = Mindestbestandteile

ohne Vertriebsaufwendungen	ohne Vertriebsaufwendungen

Abb. 64: Erläuterung der Herstellungskosten

Zu den **handelsrechtlichen Herstellungskosten zählen nicht**:

- Betriebsfremde (z.B. Spende an das Rote Kreuz),
- außerordentliche (z.B. Feuerschäden) und
- periodenfremde Aufwendungen (Nachzahlungen an Mitarbeiter für Vorjahre) sowie
- gewinnabhängige Aufwendungen, wie z.B. die Körperschaftsteuer, die Gewerbeertragsteuer und Tantiemen.

Gewinnunabhängige Steuern, wie die Grundsteuer, sind für Vermögensgegenstände des Fertigungsbereichs anteilig zu den Fertigungsgemeinkosten zu rechnen.

Steuerrechtlich zählt die **Einkommensteuer** nicht zu den Fertigungsgemeinkosten. Hinsichtlich der **Gewerbeertragsteuer** besteht ein Wahlrecht.

Handels- und steuerrechtlich zählen **Aufwendungen für den Vertrieb** nicht zu den Fertigungskosten, da sie mit der Fertigung nichts zu tun haben.

Aufwendungen für Forschung und Entwicklung (FuE) sind handels- und steuerrechtlich nicht aktivierungsfähig, da sie mit dem Fertigungsprozess nicht zusammenhängen. Auftrags- oder objektgebundene FuE-Aufwendungen dürfen handelsrechtlich als Sondereinzelkosten der Fertigung einbezogen werden.

Die Anschaffungs- und Herstellungskosten dürfen bei der Bewertung nicht überschritten werden (§ 253 Abs. 1 HGB).

6.2.4   Imparitätsprinzip

Das Vorsichtsprinzip ist der grundlegende handelsrechtliche Bewertungsgrundsatz. Auf dem Prinzip der vorsichtigen Bewertung basieren weitere Bewertungsgrundsätze der Bilanzierung. Hierzu zählen:

- Anschaffungswert-,
- Niederstwert-,
- Höchstwertprinzip.

Sie fließen in das Imparitätsprinzip ein.

Nach dem **Anschaffungswertprinzip** (§ 253 Abs. 1 HGB) darf die Bewertung der Vermögensgegenstände den Anschaffungswert nicht überschreiten.

Beispiel: Anschaffungswertprinzip bei nicht realisiertem Gewinn

Die *Speedy GmbH* hat vor drei Jahren ein **Grundstück** zum Preis von 1.500.000 € erworben. Auf dem Gelände soll eine Fertigungslinie für die Produktion eines Kleinwagens eingerichtet werden. Das Grundstück ist noch nicht veräußert worden. Der Marktpreis des Grundstücks ist gestiegen und liegt am Bilanzierungsstichtag bei 2.000.000 €. Wie ist zu bilanzieren?

Da das Grundstück noch nicht veräußert wurde, konnte die Wertsteigerung noch nicht vereinnahmt werden. Aus Gründen kaufmännischer Vorsicht dürfen nicht realisierte Gewinne im Abschluss nicht ausgewiesen werden. Der Finanzbuchhalter hat zum Anschaffungswert von 1.500.000 € zu bilanzieren. Eine „stille Reserve" in Höhe von 500.000 € ist entstanden.

Gemäß dem Niederstwertprinzip ist bei Gegenständen des Anlage- und Umlaufvermögens bei zwei möglichen Wertansätzen grundsätzlich der niedrigere zu wählen (§ 253 Abs. 2 und 3 HGB).

Beispiel: Niederstwertprinzip bei nicht realisiertem Verlust

> In obigem Beispiel hat die Stadt neben dem *Speedy*-Grundstück eine Müllverbrennungsanlage eingerichtet. *Speedy* hat bis in die letzte Instanz erfolglos dagegen geklagt. Der Wert des *Speedy*-Grundstücks ist auf 500.000 € gesunken. *Speedy* hat das Grundstück – wen wundert es – noch nicht verkaufen können.
>
> Da eine höchstrichterliche Entscheidung vorliegt, ist bei dem *Speedy*-Grundstück der Wert dauerhaft gesunken (§ 253 Abs. 2 HGB). Die Wertminderung in Höhe von 1.000.000 € ist außerplanmäßig abzuschreiben. Obwohl der Verlust noch nicht realisiert wurde, führt das Niederstwertprinzip somit zum Ausweis eines noch nicht realisierten Verlustes.

Nach dem **strengen Niederstwertprinzip** sind alle Gegenstände des Anlage- und Umlaufvermögens bei **„dauerhafter Wertminderung"** außerplanmäßig abzuschreiben (§ 253 Abs. 3 u. Abs. 2 Satz 3 HGB).

Nach dem **gemilderten Niederstwertprinzip** brauchen bei nur **„vorübergehender Wertminderung"** des Anlagevermögens keine Abschreibungen vorgenommen werden. Für Kapitalgesellschaften & Co gilt diese Ausnahme nur für das Finanzanlagevermögen (§ 279 Abs. 1 Satz 2 HGB).

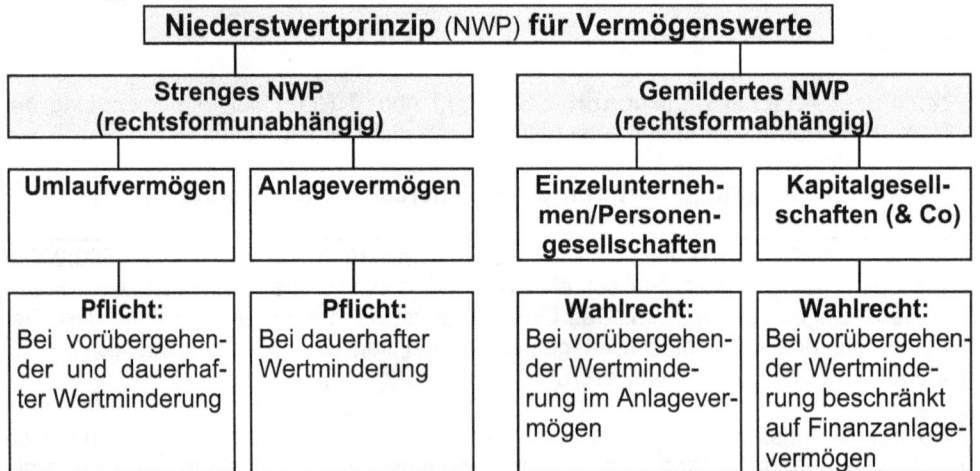

Abb. 65: Niederstwertprinzip

Für Steuerbilanzen aller Unternehmensformen sowie Handelsbilanzen aller Kapitalgesellschaften & Co besteht bei Wegfall des Abschreibungsgrunds ein striktes **Wertaufholungsgebot** für Gegenstände des Anlage- und Umlaufvermögens (§ 6 Abs. 1 EStG, § 280 Abs. 2 HGB). Bei Einzel- und Personengesellschaften darf bei Gegenständen des Anlage- und Umlaufvermögens der niedrigere handelsrechtliche Bewertungsansatz beibehalten werden (§ 253 Abs. 5 HGB).

Verbindlichkeiten sind gemäß § 253 Abs. 1 HGB zu ihrem Rückzahlungsbetrag anzusetzen. Hinter dieser Formulierung verbirgt sich das **Höchstwertprinzip**.

Beispiel:

> Die *Speedy GmbH* bezieht Krawatten aus Taiwan, um diese in ihrem Kundenshop zusätzlich als Handelsware zu veräußern. Die Fakturierung geschieht in USD. Vereinbart ist im Berichtsjahr eine Lieferung über 10.000 Stück versehen mit dem Markenzeichen der *Speedy GmbH*, Wert: 100.000 USD. Zum Bilanzstichtag ist der Dollarkurs von 0,90 € anlässlich des Vertragsabschlusses auf 1,50 € gestiegen. Buchung am Liefertag 15.12.? Die Zahlung soll erst vier Wochen später erfolgen.

> 1. Buchung (aufwandsorientiert): 608 Aufwend. f. Waren an 440 V.a.LL. 90.000 €

Beachtung des Höchstwertprinzips bei den Schulden:

> 2. Buchung: 608 Aufwendungen für Waren an 440 V.a.LL.   60.000 €

Die Schulden sind entsprechend höher zu bewerten.

Hinweis: Wäre der USD auf 0,70 € gesunken, hätte dieser nicht realisierte Gewinn aufgrund des Imparitätsprinzips nicht ausgewiesen werden dürfen.

Das **Imparitätsprinzip** bündelt die Auswirkungen des Anschaffungswert-, des Niederstwert- und des Höchstwertprinzips. Nicht realisierte Gewinne sind anders zu behandeln als nicht realisierte Verluste. Sie sind imparitätisch zu buchen.

> Imparitätsprinzip: Nicht realisierte Gewinne dürfen nicht ausgewiesen werden.
> Nicht realisierte Verluste sind auszuweisen.

§ 253 Abs. 5 HGB enthält den Hinweis, dass niedrigere Wertansätze gemäß dem Niederstwertprinzip beibehalten werden dürfen, auch wenn die Gründe dafür nicht mehr bestünden. Was heißt dies?

Beispiel für nicht realisierte Verluste und Gewinne im Umlaufvermögen:

> Die *Playboy KG* hat überschüssige Liquidität und erwirbt Aktien der *Kerkerbachbahn AG* zum Preis von 100 € je Stück. Zum Bilanzstichtag in 01 sinkt der Kurs auf 70 €. Im Folgejahr klettert der Kurs auf 150 €. Wie ist in 01 und wie in 02 zu bilanzieren?

In 01 wird nach dem Niederstwertprinzip gebucht: Auf die Aktien ist ein sonstiger betrieblicher Aufwand von 30 € zu verbuchen. Der Bilanzwert beträgt 70 €.

In 02 „besteht der Grund für den niedrigeren Wertansatz nicht mehr", der niedrigere Wert kann beibehalten werden, allerdings besteht auch die Möglichkeit eine Wertaufholung – auch Zuschreibung genannt – bis zum Anschaffungspreis vorzunehmen. Somit können die Wertpapiere mit Wertansätzen zwischen 70 € und maximal 100 € angesetzt werden. Auf keinen Fall darf der Wertansatz 100 € übersteigen. Es gilt das Anschaffungskostenprinzip.

Wertzuschreibungen sind unter 57 „Sonstige Zinsen und ähnliche Erträge" zu buchen.

270 Wertpapiere des Umlaufvermögens	
an 578 Erträge aus Wertpapieren des Umlaufvermögens	30

In der **Steuerbilanz** wird das Maßgeblichkeitsprinzip der Handelsbilanz für die Steuerbilanz immer häufiger durchbrochen. So dürfen in der Steuerbilanz „Rückstellungen für drohende Verluste aus schwebenden Geschäften" seit 1997 nicht mehr gebildet werden (vgl. § 5 Abs. 4a EStG), obwohl sie in der Handelsbilanz weiterhin gebildet werden müssen.

In der Steuerbilanz sind seit 1999 **Verbindlichkeiten und Rückstellungen für Verpflichtungen** (ohne Pensionen) mit 5,5 % p.a. abzuzinsen (vgl. § 6 Abs. 1 Nr. 3 und Nr. 3a EStG).

Nach § 6 Abs. 1 Nr. 1 und Nr. 2 EStG ist in der Steuerbilanz ab 1999 eine **Abschreibung auf den niedrigeren Teilwert** nur noch bei einer voraussichtlich dauernden Wertminderung zulässig. Hingegen muss beim Umlaufvermögen oder darf beim Anlagevermögen in der Handelsbilanz auch eine nur vorübergehende Wertminderung durch Abschreibungen berücksichtigt werden.

6.3   Spezielle Bewertungsmaßnahmen

6.3.1   Vorratsbewertung

Zu den Vorräten zählt § 266 HGB:

- Roh-, Hilfs-, Betriebsstoffe (RHB); - unfertige Erzeugnisse; - fertige Erzeugnisse und Waren sowie - geleistete Anzahlungen.

Bewertungsmaßstab für die RHB, Handelswaren und geleistete Anzahlungen sind die Anschaffungskosten oder die Herstellungskosten für Unfertig- und Fertigerzeugnisse. Alle Vermögens- und Schuldteile sind einzeln zu bewerten. Bei Vorräten, die zu verschiedenen Zeitpunkten und unterschiedlichen Preisen angeschafft wurden, ist dies fast unmöglich durchzuführen.

Das Gesetz sieht deswegen für gleichartige Vermögensgegenstände des Vorratsvermögens eine Durchschnittswertmethode (§ 240 Abs. 4 HGB) oder ein Bewertungsvereinfachungsverfahren in der Form von Verbrauchsfolgebewertungen (§ 256 HGB) vor. Die Gleichartigkeit setzt voraus, dass eine Zugehörigkeit zur gleichen Warengattung oder Funktionsgleichheit bei annähernder Preisgleichheit besteht.

Für Vermögensgegenstände des Sachanlagevermögens sowie Roh-, Hilfs- und Betriebsstoffe gibt es darüber hinaus die Möglichkeit einer Festbewertung.

Eine **Festbewertung** kommt bei Gegenständen in Frage, die regelmäßig ersetzt werden, geringen Veränderungen unterliegen und wertmäßig von nachrangiger Bedeutung für das Unternehmen sind. Bei den Vorräten zählen hierzu Schrauben, Nieten, minderwertige Schmierstoffe etc.

Bei der **Durchschnittsbewertung** auf Jahresbasis von z.B. Blechplatinen, die als Blechrollen, so genannte Coils, geliefert werden, errechnen sich die durchschnittlichen Anschaffungskosten, indem der Anfangsbestand um die unterjährigen Zugänge zunächst mengen- und wertmäßig ergänzt wird. Dieser Wert wird dann durch den Schlussbestand dividiert.

Sollte der Tageswert unterhalb des errechneten Durchschnittswerts liegen, so ist dieser anzusetzen. ➜ Das Niederstwertprinzip ist stets zu beachten!!!

Anschaffungen	Stück Platinen	Anschaffungs-kosten je Platine (€)	Wert (€)
Anfangsbestand	2.000	50	100.000
01.03.01 Zugang	1.000	55	55.000
06.06.01 Zugang	600	57	34.200
26.12.01 Zugang	500	60	30.000
Summe	4.100	53,46 (Durchschnitt)	219.200
Durchschnittliche Anschaffungskosten: 219.200 : 4.100 = 53,46 € je Platine Tageswert am 31.12.: 55,45 € Inventurbestand am 31.12.: 1.500 Stück, bewertet zu 53,46 € = **80.190 €**			
Alternative: Tageswert am 31.12.: 50 €, d.h. < 53,46 € Inventurbestand am 31.12.: 1.500, bewertet zu dann 50 € = 75.000 €			

Abb. 66: Durchschnittsbewertung der Vorräte

Bei einem **Inventurbestand von 1.500 Stück** beträgt der **Durchschnittswert 80.190 €**.

Bei bestandsgeführten Lägern kann permanent inventiert werden. Zu- und Abgänge werden bei Anfall ermittelt und bewertet. Entsprechend ergibt sich ein genauerer Wert.

Bei den Verbrauchsfolgeverfahren gibt es mehrere gängige Methoden:

Fifo: first in – first out
Lifo: last in – first out
Hifo: highest in – first out

Beim **Fifo-Verfahren** unterstellt man, dass Vorräte, die zuerst angeliefert werden, auch zuerst in den Produktionsprozess eingehen.

Der Wertansatz in der Bilanz nach der **Fifo-Methode** ist mit **86.200 €** höher als nach der Durchschnittswertmethode, da in unserem Beispiel die höherpreisigen Vorräte stärker in die Bewertung des restlichen Inventurbestands von 1.500 Stück eingehen.

Anschaffungen	Stück Platinen	Anschaffungskosten je Platine (€)
Anfangsbestand	2.000	50
01.03. 01 Zugang	1.000	55
06.06. 01 Zugang	600	57
26.12. 01 Zugang	500	60
Inventurbestand: 1.500 Stück bewertet zu **Fifo** bedeutet: 500 Stück zu 60 € = 30.000 € 600 Stück zu 57 € = 34.200 € <u>400 Stück zu 55 € = 22.000 €</u> 1.500 Stück zu **86.200 €**		

Abb. 67: Fifo-Bewertung der Vorräte

Bei der **Lifo-Methode** folgt aus den Beispielen der Abbildungen 66/67, dass der Endbestand in der Bilanz mit den niedrigeren Anfangspreisen zu bewerten ist.
1.500 Stück Endbestand zu jeweils 50 € = **75.000 €**.

Bei der **Hifo-Methode** werden zunächst die teuersten Rohstoffe verbraucht. Dies ergibt in unserem Beispiel einen bilanziellen Wertansatz von:

1.500 Stück zu 50 € = **75.000 €**.

Hifo- und Lifo-Methode führen in unserem Beispiel zum gleichen Ergebnis.

Bei steigenden Rohstoffpreisen führt die Lifo-Methode innerhalb der Verbrauchsfolgeverfahren zum geringsten Wertansatz. Für alle Verbrauchsfolgeverfahren gilt das strenge Niederstwertprinzip, wonach ein niedrigerer Tageswert immer anzusetzen ist.

Bei sinkenden Rohstoffpreisen ist die Lifo-Methode nicht anwendbar, da logischerweise der Tageswert zum Jahresende immer niedriger sein muss.

In der Praxis wird das Durchschnittswertprinzip bevorzugt, da es leicht darstellbar ist.

Kapitalgesellschaften müssen das gewählte Bewertungsverfahren der Vorräte im Anhang gemäß § 284 Abs. 2 Nr. 4 HGB angeben.

Bei *Porsche* liest sich dies wie folgt: „Sofern erforderlich, wird als Bewertungsvereinfachungsverfahren die Durchschnittsmethode angewandt" (*Porsche* Geschäftsbericht 2005/2006, S. 117).

Steuerrechtlich ist das **Lifo**-Verfahren anerkannt (§ 6 Abs. 1 Ziff. 2a EStG). Daneben kann allerdings auch zu **Durchschnittswerten** bilanziert werden.

6.3.2   Abschreibungen und Wertberichtigungen auf Forderungen

Am Geschäftsjahresende sind die Forderungen aus Lieferungen und Leistungen auf ihre Qualität hin zu überprüfen und entsprechend zu bewerten.

- **„Vollwertige Forderungen"** mit ihrem Nominalbetrag,
- **„zweifelhafte Forderungen"** mit dem wahrscheinlichen Wert,
- **„uneinbringliche Forderungen"** sind abzuschreiben (vgl. § 253 Abs. 3 HGB).

Vollwertig sind Forderungen, wenn die Unternehmen zu 100 % mit einem Zahlungseingang rechnen.

Zweifelhaft ist eine Forderung, wenn mit einem vollständigen oder teilweisen Zahlungsausfall gerechnet werden muss. Dies kann der Fall sein, wenn ein Kunde auf eine Mahnung nicht reagiert. Oder weitaus schlimmer: beim Kunden wird ein Konkursverfahren eröffnet.

Uneinbringlich ist eine Forderung dann, wenn feststeht, dass von einem Kunden keine Zahlung mehr erfolgen wird.

Als Risikokategorien kann die Finanzbuchhaltung ein konkretes Risiko einschätzen oder aufgrund von Erfahrungssätzen ein allgemeines Risiko berücksichtigen.

Konkrete Risiken werden durch **Einzelabschreibungen** erfasst, wie z.B. das Zahlungsausfallrisiko eines bestimmten Kunden.

Pauschale Risiken liegen vor, wenn z.B. ein CD-Versandhaus die Erfahrung gemacht hat, dass 10 % der noch nicht bezahlten Tonträger aller Kunden als Zahlungsausfall zu verbuchen sind. Diese Risiken sind **pauschal abzuschreiben**.

Bei der Abschreibungsmethode unterscheidet man die direkte von der indirekten Methode.

Bei der **direkten Abschreibung** wird der auf der Aktivseite der Bilanz ausgewiesene Forderungsbestand um die Abschreibungsaufwendungen (z.B. Konto 6951 Abschreibungen auf uneinbringliche Forderungen) gekürzt. Diese Aufwendungen verringern das Eigenkapital, so dass die Bilanzsumme wieder im Gleichgewicht ist, jedoch insgesamt abnimmt.

Uneinbringliche Forderungen sind immer direkt abzuschreiben.

Bei der **indirekten Methode** bleibt der Forderungsbestand auf der Aktivseite in seiner ursprünglichen Höhe bestehen, auf der Passivseite der Bilanz wird ein Korrekturposten in Höhe der Abschreibung gebildet, der als

Wertberichtigung auf Forderungen oder auch als **Delkredere-Wertberichtigung** bezeichnet wird.

Die Bilanzsumme erhöht sich im Vergleich zur direkten Abschreibung in Höhe der Wertberichtigung.

Die Abschreibungen der Forderungen sind dabei vom Nettowert vorzunehmen.

Eine **Bereinigung der Umsatzsteuer** darf erst vorgenommen werden, wenn gemäß § 17 Abs. 2 Ziffer 1 Satz 1 UStG das vereinbarte Entgelt für eine steuerpflichtige Lieferung oder sonstige Leistung uneinbringlich geworden ist.

(1) Direkte Abschreibung einer uneinbringlichen Forderung mit Korrektur der Umsatzsteuer

Die *Max Meyer OHG*, ein wichtiger Kunde der *Speedy GmbH*, ist in Konkurs gegangen. Die Forderungen in Höhe von 119.000 € inklusiv Umsatzsteuer sind für die Jahresabschlussbilanz der *Speedy GmbH* voll abzuschreiben. Die Qualität der Forderungen gegenüber der OHG hat sich bei Bekanntwerden der Eröffnung des Konkursverfahrens verschlechtert.

❶ Umbuchung der Forderung:
247 Zweifelhafte Forderungen an 240 F.a.LL.   119.000

❷ Direkte Abschreibung der Forderung gegen die *Max Meyer OHG* einschl. Korrektur der Umsatzsteuer wegen Uneinbringlichkeit:

	Soll	Haben
6951 Abschreibungen auf uneinbringliche Forderungen	100.000	
480 Umsatzsteuer	19.000	
an 247 Zweifelhafte Forderungen		119.000

Wider Erwarten gehen im folgenden Geschäftsjahr noch netto 10.000 € bei *Speedy* auf der Bank ein:

	Soll	Haben
280 Bank	11.900	
an 549 Periodenfremde Erträge		10.000
an 480 Umsatzsteuer		1.900

Gem. § 17 Abs. 2 Ziffer 1 Satz 2 UStG ist die Umsatzsteuer bei nachträglicher Vereinnahmung zu berichtigen.

(2) Indirekte Abschreibung einer zweifelhaften Forderung (Einzelwertberichtigung – EWB)

In obigem Ausgangsfall ist die Nettoforderung in Höhe von 100.000 € zum **Jahresabschluss 01 zu 50 %** zweifelhaft.

In diesem Fall ist die Einzelforderung indirekt über die Einführung eines passiven Wertberichtigungskontos

367 Einzelwertberichtigungen zu Forderungen

zu erfassen.

Die **Bildung der Wertberichtigung** ist analog zur Rückstellungsbildung über ein Aufwandskonto durchzuführen,

6952 Einstellung in Einzelwertberichtigung.		
	Soll	Haben
240 F.a.LL.	119.000	
an 500 Umsatzerlöse		100.000
an 480 Umsatzsteuer		19.000

❶ Umbuchung der insgesamt zweifelhaft gewordenen Forderung:

247 Zweifelhafte Forderungen an 240 F.a.LL. 119.000

❷ Indirekte Abschreibung der Forderung über Bildung einer Wertberichtigung:

6952 Einstellung in EWB an 367 EWB zu Forderungen 50.000

In der Schlussbilanz stehen damit zweifelhafte Forderungen von 119.000 € incl. Umsatzsteuer Einzelwertberichtigungen in Höhe von 50.000 € gegenüber.

Im Vergleich zur direkten Abschreibung wird die Bilanzsumme um 50.000 € erhöht.

❸ Schlussbilanzkonto:

Soll		Haben
Zweifelhafte Forderungen	119.000	EWB 50.000
		Eigenkapitalerhöhung (Ertrag aus Umsätzen minus Aufwand für Wertberichtigung) 50.000
		Umsatzsteuer 19.000

Die Position Eigenkapitalerhöhung folgt aus der Ausgangsrechnung (100.000 € Umsatzerlöse) abzüglich des Aufwands für die Einstellung in die Wertberichtigung in Höhe von 50.000 €.

Im neuen Geschäftsjahr 02 sind die Bestandskonten zu eröffnen und **der sich tatsächlich ergebende Forderungsausfall ist direkt** über das Konto

6951 Abschreibungen auf Forderungen wegen Uneinbringlichkeit

abzuschreiben und die Umsatzsteuer zu korrigieren.

Der Ausfall der Forderung beträgt nicht, wie erwartet, netto 50.000 €, sondern nur netto 10.000 €.

	Soll	Haben
280 Bank	107.100	
6951 Abschreib. auf uneinbringl. Forderungen	10.000	
480 Umsatzsteuer	1.900	
an 247 Zweifelhafte Forderungen		119.000

Im neuen Geschäftsjahr ist die im alten Geschäftsjahr gebildete Einzelwertberichtigung in Höhe von 50.000 € der neu zu schätzenden Einzelwertberichtigung anzupassen.

Die Vorteile der indirekten Abschreibung anhand von Wertberichtigungen liegen klar
auf der Hand. Man erkennt in der Bilanz die Summe der zweifelhaften Forderungen
und sieht mit welchem Risiko das Unternehmen diese Forderungen einschätzt. Der
Nachteil besteht darin, dass die Bilanz künstlich aufgebläht wird, ohne dass dahinter
eine Ausdehnung der Geschäftstätigkeit steckt.

Dies war einer der Gründe, warum für Kapitalgesellschaften in der Bilanzgliederung
gemäß § 266 HGB seit dem Bilanzrichtliniengesetz (BiRiLiG) eine indirekte Forde-
rungsabschreibung über die Bildung eines Wertberichtigungspostens in der Bilanz
nicht mehr möglich ist. Die Forderungen sind für diese Gesellschaften in der Bilanz,
gekürzt um Abschreibungen, netto auszuweisen. Trotzdem müssen Kapitalgesellschaften im Anlagespiegel (§ 268 Abs. 2 HGB), der die Entwicklung einzelner Posten
des Anlagevermögens beinhaltet, einen Bruttowertausweis der Forderungen vornehmen.

Die Bewertung der Forderungen in der Steuerbilanz erfolgt gemäß § 6 Abs. 1 Nr. 2
EStG nach den Grundsätzen über die Bewertung des Umlaufvermögens; Forderungen sind demnach nominal zu bewerten. Die handelsrechtliche und die steuerrechtliche Bewertung der Forderungen sind weitestgehend identisch.

(3) Indirekte Abschreibung allgemeiner Risiken (Pauschalwertberichtigung)

Ist die Einzelbewertung der Forderungen abgeschlossen, weist das Konto Forderungen bei der direkten Abschreibungsmethode nur noch die sicheren Forderungen aus.
Allerdings muss das Unternehmen, wie die Erfahrung zeigt, mit weiteren Zahlungs-
ausfällen rechnen. Dieses allgemeine Kreditrisiko besteht z.B. bei einem Versand-
haus darin, dass aus Erfahrungswerten resultierend rund 5 % der restlichen Forderungen, obwohl sie zunächst als sicher eingestuft wurden, sich nachträglich als unsi-
cher erweisen. Für diese Fälle können Pauschalwertberichtigungen gebildet werden.

Wie die Einzelwertberichtigung soll die Pauschalwertberichtigung den im folgenden
Geschäftsjahr wirksam werdenden Zahlungsausfall als Aufwand im laufenden Geschäftsjahr erfassen. Auch hierbei erfolgt die Abschreibung auf den Nettowert. Eine
Korrektur der Umsatzsteuer darf ebenfalls erst durchgeführt werden, wenn der Zahlungsausfall endgültig feststeht. Kapitalgesellschaften müssen wie bei der Einzelwertberichtigung die direkte Abschreibungsmethode für den Bilanzausweis wählen.

Buchungstechnisch benötigt das Unternehmen ein passives Bestandskonto

```
368 Pauschalwertberichtigung zu Forderungen
```

und zur Erfassung des Aufwands das Konto

```
6953 Einstellung in Pauschalwertberichtigung.
```

Beispiel:

Nach der Einzelbewertung der Forderungsrisiken rechnet das CD-Versandhaus *„Like a Rolling Stone" GmbH* im nächsten Geschäftsjahr mit weiteren Forderungsausfällen von 5 % des restlichen Forderungsbestands in Höhe von netto 100.000 €.

❶ Bildung der Pauschalwertberichtigung:
6953 Einstellung in PWB an 368 PWB zu Forderungen   5.000

Die GuV-Buchung kann der Leser selbst durchführen.

❷ Schlussbilanzkontobuchungen:
801 SBK   an 240 F.a.LL.   100.000
368 PWB zu Forderungen an 801 SBK   5.000

Im Schlussbilanzkonto steht den Forderungen aus Lieferungen und Leistungen von insgesamt 100.000 € das allgemeine Risiko in Höhe von 5.000 € gegenüber.

6.3.3 Bewertung von Wertpapieren

(1) Wertpapiere des Anlagevermögens

Diese Position ist in der Bilanz (§ 266 HGB) unter den Finanzanlagen auszuweisen. Wesentliches Kennzeichen aller Teile des Anlagevermögens ist die Absicht des Unternehmens, die Vermögensgegenstände auf Dauer zu halten.

Zu den Finanzanlagen zählen:
1. Anteile an verbundenen Unternehmen;
2. Ausleihungen an verbundene Unternehmen;
3. Beteiligungen;
4. Ausleihungen an Unternehmen, mit denen ein Beteiligungsverhältnis besteht;
5. Wertpapiere des Anlagevermögens;
6. sonstige Ausleihungen.

Es sollen kurz die wesentlichen Merkmale der Zugehörigkeit zu einer der sechs Kategorien aufgeführt werden. Eine ausführlichere Darstellung müsste im Konzernrechnungswesen erfolgen.

Unter **Anteilen an verbundenen Unternehmen** (vgl. § 271 HGB) sind direkte oder indirekte Kapitalanteile von über 50 % an anderen Gesellschaften sowie Anteile an Kapitalgesellschaften, die über 20 % bis 50 % liegen, auszuweisen. Hierzu zählen:

Aktien, GmbH-Anteile, Einlagen als persönlich haftender Gesellschafter und Kommanditeinlagen, Beteiligungen als stiller Gesellschafter, Bohranteile oder Genossenschaftsanteile.

Unter **Ausleihungen an verbundene Unternehmen** fallen Finanz- und Kapitalforderungen mit einer Laufzeit von mindestens ein Jahr an obigen Unternehmen, aber nicht die Forderungen aus Lieferungen und Leistungen. Dies gilt auch für Ausleihungen gegenüber Beteiligungen.

Unter **Beteiligungen** (vgl. § 271 HGB) versteht das Gesetz direkte oder indirekte Anteile an anderen Unternehmen (Kapital-, Personengesellschaften, sonstige juristische Personen) zwischen 20 % und 50 % (ansonsten zumeist wie verbundene Unternehmen, ohne Genossenschaftsanteile) sowie Beteiligungen an assoziierten Unternehmen, die zum Anschaffungswert (at cost) bilanziert wurden. Der Gesetzgeber versteht unter

---
„Assoziierten Unternehmen"

Gesellschaften auf die das Mutterunternehmen einen maßgeblichen Einfluss ausübt. Dies wird ab 20 % Stimmrechtsanteil vermutet (§ 311 Abs. 1 HGB). Beteiligungen an assoziierten Unternehmen, die at equity bewertet werden, sind als solche gesondert auszuweisen. At equity bedeutet, dass diese Gesellschaften in den Konzernabschluss nur über die Risikobewertung des Eigenkapitals und nicht durch die vollständige Bilanz einbezogen werden.

Wertpapiere des Anlagevermögens sind folglich alle Wertpapiere, die nicht in 1. bis 4. enthalten sind und dauernd oder langfristig dem Geschäftsbetrieb der Gesellschaft dienen (§ 247 Abs. 2 HGB). Hierzu zählen Aktien, bei denen trotz Dauerbesitz die Beteiligungsabsicht fehlt, Anteile an Investmentfonds oder Genussscheine sowie schwerpunktmäßig festverzinsliche Wertpapiere.

Sonstige Ausleihungen sind ein Auffangbecken für alle Ausleihungen, die unter 2. und 4. nicht erfasst wurden.

Bei der **Bewertung der Wertpapiere des Anlagevermögens** gelten die allgemeinen Grundsätze, d.h. der Ansatz erfolgt zu den Anschaffungskosten, evtl. vermindert um Abschreibungen, § 253 Abs. 2 Satz 3 HGB. Ansonsten gilt das **gemilderte Niederstwertprinzip**, wonach eine vorübergehende Kursminderung mit dem niedrigeren Wert angesetzt werden darf. Ist die Kursminderung von Dauer, so gilt das **strenge Niederstwertprinzip**. Nichtrealisierte Gewinne dürfen demnach unter keinen Umständen verbucht werden.

Nichtrealisierte Verluste aus Wertpapiergeschäften des Anlagevermögens sind im IKR als Aufwand unter

---
740 Abschreibungen auf Finanzanlagen
---

zu erfassen.

Realisierte Verluste erscheinen auf dem Aufwandskonto

745 Verluste aus dem Abgang von Finanzanlagen.

Die realisierten Erträge bucht man auf

546 Erträge aus dem Abgang von Vermögensgegenständen.

Die Beteiligungen werden unter

13 Beteiligungen,

die Ausleihungen als

14 Ausleihungen

und die Wertpapiere des Anlagevermögens unter

15 Wertpapiere des Anlagevermögens

gebucht.

(2) Wertpapiere des Umlaufvermögens

Die Wertpapiere des Umlaufvermögens erscheinen in der Bilanz unter dem Umlauf-vermögen.

Zu diesen Wertpapieren zählen (vgl. § 266 HGB): 1. Anteile an verbundenen Unternehmen; 2. eigene Anteile; 3. sonstige Wertpapiere.

Die Definition der **Anteile an verbundenen Unternehmen im Umlaufvermögen** ist identisch mit den Zugehörigkeitskriterien des Anlagevermögens. Allerdings dürfen hier nur Positionen, wie z.B. Aktien, ausgewiesen werden, die unter Liquiditätsge-sichtspunkten, d.h. nicht dauernd dem Geschäftsbetrieb dienen, gehalten werden.

Eigene Anteile (Aktien oder GmbH-Anteile) dürfen eine AG (vgl. § 71 AktG) und eine GmbH (vgl. § 33 GmbHG) nur unter ganz bestimmten Bedingungen erwerben. Seit dem 3. Finanzmarktförderungsgesetz 1998 und durch das KonTraG (Gesetz zur Kontrolle und Transparenz im Unternehmensbereich) 1998 ist den Unternehmen der Zugang zum Erwerb eigener Anteile erleichtert worden.

Bei der AG werden eigene Aktien vorwiegend dann vom Unternehmen selbst ge-kauft, wenn Mitarbeiter in den Genuss von preiswerten - Mitarbeiteraktien gelangen sollen oder - der Aktienkurs gepflegt werden soll.

Um zu verhindern, dass ein Unternehmen Gewinne an sich selbst zahlt, muss bei zum Bilanzstichtag noch vorhandenen eigenen Anteilen in gleicher Höhe gemäß § 272 Abs. 4 HGB eine Rücklage gebildet werden.

Sonstige Wertpapiere: Hierunter sind alle Wertpapiere auszuweisen, die nicht zu einem anderen Posten gehören und jederzeit veräußerbar sind. Hierzu zählen abgetrennte Zins- und Dividendenscheine sowie Schatzwechsel von Bund und Ländern.

Der **Ausweis von Wechseln** erfolgt aufgrund ihrer Nähe zum Waren- und Produktgeschäft unter den Positionen F.a.LL. oder V.a.LL.

Wertpapiere des Umlaufvermögens sind zu Anschaffungskosten bereinigt um eventuelle Abschreibungen in der Jahresbilanz auszuweisen. Es gilt das **strenge Niederstwertprinzip**. Eine Bewertung unter den Anschaffungskosten und dem niedrigeren Börsenkurs am Abschlussstichtag ist erforderlich, wenn eigene Aktien den Arbeitnehmern mit Kursabschlag angeboten werden sollen und die Aktien noch im Bestand der Gesellschaft stehen.

Nichtrealisierte Verluste aus diesen Wertpapiergeschäften sind unter

---
742 (außerplanmäßige) Abschreibungen auf Wertpapiere des Umlaufvermögens
---

oder bei realisierten Verlusten auf

---
746 Verluste aus dem Abgang von Wertpapieren des Umlaufvermögens
---

zu verbuchen.

6.3.4   Bewertung der Verbindlichkeiten

Verbindlichkeiten sind nach § 253 Abs. 1 Satz 2 HGB zu ihrem

„Rückzahlungsbetrag"
---

anzusetzen. Hinter dieser Formulierung versteckt sich das Vorsichtsprinzip des HGB, wonach Schulden im Zweifel mit dem höchsten Wert anzusetzen sind.

Bei Verbindlichkeiten aus Lieferungen und Leistungen, sonstigen Verbindlichkeiten, Bankkrediten und Wechselverbindlichkeiten ist der Rückzahlungsbetrag identisch mit dem Nominalwert der Schuld.

Bei Lieferungen, die mit einem Wechselkursrisiko verbunden sind, kann zwischen der Rechnungsstellung und der Bezahlung der Schuld die Jahresabschlussbilanz aufzustellen sein. Hier taucht dann die Frage auf, welcher Wechselkurs bei der Bilanzierung zugrunde zu legen ist.

Wie jeder Häuslebauer weiß, zahlen die Banken Hypothekendarlehen nicht in voller

Höhe aus, sondern behalten vorab eine Zinsvorauszahlung, das Disagio, ein.

(1) Währungsverbindlichkeiten

Beispiel:

> Die *Speedy GmbH* bezieht Bleche aus den USA. Kurz vor Weihnachten werden die Bleche (Coils) **„just-in-time"** ausgeliefert. Der Rechnungsbetrag lautet über 1.000.000 USD. Die Rechnung ist innerhalb von vier Wochen zu bezahlen.

❶ Buchung der **Eingangsrechnung** am 20.12.: Tages-Dollarkurs 0,90 €/USD
600 Aufwendungen für RHB an 440 V.a.LL.   900.000

Am Bilanzstichtag ist diese Schuld, die ja erst Mitte Januar im folgenden Geschäftsjahr zu bezahlen ist, durch den Bilanzierer mit dem Stichtagskurs zu bewerten.

❷ Der **unwahrscheinlichste Fall** ist der, dass der Stichtagskurs am Jahresende genau identisch mit dem Kurs am 20.12. (USD: 0,90 €) ist. Die Verbindlichkeit ist dann mit 900.000 € zu bewerten.

❸ **Steigt der USD** bis zum 31.12. auf 1,50 €, so ist in Befolgung des Höchstwertprinzips der Schulden die Verbindlichkeit in der Bilanz mit 1.500.000 € anzusetzen.

600.000 € müssen in der Bilanz als **nicht realisierter Verlust** unter Befolgung des Imparitätsprinzips ausgewiesen werden, obwohl noch keine Zahlung stattgefunden hat.

600 Aufwendungen für RHB an 440 V.a.LL.   600.000

❹ Der **Wert des USD sinkt** auf 0,80 €.

Da im HGB das Imparitätsprinzip gilt, darf die Verbindlichkeit zum Jahreswechsel nicht mit 800.000 € bewertet werden, da ansonsten ein **unrealisierter Gewinn** in Höhe von 100.000 € verbucht worden wäre.

Bei der *Speedy GmbH* entsteht eine stille Reserve von 100.000 €. Die Verbindlichkeit ist mit 900.000 € zu bewerten.

> Bei der **Begleichung der Rechnung** (Realisierung) im folgenden Geschäftsjahr ist der aktuelle Währungskurs bei der Zahlung zu berücksichtigen (in €).

Bezahlung - Annahme:

Dollarkurssteigerung auf 2 €/USD bei Bezahlung in 02: Bilanzierung Ende 01 zu 1,50 €/USD

Realisierte Währungsverluste:
600 Aufwendungen für Rohstoffe an 440 V.a.LL.   500.000

Bezahlung:
440 V.a.LL. an 280 Bank   2.000.000

Oder: Dollarkursverfall auf 0,50 €/USD bei Bezahlung in 02: Bilanzierung Ende 01
zu 1,50 €/USD

Realisierter Währungsgewinn:
440 V.a.LL. an 600 Aufwendungen für Rohstoffe   1.000.000

Bezahlung:
440 V.a.LL. an 280 Bank   500.000

(2) Darlehensverbindlichkeiten

§ 250 Abs. 3 HGB sieht vor, dass bei einer Verbindlichkeit, deren Rückzahlungsbetrag höher als der Ausgabebetrag ist, dieser Unterschiedsbetrag als aktive Rechnungsabgrenzung, d.h. als vorausbezahlter Zinsaufwand, gebucht werden darf. Dies
ist ein **Wahlrecht**, das nur im Entstehungsjahr ausgeübt werden kann. Der Unterschiedsbetrag ist durch planmäßige jährliche Abschreibungen zu tilgen, die auf die
gesamte Laufzeit der Verbindlichkeit verteilt werden können.

Steuerrechtlich muss der Unterschiedsbetrag aus Gründen einer periodengerech-
ten Ermittlung des steuerpflichtigen Gewinns aktiviert und gleichmäßig abgeschrieben werden (BFHE vom 03.02.69).

Beispiel:

> Die *Speedy GmbH* möchte expandieren. Sie hat eine moderne Lackiererei erstellt,
> die über ein Hypothekendarlehen finanziert wird. Die Hypothek lautet auf nominal
> **1.000.000 €**. Der Betrag wird mit einem Auszahlungsabgeld oder **Auszahlungs-
> Disagio** von 2 % von der Bank überwiesen. Die Hypothek läuft über **fünf Jahre**. Die
> Zinszahlungen liegen bei jährlich 5 % und werden jeweils am 30. Juni und 31. De-
> zember einschließlich der Tilgungsrate fällig.

❶ Verbuchung des Zahlungseingangs bei *Speedy*:

	Soll	Haben
280 Bank	980.000	
293 Disagio	20.000	
an 425 Hypothek		1.000.000

❷ Halbjährliche Zinszahlung und Tilgung zum 30.06. durch *Speedy*:

Zinsen: 2,5 % von 1.000.000 €
751 Zinsaufwendungen an 280 Bank   25.000

Tilgung: 1/10 von 1.000.000 €
425 Hypothek an 280 Bank   100.000

Restschuld   **900.000**

❸ Halbjährliche Zinszahlung und Tilgung zum 31.12. durch *Speedy*:

Zinsen: 2,5 % von 900.000 € (Restschuld)
751 Zinsaufwendungen an 280 Bank   22.500

Tilgung: 1/10 von 1.000.000 €
425 Hypothek an 280 Bank   100.000
❹ Abschreibung des Disagios durch *Speedy* über fünf Jahre zum 31.12.:

754 Abschreibungen auf Disagio an 293 Disagio   4.000

Neben dem Auszahlungs-Disagio gibt es auch Fälle, bei denen ein Rückzahlungs-
agio oder **Aufgeld** zu verbuchen ist.

Beispiel:

Die *Speedy GmbH* begibt eine Industrieobligation, um damit den Expansionskurs zu
finanzieren. Aufgenommen werden nominal 2.000.000 €. Den Zeichnern der Anleihe
wird ein Ausgabekurs von 95 % bei einem Rückzahlungskurs von 103 % angeboten.
Die Rückzahlung erfolgt nach 20 Jahren.

❶ Verbuchung des Mittelzuflusses bei *Speedy*:

	Soll	Haben
280 Bank	1.900.000	
293 Disagio	160.000	
an 410 Anleihen		2.060.000

❷ Abschreibung des Rückzahlungsagios über 20 Jahre jeweils zum 31.12.:

759 Sonstige zinsähnliche Aufwendungen an 293 Disagio   8.000

6.4   Inventurdifferenzen

Zu Beginn eines Jahresabschlusses wird eine Inventur durchgeführt. Bei dieser Inventur kann es Differenzen zu den gebuchten Beständen geben.

Diese Differenzen können z.B. durch

- Schwund,
- Diebstahl oder
- Fehlbuchungen entstanden sein.

Im Jahresabschluss sind entsprechende Korrekturbuchungen vorzunehmen, die den
Gewinn des Unternehmens verändern.

Beispiel:

Die *Speedy GmbH* stellt bei der Inventur folgende Sachverhalte fest:
❶ Beim Fertigfahrzeugbestand fehlen zehn Pkw im Gegenwert von 300.000 €.
❷ In der Werkkasse des Werkes in Stuttgart fehlen 100.000 €.
❸ Im gleichen Werk wurden 20 Lackdosen im Gegenwert von 20.000 € aufgespürt.

Die zugehörigen Korrekturbuchungen lauten wie folgt:

❶ **Minderbestand an Pkw:**	
520 Bestandsveränderungen an 220 Fertige Erzeugnisse	300.000
❷ **Kassenfehlbetrag:**	
695 Wertminderungen Umlaufvermögen an 288 Kasse	100.000
❸ **Wiederaufgetauchte Lackdosen:**	
202 Hilfsstoffe an 543 Andere sonstige betriebliche Erträge	20.000

Insgesamt entsteht ein Mehraufwand in Höhe von 380.000 €, der den Jahresüberschuss und damit das Eigenkapital entsprechend verringert.

6.5   Erfolgsverbuchung ausgewählter Rechtsformen

6.5.1   Einzelunternehmen und Personengesellschaften

(1) Einzelunternehmen

Diese Unternehmen führt der Eigentümer selbst. Für seine Verbindlichkeiten haftet er mit seinem gesamten Vermögen. Die Aufwendungen und Erträge eines Geschäftsjahres werden in der GuV-Rechnung des Unternehmens erfasst. Entnahmen und Einlagen des Eigentümers sind über Konto 3001 gegen das Eigenkapital des Unternehmens zu verrechnen.

Die Buchungen lauten: 300 an 3001 (Privatentnahme)
3001 an 300 (Privateinlage)

(2) Personengesellschaften

Bei der **OHG** haften die Gesellschafter in voller Höhe, also nicht nur mit ihren Kapitaleinlagen, sondern auch mit ihrem Privatvermögen.

§ 121 HGB regelt die Verteilung des Erfolgs einer OHG, es sei denn, es sind besondere einzelvertragliche Regelungen vereinbart. Der Unterschied zum Einzelunternehmen besteht darin, dass das Eigenkapital mehreren Personen zuzurechnen ist. Für jeden Gesellschafter wird folglich ein Eigenkapital- und Privatkonto geführt.

Folgt das Unternehmen der gesetzlichen Regelung, so erhalten die Gesellschafter ihre Kapitaleinlagen zunächst mit 4 % verzinst. Der Rest wird nach Köpfen verteilt.

In Abb. 68 wird in einer OHG mit zwei Gesellschaftern ein Gewinn von 200.000 € erzielt.

Gesell-schafter	Eigenka-pital am 01.01.	Gewinnverteilung		Gewinn-summen	Privatent-nahmen	Privatein-lagen	Eigenkapital am 31.12.
		4 %	je Kopf				
A	400.000	16.000	82.000	98.000		10.000	508.000
B	500.000	20.000	82.000	102.000	110.000		492.000
Summe	900.000	36.000	164.000	200.000	110.000	10.000	1.000.000

Abb. 68: Gewinnverteilung bei der OHG

Für Gesellschafter A hat sich in obigem Beispiel eine Kapitalmehrung und für B eine Kapitalminderung ergeben.

Bei der buchhalterischen Erfassung wird der Gewinnanteil zunächst dem Privatkonto des Gesellschafters gutgeschrieben. Auf dem Eigenkapitalkonto erscheint dann die Gesamtveränderung der Periode. Im Falle eines Verlustes sind die Kapitalkonten entsprechend zu belasten.

Bei der **KG** haftet mindestens ein Komplementär in voller Höhe mit seinem Betriebs- und Privatvermögen (vgl. § 161 HGB). Die Kommanditisten erhalten am Jahresende einen bestimmten Anteil vom erzielten Gewinn. Der Restbetrag steht dem Komplementär in einem „angemessenen Verhältnis" zu (vgl. §§ 167-169 HGB). Dieses Verhältnis wird durch die Kapitalanteile, aber auch durch den Umfang der Mitarbeit im Unternehmen bestimmt. Die Erfolgsverbuchung der Komplementäre erfolgt demnach analog derjenigen der OHG-Gesellschafter.

Bei den Kommanditisten ist der Wert der Kapitaleinlage fixiert.

Der dem Kommanditisten gehörende Gewinnanteil wird auf einem Konto Gewinnanteil geführt. Da ein Kommanditist keine Privateinlagen oder Privatentnahmen vornehmen darf, wird für ihn auch kein Privatkonto geführt. Die Gewinnanteile der Kommanditisten sind als sonstige Verbindlichkeiten zu bilanzieren.

In folgender Abbildung ist die Gewinnverwendung (in €) in der KG dargestellt, unter der Annahme eines Gewinns in Höhe von 400.000 € und einer Verzinsung von 4 % der Kapitaleinlagen. Der **Komplementär A** erhält ein Arbeitsentgelt in Höhe von 50.000 €. Der Restgewinn wird im Verhältnis 4 : 1 verteilt.

Gesell-schafter	Eigenka-pital am 01.01.	Arbeits-entgelt	4 %-Ver-zinsung	Restge-winnver-teilung	Gesamt-gewinn	Privatein-lage	Eigenkapi-tal am 31.12.
A	400.000	50.000	16.000	264.000	330.000	50.000	780.000
B	100.000	0	4.000	66.000	70.000	-	100.000
Summe	500.000	50.000	20.000	330.000	400.000	50.000	880.000

Abb. 69: Gewinnverteilung bei der KG

Der Komplementär A erhöht sein Kapital auf 780.000 €. Die Höhe des Eigenkapital-anteils des **Kommanditisten B** bleibt unverändert, deswegen wird der Gewinn des Kommanditisten als Sonstige Verbindlichkeit 4858 gegenüber der KG ausgewiesen.

	Soll	Haben
802 GuV	400.000	
an 300 Eigenkapital Komplementär A		330.000
an 4858 Verbindlichkeiten gegenüber Kommanditist B (Sonstige Ver-bindlichkeit)		70.000

Ein Verlustanteil ist als sonstige Forderung der KG an den Kommanditisten zu ver-buchen (269 an 802).

6.5.2   Kapitalgesellschaften

Kapitalgesellschaften verfügen über eine eigene Rechtspersönlichkeit. Sie sind juris-tische Personen. Die Haftung der Gesellschaft ist somit von der Haftung der Gesell-schafter oder der Aktionäre zu trennen. Gläubiger von Kapitalgesellschaften können in das Gesellschaftsvermögen aber nicht in das Privatvermögen der Gesellschafter oder Aktionäre vollstrecken. Die Haftung der Gesellschafter oder Aktionäre ist auf die einbezahlte Kapitaleinlage beschränkt.

Im Gegensatz zu Einzel- und Personengesellschaften (Ausnahme: Kommanditisten) dürfen die Gesellschafter oder Aktionäre von Kapitalgesellschaften ihre Kapitaleinla-gen nicht über Privateinlagen oder Privatentnahmen verändern. Die Summe der Ka-pitaleinlagen aller Gesellschafter oder Aktionäre ist in der Satzung der Gesellschaft festgelegt und kann nur durch Beschluss der Gesellschafter- oder der Hauptver-sammlung über Kapitalerhöhungen oder Kapitalherabsetzungen verändert werden.

In den Kontenplänen von GmbH und AG gibt es folglich keine Konten für Privatein-lagen und Privatentnahmen der Gesellschafter oder Aktionäre.

Die Geschäftsführung von Einzel- und Personengesellschaften ist zumeist identisch mit dem Gesellschafterkreis. Bei Kapitalgesellschaften sind die Geschäftsführer oder Vorstände Angestellte des Unternehmens und dürfen in dieser Eigenschaft weder private Gelder dem Unternehmen zuführen oder, z.B. im Falle der Automobilindustrie, einfach einen Pkw aus dem Unternehmen entnehmen. Ist ein Vorstandsmitglied gleichzeitig Aktionär der AG, kann er z.B. Kapital, wie jeder andere Aktionär auch, nur im Rahmen einer von der Hauptversammlung genehmigten Kapitalerhöhung zuführen.

Wegen der Vielzahl von Gesellschaftern und Aktionären werden deren Eigenkapitalanteile gesammelt und auf einem einzigen Kapitalkonto geführt.

Dieses **„Gezeichnete Kapital"** trägt bei
- Aktiengesellschaften und bei der KGaA den **Namen „Grundkapital"**, bei der
- GmbH wird es als **„Stammkapital"** bezeichnet wird.

Die Position **Eigenkapital einer Kapitalgesellschaft** enthält gem. § 266 Abs. 3 HGB folgende Bestandteile:
- **Gezeichnetes Kapital;**
- **Kapitalrücklage;**
- **Gewinnrücklagen;**
- **Gewinnvortrag/Verlustvortrag;**
- **Jahresüberschuss/Jahresfehlbetrag.**

Das **Gezeichnete Kapital** ist dabei das von der Satzung des Unternehmens festgelegte Eigenkapital, das dividendenberechtigt ist und auf das die Haftung gegenüber außenstehenden Dritten beschränkt ist (vgl. § 272 Abs. 1 HGB).

In die **Kapitalrücklage** wird in erster Linie das Aufgeld, auch **Agio** genannt, aus einer Kapitalerhöhung eingestellt, das bei der Ausgabe von Anteilen (Stammanteile oder Aktien) über dem Nennwert am Markt erzielt wird. Hierzu und zu weiteren Positionen siehe § 272 Abs. 2 HGB.

Beispiel:

Eine AG erhöht das Grundkapital, indem sie neue Aktien im Nennwert von 1 € zum Kaufpreis von 30 € emittiert.

Die nominalen 1 €-Aktienwerte gelangen über die Bankeinlage in die Bilanzposition Gezeichnetes Kapital.

Buchungssatz: 280 Bank an 300 Gezeichnetes Kapital   1 €

Das Agio von 29 € je neuer Aktie ist in die Kapitalrücklage einzustellen.

Buchungssatz: 280 Bank an 311 Kapitalrücklage-Agio   29 €

Bei den **Gewinnrücklagen** unterscheidet man
- **Gesetzliche Rücklage** gem. § 150 AktG von
- **Rücklage für eigene Anteile** gem. § 158 Abs. 1 AktG sowie
- **Freie Rücklage** gem. § 58 Abs. 2 AktG.

In die **Gesetzlichen Rücklagen** (Konto 321 Gesetzliche Rücklagen) sind jährlich 5 % des um einen Verlustvortrag geminderten Jahresüberschusses einzustellen, bis die gesetzliche und die Kapitalrücklagen zusammen 10 % des Grundkapitals erreichen. Diese Rücklagen dienen somit der Absicherung des Unternehmens.

In die **Rücklage für eigene Anteile** gelangen als Korrekturposten die auf der Aktivseite der Bilanz unter „eigene Anteile" ausgewiesenen Werte (vgl. § 272 Abs. 4 Satz 1 HGB). Dies soll verhindern, dass ein Unternehmen Gewinne an sich selbst ausschütten kann.

In **Freie Rücklagen** (Konto 324 andere Gewinnrücklagen) können Vorstand und Aufsichtsrat aus dem Jahresüberschuss über die gesetzliche Verpflichtung gemäß § 150 AktG hinaus **bis zur Hälfte des Jahresüberschusses** Mittel einstellen. Die Hauptversammlung kann beim Gewinnverwendungsbeschluss weitere Beträge in andere Gewinnrücklagen einstellen (§ 58 Abs. 3 AktG).

Wenn man von den Kapitalrücklagen absieht, so verfügt die Kapitalgesellschaft über eine satzungsgemäß fixierte Eigenkapitalgröße „Gezeichnetes Kapital" und über einen variablen Teil „Gewinnrücklagen".

Erwirtschaftet eine Kapitalgesellschaft Gewinne, die sie nicht ausschüttet, so erhöhen diese die Gewinnrücklagen. Das Gewinnrücklagenkonto enthält somit einbehaltene Gewinne vergangener Rechnungsperioden. Somit verringern sich die Gewinnrücklagen, wenn die Verluste des Geschäftsjahres abgedeckt werden oder wenn in gewinnlosen Jahren eine Ausschüttung an die Gesellschafter oder Aktionäre erfolgt.

Theoretisch ergeben sich folgende drei Möglichkeiten Gewinnrücklagen zur **Gewinngestaltung und zum Verlustausgleich** zu verwenden:

❶ **Gewinn wird vollständig einbehalten (thesauriert):**
802 GuV-Konto an 324 Andere Gewinnrücklagen
❷ **Verlust wird aus den Rücklagen ausgeglichen:**
324 Andere Gewinnrücklagen an 802 GuV-Konto
❸ **Gewinnauszahlung (Dividende) aus Gewinnrücklagen:**
324 Andere Gewinnrücklagen an 280 Bank

Anhand eines **Beispiels** soll die Erfolgsverbuchung einer AG dargestellt werden, wobei in der GuV-Rechnung am Jahresende ein „Jahresüberschuss" oder „Jahresfehlbetrag" als Differenz zwischen den Erträgen und den Aufwendungen festgestellt wird.

Die *Softy AG* weist zum Jahresabschluss 01 folgende Eigenkapitalpositionen in € aus:
Gezeichnetes Kapital   10.000.000
Gesetzliche Rücklage   1.000.000
Andere Gewinnrücklagen   500.000
Verlustvortrag aus Vorjahr   400.000
In der GuV-Rechnung wird ein Jahresüberschuss von 2.000.000 € erzielt. Vor Bilanzerstellung sollen 800.000 € in andere Gewinnrücklagen eingestellt werden.

Buchungen in 01 (€):

802 GuV-Konto	an 34 Jahresüberschuss	2.000.000
34 Jahresüberschuss	an 33 Ergebnisverwendung	2.000.000
33 Ergebnisverwendung	an 332 Verlustvortrag	400.000
33 Ergebnisverwendung	an 324 Andere Gewinnrücklagen	800.000
33 Ergebnisverwendung	an 335 Bilanzgewinn	800.000
335 Bilanzgewinn	an 801 SBK	800.000

Der Bilanzgewinn wird in der Jahresabschlussbilanz der *Softy AG* ermittelt, indem der Jahresüberschuss um die Gewinnrücklagenzuführung und um den aus dem Vorjahr bestehenden Verlustvortrag gekürzt wird.

Da über die **endgültige Gewinnverwendung** erst die Hauptversammlung der Aktionäre rund vier bis sechs Monate nach dem Bilanzstichtag beschließt, stellt der Bilanzgewinn den maximal möglichen Dividendenvorschlag von Vorstand und Aufsichtsrat an die Hauptversammlung dar.

Der Bilanzgewinn kann zur Auszahlung einer Dividende an die Aktionäre sowie zu einer weiteren Einstellung in die Gewinnrücklagen verwendet werden. Ein darüber hinaus noch verbleibender Restbetrag ist als Gewinnvortrag für das nächste Geschäftsjahr zu verbuchen.

Bilanzgewinn
abzüglich Dividende
abzüglich Einstellung in Gewinnrücklagen
= Gewinnvortrag

Die *Softy AG* schlägt der Hauptversammlung am 28. Mai 02 vor, den Bilanzgewinn von 800.000 € aus 01 zu 75 % an die Aktionäre auszuschütten. Der Rest soll den Gewinnrücklagen zugewiesen werden. Die Aktionäre stimmen zu. Die Dividende wird am folgenden Werktag ausbezahlt. Steuerzahlungen werden vernachlässigt.

Buchungen in 02 (€):

❶ 01.01.02: 335 Bilanzgewinn   an 33 Ergebnisverwendung   800.000

❷ 29.05.02: 33 Ergebnisverwendung   an 280 Bank   600.000

❸ 29.05.02: 33 Ergebnisverwendung   an 324 Andere Gewinnrücklagen   200.000

Sollten die Aktionäre, was in der Praxis aufgrund eindeutiger Mehrheitsverhältnisse auf den Hauptversammlungen äußerst selten vorkommt, eine andere Gewinnverwendung beschließen, ist dies entsprechend zu berücksichtigen.

Die Aktionäre beschließen wider Erwarten eine volle Ausschüttung des Bilanzgewinns.
Buchung: Aus ❷ und ❸ wird (in €):

33 Ergebnisverwendung   an 280 Bank   800.000

6.6   Multiple Testfragen

1. Die Abgrenzungen betreffen
    a) sonstige Forderungen und sonstige Verbindlichkeiten.
    b) Rückstellungen.
    c) Rechnungsabgrenzungsposten.
    d) Verbindlichkeiten.

2. Die Bildung einer aktiven Rechnungsabgrenzung
    a) verringert den Periodengewinn.
    b) erhöht den Periodengewinn.

3. Die Bildung einer passiven Rechnungsabgrenzung
    a) verringert den Periodengewinn.
    b) erhöht den Periodengewinn.

4. Eine Rückstellung wird gebildet, indem
    a) Aufwendungen an Rückstellungen gebucht werden.
    b) Rückstellungen an Aufwendungen gebucht werden.

5. Bei gebildeten Rückstellungen für Prozessrisiken kann die Rückstellungsbildung
    a) zu hoch sein.
    b) zu niedrig bemessen sein.
    c) überflüssig werden, da gemäß Gerichtsurteil ein „Freispruch" erfolgt.
    d) genau richtig bemessen sein.

6. Das Maßgeblichkeitsprinzip bedeutet, dass
    a) die Handelsbilanz maßgeblich für die Aufstellung der Steuerbilanz ist.
    b) die Steuerbilanz maßgeblich für die Aufstellung der Handelsbilanz ist.

7. Das Imparitätsprinzip verlangt,
    a) nicht realisierte Gewinne anders zu verbuchen als nicht realisierte Verluste.
    b) nicht realisierte Gewinne nicht ertragswirksam zu verbuchen.
    c) nicht realisierte Gewinne gewinnwirksam zu verbuchen.

8. Vertriebsaufwendungen dürfen als Herstellungskosten
    a) erfasst werden.
    b) nicht aktiviert werden.
    c) nur steuerrechtlich aktiviert werden.
    d) nur handelsrechtlich aktiviert werden.

9. Für die Bewertung der Schulden gilt nach HGB
    a) das Niederstwertprinzip.
    b) das Höchstwertprinzip.

10. Ein Disagio stellt aus der Sicht des Kreditnehmers
    a) vorausbezahlten Zinsaufwand dar.
    b) im Voraus erhaltenen Zinsertrag dar.

6.7   Fallstudie: Steuerrückstellungen für Gewerbesteuernachzahlung

Der Steuerprüfer des Finanzamts hat die *Speedy GmbH* geprüft. Zum Jahresabschluss 01 ist der genaue Umfang einer eventuellen Steuernachzahlung noch nicht bekannt. *Hans Genau*, der Finanzbuchhalter der *Speedy GmbH*, rechnet im Geschäftsjahr 02 aufgrund langjähriger Erfahrung mit einer Gewerbesteuernachzahlung in Höhe von 1 Mio. €.

Bilden Sie die Steuerrückstellung in 01.

Im Geschäftsjahr 02 können sich folgende Möglichkeiten ergeben:

❶ *Speedy* zahlt am 01.03.02 wie erwartet 1 Mio. € Gewerbeertragsteuer nach.
❷ *Speedy* hat keinerlei Nachzahlung zu leisten.
❸ *Speedy* hat nur 0,5 Mio. € nachzuzahlen.
❹ *Speedy* muss deutlich mehr bezahlen: 2 Mio. €.
❺ Wie ❹, der Steuerbescheid ergeht jedoch zur Zahlung erst am 02.04.03.

6.8   Lösungen multiple Testfragen

1. a)
    b)
    c)

2. b)

3. a)

4. a)

5. a)
    b)
    c)
    d)

6. a)

7. a)
    b)

8. b)

9. b)

10. a)

6.9 Lösung Fallstudie (in €)

---

a) Bildung der Steuerrückstellung zum 31.12.01:

---

770 Gewerbesteuer an 380 Steuerrückstellungen   1 Mio.

---

b) Auflösung der Rückstellung zum 01.03.02 (❶ bis ❹):

---

❶ 380 Steuerrückstellungen an 280 Bank   1 Mio.

❷ 380 Steuerrückstellungen

       an 548 Erträge aus der Auflösung von Rückstellungen   1 Mio.

❸ 380 Steuerrückstellungen   1 Mio.

       an 280 Bank   0,5 Mio.

       an 548 Erträge aus der Herabsetzung von Rückstellungen   0,5 Mio.

❹ 380 Steuerrückstellungen   1 Mio.

  699 Periodenfremde Aufwendungen   1 Mio.

       an 280 Bank   2 Mio.

---

c) Auflösung der Rückstellung zum 31.12.02 (❺):

---

  380 Steuerrückstellungen   1 Mio.

  699 Periodenfremde Aufwendungen   1 Mio.

       an 489 Übrige sonstige Verbindlichkeiten   2 Mio.

Buchung im Fall ❺ zum 02.04.03 (Auflösung „Übrige sonstige Verbindlichkeiten"):

489 Übrige sonstige Verbindlichkeiten an 280 Bank   2 Mio.

7 Grundzüge der internationalen Rechnungslegung nach IFRS

7.1 Internationale Rechnungslegung aus deutscher Sicht

Die letzte Phase des Übergangs auf die verpflichtende Aufstellung eines Abschlusses nach International Financial Reporting Standards (IFRS) begann mit der Verabschiedung der **Verordnung Nr. 1606/2002** durch die Gremien der **Europäischen Union (EU)** am **06.06.2002.**

Danach müssen für Geschäftsjahre, die am oder nach dem **01.01.2005** beginnen, alle kapitalmarktorientierten Unternehmen in der EU einen **Konzernabschluss** nach **IFRS** vorlegen.

Ausnahmen (vgl. Art. 9) gelten für Gesellschaften, die in der EU nur Schuldtitel, wie etwa Anleihen, emittiert haben (z.B. *Robert Bosch GmbH*) oder für international bilanzierende Gesellschaften, deren Wertpapiere in einem Nichtmitgliedstaat zum öffentlichen Handel zugelassen sind (wie z.B. *SAP* in New York). Diese Gesellschaften müssen ihren Konzernabschluss nach IFRS erst für Geschäftsjahre vorlegen, die am oder nach dem 01.01.2007 beginnen.

Im **Einzelabschluss** und für nicht kapitalmarktorientierte Konzernunternehmen räumt die EU-Verordnung (vgl. Art. 5) den Mitgliedstaaten ein Wahlrecht ein. Sie können die IFRS vorschreiben oder wahlweise zulassen. Hierdurch werden die IFRS allmählich auch für kleinere mittelständische Unternehmen zur Rechtsvorschrift.

Der deutsche Gesetzgeber hat Ende 2004 durch das **Bilanzrechtsreformgesetz (BilReG)** vom 09.12.2004 (BGBl. I, S. 3166-3182) die EU-Vorgaben maßvoll in geltendes deutsches Handelsrecht umgesetzt. Die Regelungen gelten für Geschäftsjahre, die nach dem 31.12.2004 beginnen.

Für den **Konzernabschluss kapitalmarktorientierter Unternehmen** ist § 315a Abs. 1 HGB anzuwenden, wonach der Konzernabschluss nach IFRS aufzustellen ist. Da die IFRS keinen dem HGB vergleichbaren Lagebericht kennen, ist der IFRS-Konzernabschluss um einen Konzernlagebericht nach § 315 HGB zu ergänzen, dessen Inhalt durch BilReG ausgeweitet wurde.

Im **Einzelabschluss** bildet das **HGB** auch zukünftig die Basis der Rechnungslegung für alle Unternehmen. Die Bundesregierung hat angekündigt, durch ein Bilanzrechtsmodernisierungsgesetz nicht mehr zeitgemäße Wahlrechte, wie z.B. Aufwandsrückstellungen nach § 249 Abs. 2 HGB, abzuschaffen, um das HGB an internationale Bilanzierungsstandards anzupassen.

Für Kapitalgesellschaften und sonstige Rechtsformen besteht nach § 325 Abs. 2a HGB ein **Wahlrecht zur Offenlegung** eines Einzelabschlusses nach IFRS, zusätzlich ist ein Lagebericht nach § 289 HGB zu erstellen. Wird dieses Wahlrecht ausgeübt, so müssen die Unternehmen den IFRS-Abschluss zusätzlich zum Einzelabschluss nach HGB aufstellen, der als Basis zur Gewinnausschüttung an die Eigentümer dient und weiterhin maßgeblich ist für die steuerliche Gewinnermittlung.

Die wahlweise Offenlegung eines IFRS-Einzelabschlusses dient der ergänzenden Information von Gläubigern und Anteilseignern.

Die BilReG-Vorschriften sind in folgenden Abbildungen zusammengefasst:

Einzelabschluss	HGB	IFRS
Kapitalgesellschaften und sonstige Rechtsformen*	Grundsatz: Aufstellung JA (für Dividende und Steuer) + Lagebericht nach § 289 HGB	Wahlrecht für Offenlegung als IFRS-Abschluss (§ 325 Abs. 2a HGB) + Lagebericht nach § 289 HGB
JA = Jahresabschluss * = Bestimmte Personengesellschaften und Einzelkaufleute gem. § 264a HGB und § 9 PublG und Branchen, z.B. Kreditinstitute nach §§ 340i,l HGB		

Abb. 70: Einzelabschlüsse in Deutschland seit 2005

Konzernabschluss	HGB	IFRS
Kapitalmarktorientierte Kapitalgesellschaften	-	Pflicht: Aufstellung Abschluss nach IFRS-Regeln (§ 315a Abs. 1 HGB) und Lagebericht nach § 315 HGB**
Nicht kapitalmarktorientierte Kapitalgesellschaften	Grundsatz: Aufstellung JA und Lagebericht nach § 315 HGB	Wahlrecht: Aufstellung Abschluss nach IFRS-Regeln (§ 315a Abs. 3 HGB) und Lagebericht nach § 315 HGB
Kapitalmarktorientierte sonstige Rechtsformen*	-	Pflicht: Aufstellung Abschluss nach IFRS-Regeln (§ 315a Abs. 1 HGB) und Lagebericht nach § 315 HGB**
Nicht kapitalmarktorientierte sonstige Rechtsformen*	Grundsatz: Aufstellung JA und Lagebericht nach § 315 HGB	Wahlrecht: Aufstellung Abschluss nach IFRS-Regeln (§ 315a Abs. 3 HGB) und Lagebericht nach § 315 HGB

JA = Jahresabschluss
* = Bestimmte Personengesellschaften und Einzelkaufleute gem. § 264a HGB und § 11 PublG sowie Branchen, z.B. Kreditinstitute nach §§ 340i,l HGB
** = Übergangsfrist bis 2007 (siehe Art. 57 Abs. 1 i.V.m. Art 58 Abs. 5 EGHGB) für Unternehmen mit emittierten Fremdkapitaltiteln innerhalb der EU (z.B. *Robert Bosch GmbH*) oder für international bilanzierende Unternehmen mit emittierten Wertpapieren außerhalb der EU (z.B. *SAP AG*)

Abb. 71: Konzernrechnungslegung in Deutschland ab 2005/2007

7.2 Wesentliche Abweichungen der IFRS zum HGB

7.2.1 Bestandteile des IFRS-Abschlusses

Die Bestandteile eines Abschlusses nach IAS 1.8 sind in folgender Abbildung darge-stellt. Sie gelten für den Einzel- und Konzernabschluss.

(1) Balance sheet	Bilanz
(2) Income statement	Gewinn- und Verlustrechnung
(3) Statement of changes in equity	Eigenkapitalveränderungsrechnung
(4) Cash flow statement	Kapitalflussrechnung
(5) Notes, comprising a summary of significant accounting policies and other explanatory notes	Anhang mit Zusammenfassung der maßgeb-lichen Bilanzierungs- und Bewertungsmetho-den und sonstige Erläuterungen

Abb. 72: Bestandteile des Abschlusses nach IFRS

Die **Eigenkapitalveränderungsrechnung** hat entweder sämtliche Veränderungen des Eigenkapitals oder die Änderungen des Eigenkapitals mit Ausnahme solcher darzustellen, die aus Geschäftsvorfällen mit Anteilseignern in ihrer Eigenschaft als Anteilseigner entstehen (IAS 1.8(c)).

Die **Kapitalflussrechnung** vervollständigt den Abschluss nach IFRS durch eine Darstellung der Zu- und Abflüsse von Finanzmitteln, die dreigeteilt nach betrieblicher oder laufender (operativer) Tätigkeit, nach Investitions- und Finanzierungstätigkeit darzustellen sind (IAS 7).

Der im Vergleich zum HGB **deutlich umfangreichere Anhang** erläutert einzelne Bilanz- und GuV-Positionen.

Kapitalmarktorientierte Unternehmen müssen zusätzlich eine **Segmentberichterstattung** (IAS 14.3) vornehmen und das **Ergebnis je Aktie** (IAS 33.2) angeben.

Ein **Lagebericht** ist nach IFRS nicht vorgeschrieben. Gleichwohl empfiehlt IAS 1.9 den Unternehmen, außerhalb des Abschlusses einen Bericht über die Unternehmenslage durch das Management zu veröffentlichen, der die wesentlichen Merkmale der Vermögens-, Finanz- und Ertragslage des Unternehmens sowie die wichtigsten Unsicherheiten beschreibt und erläutert, denen sich das Unternehmen gegenübersieht.

Die **EU-Modernisierungsrichtlinie** vom 18.06.2003 dagegen fordert in jedem Fall die Erstellung eines Lageberichts auch für Abschlüsse, die nach den Vorschriften der IFRS erstellt werden. In diesem Fall bestehen inhaltlich zum HGB keine wesentlichen Unterschiede. Zu den notwendigen Angaben siehe z.B. Petersen, K. u.a.: IFRS-Praxishandbuch, S. 479-501.

Für den Einzelabschluss nach HGB bleibt es für Kapitalgesellschaften nach 2005 dabei, dass als Basis für die Ausschüttungsbemessung und die Steuerbilanz neben dem Einzelabschluss eine GuV-Rechnung und ein Anhang aufgestellt werden muss (§ 264 Abs. 1 HGB). Für Einzelunternehmen, OHG und KG entfällt der Anhang. Wird ab 2005 wahlweise ein IFRS-Einzelabschluss offen gelegt, so enthält der Abschluss zusätzlich eine Kapitalflussrechnung und eine Eigenkapitalveränderungsrechnung.

	HGB	IFRS
Kapitalgesell-schaften*	- Bilanz - GuV-Rechnung - Anhang	- Bilanz - GuV-Rechnung - Anhang - Kapitalflussrechnung - Eigenkapitalverände- rungsrechnung
Nicht-Kapitalge-sellschaften**	- Bilanz - GuV-Rechnung	-
* = Einschl. bestimmte Personengesellschaften und Einzelkaufleute gem. § 264a HGB und § 9 PublG und Branchen, z.B. Kreditinstitute nach §§ 340i,l HGB ** = Einzelkaufleute, OHG und KG, die nicht unter PublG fallen		

Abb. 73: Bestandteile der Einzelabschlüsse nach HGB und IFRS

7.2.2 Bilanz- und GuV-Gliederung

Ein bestimmtes **Präsentationsformat** (Konto- oder Staffelform) schreiben IFRS nicht vor. Die Staffelform ist heute z.B. in Großbritannien üblich.

Mit wenigen Ausnahmen (Banken und andere Finanzinstitute) verpflichten IFRS zu einer nach **Fristigkeiten** gegliederten Bilanz (IAS 1.51).

Für die Fristengliederung ist eine **Einteilung in kurz- (current)** und **langfristige (non-current) Vermögenswerte und Schulden** notwendig.

Die Fristigkeit sinkt dabei von oben nach unten (Langfristige Vermögenswerte vor kurzfristigen Vermögenswerten und Eigenkapital vor langfristigen und kurzfristigen Schulden).

Die Grenze zwischen kurz- und langfristig liegt bei zwölf Monaten (IAS 1.52). Ein längerer Verbleib im Unternehmen gilt noch als kurzfristig, wenn es sich um operative Vermögenswerte und Schulden handelt, die im üblichen Geschäftszyklus (operating cycle) des Unternehmens umgesetzt werden (IAS 1.59).

IFRS geben im Gegensatz zum HGB **kein gesetzlich vorgeschriebenes Gliederungsschema** für die Bilanz vor, sondern nennen nur mindestens auszuweisende Posten, die unabhängig von der Rechtsform anzuwenden sind (IAS 1.68).

Da es dieser Auflistung an Systematik und Strukturierung fehlt, kann sie nicht als verbindliche Mindestgliederung angesehen werden.

Rechnungsabgrenzungsposten werden nicht gesondert ausgewiesen. Sie zählen zu den Vermögenswerten oder Schulden.

Die **GuV-Rechnung** kann, wie nach HGB, nach dem **Gesamtkosten- oder** dem **Umsatzkostenverfahren** dargestellt werden. IAS 1.81 enthält analog der Vorgehensweise bei der Bilanz nur einige mindestens aufzuführende Positionen. Außerordentliche Aufwendungen und Erträge sind nicht gesondert darzustellen.

7.2.3 Wesentliche Bewertungsunterschiede zwischen IFRS und HGB

Die Bewertungsunterschiede zwischen IFRS und HGB beruhen auf divergierenden Zielsetzungen beider Rechnungslegungssysteme. Während der HGB-Jahresabschluss gläubigerorientiert ist, richtet sich der IFRS-Abschluss vorwiegend an Kapitalanleger, die an einem „**true and fair vue**" des Unternehmens interessiert sind.

Handels- und steuerrechtliche Bewertung werden nach IFRS streng getrennt, wohingegen zwischen einem HGB- und Steuerbilanz ein Zusammenhang besteht.

Nach HGB ist eine Bewertung von Vermögensgegenständen oberhalb der Anschaffungs- oder Herstellungskosten aufgrund des Vorsichtsprinzips untersagt. Nach IFRS kann unter bestimmten Voraussetzungen eine höhere Bewertung, die sich am **beizulegenden Zeitwert (fair value)** orientiert, vorgenommen werden.

Rückstellungen dürfen nach IFRS im Gegensatz zum HGB nicht für firmeninterne Risiken, wie z.B. die Aufwandsrückstellungen, gebildet werden.

Eine Zusammenstellung der wichtigsten Abweichungen zwischen HGB und IFRS zeigt folgende Übersicht:

Kriterien	HGB	IFRS
Zielsetzung der Rechnungs-legungsvorschriften	Vorsichtige Ermittlung des auszuschüttenden Ge-winns wegen Gläubiger-schutz	True and fair vue für Kapi-talanleger
Vorherrschender Grundsatz	Vorsichtsprinzip	Periodengerechte Gewinnermittlung
Stille Reserven	Ja	Im Zweifel nein
Anschaffungs-(AK)/ Herstellungskosten (HK)	AK/HK als Obergrenze der Bewertung	Höhere Bewertung möglich
Realisationsprinzip	Erfassung des Gewinns erst nach erfolgtem Um-satz	Gewinnerfassung auch vor erfolgtem Umsatz möglich
Imparitätsprinzip	Dominierend	Unbekannt
Derivativer Firmenwert	Aktivierungswahlrecht	Aktivierungspflicht
Steuerliche Abschreibungen	Möglich nach dem Prinzip der umgekehrten Maßgeb-lichkeit	Nicht möglich
Neubewertungen	Über AK oder HK nicht möglich	Erfolgsneutral durch Erfas-sung in einer Neubewer-tungsrücklage oder über die GuV möglich
Gewinne aus Langfristfertigung	Erfassung erst nach Fertigstellung des Projekts	Erfassung während der Fertigstellung je nach Fertigstellungsgrad
Herstellungskosten	Wahlrecht zwischen mindestens Einzel- und Gemeinkosten	Produktionsbezogene Vollkosten
Wertpapiere	Strenges Niederstwertprinzip	Bewertung oberhalb der AK möglich
Aufwandsrückstellungen	Passivierungswahlrecht	Passivierungsverbot
Pensionsrückstellungen	Bewertung auf der Basis aktueller Gehälter	Bewertung auf der Basis zukünftiger Gehälter
Langfristige Schulden	Passivierung zum Rückzahlungsbetrag	Passivierung ohne Disagio, aber jährliche entsprechen-de Zuschreibung der Schuld
Fremdwährungsforderun-gen	Zu AK, Niederstwertprinzip	Stichtagszeitwert auch über AK
Fremdwährungsverbindlich-keiten	Höchstwertprinzip	Stichtagszeitwertprinzip

Abb. 74: Wesentliche Bewertungsunterschiede IFRS zum HGB

8 Kontenplan auf Basis eines Industrie-Kontenrahmens (IKR)

BILANZ		
AKTIVA		
Anlagevermögen (AV)		**Umlaufvermögen (UV)**
0 Immaterielle Vermögensgegenstände und Sachanlagen (SA)	**1 Finanzanlagen (FA)**	**2 UV/Aktive Rechnungsabgrenzung (ARA)**
00 Ausstehende Einlagen Bilanzierungshilfe	**Finanzanlagen**	**Vorräte**
01 Aufwendungen für Ingangsetzung und Erweiterung des Geschäftsbetriebs	**11** Anteile an verbund. Untern.	**20** Roh-/Hilfs-/Betriebsstoffe
	112 Ant. an Tochterunternehm.	200 Rohstoffe/Fertigungsmaterial
	12 Ausleihungen an verbundene Unternehmen	2001/2 Bezugskosten/Nachlässe
Immaterielle Vermögensgegenstände (IVG)	201 Vorprodukte/Fremdbauteile
	13 Beteiligungen	2011/2 Bezugskosten/Nachlässe
02 Konzessionen, gewerbliche Schutzrechte und ähnliche Rechte etc.	130 Beteiligungen an assoziiert. Unternehmen	202 Hilfsstoffe
		2021/2 Bezugskosten/Nachlässe
	135 Andere Beteiligungen	203 Betriebsstoffe
03 Geschäfts- oder Firmenwert	**14** Ausleihungen an Unterneh., mit denen ein Bet.verhältnis besteht	2031/2 Bezugskosten/Nachlässe
031 Geschäfts-/Firmenwert		20480/20485 Wareneingangs-/Rechnungseingangskonto (WE/RE)
04 Geleist. Anzahlungen a.IVG	**15** Wertpapiere des AV	**21** Unfertige Erzeugnisse/Leistung.
Sachanlagen	150 Stammaktien	210 Unfertige Erzeugnisse
05 Grundstücke etc.	151 Vorzugsaktien	219 Nicht abgerechnete Leistungen
050 Unbebaute Grundstücke	156 Festverzinsliche Wertpap.	**22** Fertige Erzeugnisse und Waren
051 Bebaute Grundstücke	**16** Sonstige Finanzanlagen	220 Fertige Erzeugnisse
053 Betriebsgebäude	160 Genossenschaftsanteile	228 Handelswaren
054 Verwaltungsgebäude	165 Ausleihungen an Mitarbeit.	2281/2 Bezugskosten/Nachlässe
07 Techn. Anl. u. Masch. (TAM)	169 Übrige sonstige FA	**23** Geleist. Anzahl. auf Vorräte
070 TAM der Energieversorg.	**Fortsetzung Klasse 2**	230 Geleistete Anzahlungen
075 Transport-, Sortieranl. etc.	264 SV-Vorauszahlung	**Forderungen/Sonstige Vermögensgegenstände (SVG)/ARA**
077 Sonst. Anlagen u. Masch.	265 Forderungen an Mitarbeiter	
079 Geringwert.Anlag.u.Masch.	269 Übrige sonstige Forderung.	**24** Forder. aus Liefer. u. Leistungen
08 Andere Anlagen/Betriebs- u. Geschäftsausstattung (BGA)	**270** Wertpapiere des UV	240 F.a.LL.
	271 Eigene Anteile	242 Kaufpreisforderungen
080 Andere Anlagen	**28** Flüssige Mittel	2421 Umsatzsteuerforderungen
084 Fuhrpark	280 Bankguthaben	245 Besitzwechsel
086 Büromaschinen	286 Kundenschecks	247 Zweifelhafte Forderungen
087 Büromöbel und sonst. GA	288 Kasse	248 Protestwechsel
089 Geringwertige BGA	**29** Aktive Rechn.abgr. (ARA)	**25** Ford. g. verb. Unt. u. Beteilig.
09 Gel. Anzahl. u. Anl. im Bau	290/293 ARA/Disagio	**26** Sonst. Vermög.gegenst. (SVG)
090 Geleist. Anzahlung. a. SA	295 Aktive Steuerlatenzen	260 Vorsteuer (Eingangssteuer)
095 Anlagen im Bau (AiB)	299 Negatives Eigenkapital	263 Sonst. Ford. an Finanzbehörd.

BILANZ
PASSIVA
Eigen- und Fremdkapital

3 Eigenkapital und Rückstellungen	4 Verbindlichkeiten (Vk)/Passive Rechnungsabgrenzung (PRA)
Eigenkapital	**Verbindlichkeiten und PRA**
30 Kapitalkonto/Gezeichnetes Kapital	**41** Anleihen
Einzelfirmen/Personengesell.:	410 Anleihen
300 Kapitalkonto je Gesellschafter	**42** Vk gegenüber Kreditinstituten
3001 Privatkonto	420 Kurzfristige Bank-Verbindlichkeiten
Kapitalgesellschaften:	425 Langfristige Bank-Verbindlichkeiten
300 Gezeichnetes Kapital	**43** Erhalt. Anzahlung. auf Bestellungen
31 Kapitalrücklage	430 Erhaltene Anzahlungen
311 Agio	**44** Verbindlichk. a. Lieferung. u. Leistung. (V.a.LL.)
32 Gewinnrücklagen	440 V.a.LL.
321 Gesetzliche Rücklagen	442 Kaufpreisverbindlichkeiten
323 Satzungsmäßige Rücklagen	**45** Wechsel-Verbindlichkeiten
324 Andere Gewinnrücklagen	450 Schuldwechsel
33 Ergebnisverwendung	451 Protestwechsel
332 Ergebnisvortrag	**46** Vk gegenüber verbundenen Unternehmen
335 Bilanzgewinn/-verlust	**47** Vk. gegenüber Unternehmen mit denen ein
34 Jahresüberschuss/-fehlbetrag	Beteiligungsverhältnis besteht
35 Sonderposten m. Rücklageanteil	**48** Sonstige Verbindlichkeiten
36 Wertberichtigungen (WB)	480 Umsatzsteuer (Ausgangssteuer)
361/2 WB auf SA/FA	482 Zollverbindlichkeiten
367 Einzel-WB zu Forderungen	483 Sonst. Vk gegenüber Finanzbehörden
368 Pauschal-WB zu Forderungen	485 Vk gegenüber Mitarbeitern, Organmitgliedern
Rückstellungen	u. Gesellschaftern
37 Rückstellungen für Pensionen und ähnliche	4851 Vk gegenüber Mitarbeitern
Verpflichtungen	4854 Vk gegenüber Vorstandsmitgliedern
370 Pensionsrückstellungen	4856 Vk gegenüber Aufsichtsratsmitgliedern
38 Steuerrückstellungen	4858 Vk gegenüber Gesellschaftern
380 Steuerrückstellungen	486 Vk aus vermögenswirksamen Leistungen
385 Passive Steuerlatenzen	489 Übrige sonstige Verbindlichkeiten
39 Sonstige Rückstellungen	**49** Passive Rechnungsabgrenzung (PRA)
390 Sonstige Rückstellungen	490 PRA
391 Gewährleistungen	
397 „Drohverluste"	
398 Unterlassene Instandhaltung	

GuV-Konten

5 Erträge	6 Betriebliche Aufwendungen	
50 Umsatzerl. f. eig. Erz./Leist.	**Materialaufwand**	649 Sonstige soz. Aufwendungen
500 Umsatzerl.f.eig. Erz./ Leist.	**60** Aw f. RHB u. bezog. Waren	**Abschreibungen auf AV/UV**
5001 Erlösberichtigungen	600 Rohstoffe/Fertigungsmat.	**65** Abschreibungen (AS)
510 Umsatzerlöse für Waren	6001/2 Bezugskost./Nachlässe	651 AS auf IVG
5101 Erlösberichtigungen	601 Vorprodukte/Fremdbauteile	652 AS auf SA
52 Bestandsveränderungen an	6011/2 Bezugskost./Nachlässe	654 AS auf GWG
fert. u. unfert. Erzeugnissen	602 Hilfsstoffe	655 Außerplanmäßige AS auf AV
520 Bestandsveränderungen	6021/2 Bezugskost./Nachlässe	657 AS auf UV (Vorräte, SVG)
53 And. aktivierte Eigenleist.	603 Betriebsstoffe	**Sonst. betriebliche Aw** (66-70)
530 Selbst erstellte Anlagen	6031/2 Bezugskost./Nachlässe	**66** Sonstige Personal-Aw
539 Sonst. and. akt. Eigenleist.	604 Verpackungsmaterial	660 Aw für Personaleinstellung
54 Sonst. betr. Erträge (SbE)	605 Energie	662 Aw für Werkarzt etc.
540 Mieterträge	606 Reparaturmaterial	669 Übrige sonst. Personal-Aw
5401 Leasingerträge	608 Waren	**67** Aw für Inanspruchnahme von
541 Sonstige Erlöse	6081/2 Bezugskost./Nachlässe	Rechten u. Diensten
5411 Provisionen	**61** Aw für bezogene Leistungen	670 Mieten, Pachten
5412 Lizenzen	610 Fremdleist. f. Erzeugnisse	671 Leasingaufwendungen
5413 Patente	u. and. Umsatzleistungen	672 Lizenzen und Konzessionen
5420 Entnahme v.G.u.s.L.	614 Frachten	673 Gebühren
543 Andere SbE	615 Vertriebsprovisionen	675 Bankspesen/Kost. d.Geldver-
544 Zuschreibungen des AV	616 Fremdinstandhaltung	kehrs u. d. Kapitalbeschaff.
545 Erträge Korrekt. Wertber.	**Personalaufwand**	676 Provisions-Aw (ohn. Vertrieb)
546 Erträge a. Abg.v.Vermgeg.	**62** Löhne	677 Prüfung, Beratung, Rechts-
548 Erträge a. Herabsetzung/	620 Löhne und Zulagen	schutz, Prozessrisiken
Auflös. v. Rückstellungen	621 Urlaubs-/Weihnachtsgeld	**68** Aw für Kommunikation
549 Periodenfremde Erträge	625 Sachbezüge	680 Büromaterial
55 Erträge aus Beteiligungen	**63** Gehälter	681 Zeitungen und Fachliteratur
56 Erträge aus and. Wertpapie-	630 Gehälter und Zulagen	682 Porto, Telefon, Internet etc.
ren u. Ausleihungen des AV	631 Urlaubs-/Weihnachtsgeld	685 Reisekosten
560 Erträge a. and. Wertpapier.	632 Sonst. tarifliche/vertr. Aw	686 Bewirtung u. Repräsentation
57 Sonst. Zinsen u.ähnl.Erträge	635 Sachbezüge	6869 Spenden
571 Zinserträge	**64** Sozialabgaben	687 Werbung
573 Diskonterträge	640 Arbeitgeberanteil (Löhne)	**69** Aw f. Beiträge u. Sonst. sowie
578 Ertr. a. Wertpapieren d. UV	641 Arbeitgeberanteil (Gehälter)	Wertkorrekturen u. per.fr. Aw
58 Auß.ord. Ertr. (§ 277 HGB)	642 Beiträge Berufsgenossen.	690 Versicherungsbeiträge
59 Erträge a.Verlustübernahme	644 Aw für Altersversorgung	692 Beiträge zu Verbänden etc.

GuV- und Abschlusskonten

7 Weitere Aufwendungen	8 Ergebnisrechnungen
70 Betriebliche Steuern	**80** Eröffnung/Abschluss
702 Grundsteuer	800 Eröffnungsbilanzkonto
703 Kfz-Steuer	801 Schlussbilanzkonto
708 Verbrauchsteuern	802 GuV-Konto
709 Sonstige betriebliche Steuern	Gesamtkostenverfahren **(GKV)**
74 AS a. Finanzanlagen u. auf Wertpapiere des	803 GuV-Konto
UV u. Verluste aus Abgängen	Umsatzkostenverfahren **(UKV)**
740 AS auf Finanzanlagen	**Konten der Kostenbereiche**
742 AS auf Wertpapiere des UV	**für die GuV beim UKV**
745 Verluste a. d. Abgang v. Finanzanlagen	**81-83** Funktionskosten
746 Verluste a. d. Abgang v. Wertpapieren des UV	**81** Herstellungskosten
75 Zinsen und ähnliche Aufwendungen	**82** Vertriebskosten
751 Zinsaufwand	**83** Allgemeine Verwaltungskosten
753 Diskontaufwand	**84** Sonstige betriebliche Aw
754 AS auf Disagio	**Kurzfristige Erfolgsrechnung für innerjährige**
759 Sonst. Zinsen u. ähnliche Aw	**Rechnungsperiod. (Monat, Quartal Halbjahr)**
76 Außerordentl. Aw (§ 277 HGB)	**88** Kurzfristige Erfolgsrechnung
77 Steuern v. Einkommen u.v. Ertrag (EE-Steuern)	**89** Innerjährige Rechnungsabgrenzung
770 Gewerbeertragsteuer	9 Kosten- und Leistungsrechnung
771 Körperschaftsteuer	**91** Kostenrechnerische Korrekturen
772 Kapitalertragsteuer	**92** Kosten- und Leistungsarten
775 Latente Steuern	**93** Kostenstellen
780 Sonstige Steuern	**94** Kostenträger
Fortsetzung Klasse 6	**95** Fertige Erzeugnisse
693 Andere sonstige betriebliche Aufwendungen	**96** Interne Lieferungen und Leistungen
6931 Verluste aus Schadensfällen	**97** Umsatzkosten
695 Wertminderungen UV	**98** Umsatzleistungen
695 Wertminderungen UV (ohne Vorräte/Wertpap.)	**99** Ergebnisausweise
6951 Uneinbringliche Forderungen	
6952 Einzelwertberichtigungen	
6953 Pauschalwertberichtigungen	
696 Verluste a. Abgang v. Vermögensgegenständ.	
699 Periodenfremde Aufwendungen	

9   Literaturverzeichnis und WWW-Links

Baetge, Jörg/Kirsch, Hans-Jürgen/Thiele, Stefan: Bilanzen, 9. Aufl., Düsseldorf 2007

Bussiek, Jürgen/Ehrmann, Harald: Buchführung, 8. Aufl., Ludwigshafen 2004

Engelhardt, Werner/Raffée, Hans/Wischermann, Barbara: Grundzüge der doppelten Buchhaltung, 7. Aufl., Wiesbaden 2006

Institut der Wirtschaftsprüfer (Hrsg.):Wirtschaftsprüfer-Handbuch 2006, Handbuch für Rechnungslegung, Prüfung und Beratung, Band 1, 13. Aufl., Düsseldorf 2006

Kresse, Werner/Leuz, Norbert (Hrsg.): Die neue Schule des Bilanzbuchhalters, Sieben Bände, Stuttgart 2005 ff.

Petersen, Karl/Bansbach, Florian/Dornbach, Eike (Hrsg.): IFRS Praxishandbuch, 2. Aufl., München 2006

Probst, Hans-Jürgen: Bilanzen lesen leicht gemacht, 2. Aufl., Wien/Frankfurt 2007

Schiederer, Dieter/Loidl, Christa: Grundkurs der Buchführung, 10. Aufl., Stuttgart 2003

Schmolke, Siegfried/Deitermann, Manfred: Industrielles Rechnungswesen IKR, 35. Aufl., Darmstadt 2007

Sorg, Peter: Buchführung, Eine Einführung mit Aufgaben und Lösungen, 2. Aufl., Berlin 2005

Wobbermin, Michael: Buchhaltung, Jahresabschluss, Bilanzanalyse, Einführung mit Fallbeispielen und Kontrollfragen, Stuttgart 1999

Wobbermin, Michael: Arbeitsbuch Buchhaltung, Jahresabschluss, Bilanzanalyse, Aufgaben und Lösungen mit SAP R/3-Anwendungen, Stuttgart 2000

Wobbermin, Michael: Auswertung der Rechnungslegung (Bilanzanalyse), in: Die neue Schule des Bilanzbuchhalters Band 2, Herausgegeben von Norbert Leuz, 10. Aufl., Stuttgart 2003

Wobbermin, Michael: Internationale Rechnungslegung, in: Die neue Schule des Bilanzbuchhalters Band 6, Herausgegeben von Norbert Leuz, 2. Aufl., Stuttgart 2005

Wöhe, Günter: Einführung in die Allgemeine Betriebswirtschaftslehre, 22. Aufl. München 2005
http://www.drsc.de
http://www.idw.de
http://www.oldenbourg.de

10   Ausführliche Fallstudie

I. Aufgabenstellung

Die *Schmuckes GmbH*, Pforzheim, stellt höherwertige Schmuckgegenstände her und vertreibt edle Juwelierprodukte.

Peter Klein ist Geschäftsführer des Unternehmens.

Im Geschäftsjahr 02 musste ein Verlust in Höhe von 2,8 Mio. € ausgewiesen werden. Das Geschäftsjahr 03 verlief deutlich erfolgreicher. Die Anzahl der Mitarbeiter erhöhte sich auf 200 (i.V. 180). Der Umsatz konnte auf 51 (i.V. 40) Mio. € gesteigert werden. Dies entsprach einem Umsatz je Mitarbeiter in Höhe von 255 (i.V. 222) T€.

Die Finanzbuchhaltung der *Schmuckes GmbH* ist unterteilt in eine

- **Sachkontenbuchhaltung** anhand eines
  -- Grundbuchs und eines
  -- Hauptbuchs und in

- **Nebenbuchhaltungen** in der Form von :
  -- Debitoren-
  -- Kreditoren- und
  -- Personalbuchhaltung.

Anhand folgender Geschäftsfälle (in €) soll die **Prozesskette**:

- Schlussbilanz zum 31.12.02
- Eröffnungsbilanz zum 01.01.03
- Eröffnungsbilanzkonto zum 01.01.03
- Bestandskonten der Bilanz in 03
- Erfolgskonten in 03
- GuV-Konto in 03
- Schlussbilanzkonto zum 31.12.03
- Schlussbilanz zum 31.12.03

dargestellt werden.

Die **Umsatzsteuer** (USt) (19 % Vorsteuer oder Ausgangssteuer) ist unter
- **sonstigen Vermögensgegenständen** und
- **sonstigen Verbindlichkeiten** auszuweisen.

A. Folgende Debitoren- und Kreditorengeschäftsfälle sind in 03 angefallen:

Ausgangssituation

Die *Schmuckes GmbH* weist folgende Bestände auf einigen Sachkonten aus (in Mio. €):

	Soll	Haben
Rohstoffe	4,1	
F.a.LL. gegenüber Debitoren	2,5	
Vorsteuer	0,5	
V.a.LL. gegenüber Kreditoren		18,8
Umsatzsteuer		1,0

Die Kunden- und Lieferantenkonten weisen jeweils folgende Salden zum 01.01.03 aus (in Mio. €):

Debitoren mit Kunden-Nr.:	Soll
44 *Lucca KG*, Augsburg	1,2
99 *Caro GmbH*, Tübingen	1,3

Kreditoren für Rohstoffe mit Lieferanten-Nr.:	Haben
117 *Gantz KG*, Waiblingen	4,4
120 *Crumme OHG*, Stuttgart	14,4

Die Geschäftsfälle (❶ bis ❿) sollen für das Geschäftsjahr 03 auf den Sach- und Personenkonten erfasst werden.

Kundengeschäftsfälle in 03:

❶ Verkauf von Schmuckgegenständen an *Lucca* über 20 Mio. € + 19 % USt

❷ Verkauf von Edelsteinen an *Caro* in Höhe von 30 Mio. € + 19 % USt

❸ *Lucca* bezahlt oben ausgestellte Rechnung unter Abzug von 2 % Skonto per Banküberweisung

❹ *Caro* bezahlt oben ausgestellte Rechnung unter Abzug von 2 % Skonto per Banküberweisung

❺ Verkauf von Schmuckgegenständen an *Lucca* über 2 Mio. € + 19 % USt. *Lucca* akzeptiert einen Wechsel über die entstandene Summe. *Schmuckes* verbucht bei Eingang des Akzepts einen Diskontertrag in Höhe von 8 % (pro Jahr). Der Wechsel wird von *Schmuckes* drei Monate später erfolgreich präsentiert. Auch der Diskontertrag wird per Banküberweisung durch *Lucca* an *Schmuckes* überwiesen

Lieferantengeschäftsfälle in 03:

⑥   *Schmuckes* erhält von *Gantz* für gelieferte Edelsteine (Rohstoffe) eine Rechnung über 1 Mio. € + 19 % USt

⑦   *Schmuckes* erhält von *Crumme* für gelieferte Goldfassungen (Rohstoffe) eine Rechnung über 2 Mio. €

⑧   *Schmuckes* bezahlt die Rechnung von *Gantz* per Banküberweisung

⑨   *Schmuckes* bezahlt die Rechnung von *Crumme* per Banküberweisung

⑩   *Schmuckes* begleicht eine Rechnung von *Crumme* aus dem Vorjahr 02 in Höhe von brutto 3,48 Mio. € per Banküberweisung

---

➡ Stimmen Sie zum Jahresabschluss die Personen- mit den Hauptbuchkonten von *Schmuckes* ab.
➡ Erstellen Sie die Saldenliste für die Debitoren und die Kreditoren.

B. Folgende Personalbuchungen sind in 03 zu buchen:

1. Für 199 Mitarbeiter fielen insgesamt
- Gehaltsaufwendungen in Höhe von 10 Mio. €,
- Beiträge des Unternehmens zur Sozialversicherung über 2 Mio. € = 50 % der gesamten Sozialaufwendungen (vereinfachende Annahme),
- Aufwendungen für vermögenswirksame Leistungen in Höhe von 1.990 € (10 € je Mitarbeiter, 68 € trägt jeder Mitarbeiter),
- Lohn-, Kirchensteuer und Solidaritätszuschlag in Höhe von 1,5 Mio. € an.

➡ Buchen Sie per Banküberweisung (vereinfachende Annahme: Buchung in 03)
- die ausbezahlte Lohn- und Gehaltssumme,
- die Steuerbelastungen und den Arbeitgeberanteil zur Sozialversicherung

---

2. *Peter Klein*, alleiniger Geschäftsführer der *Schmuckes GmbH*, verdient monatlich 14.000 € brutto. Er fährt einen Dienstwagen (Bruttolistenpreis: 80.000 € incl. USt). *Klein* bezieht vermögenswirksame Leistungen (VL) des Unternehmens in Höhe von spärlichen 10 €, die zusammen mit seiner eigenen Sparleistung in Höhe von 68 € auf sein Konto bei der Bausparkasse überwiesen werden.

Annahmen:
- Lohn-, Kirchensteuer und Solidaritätszuschlag (SolZ) 1.600 €,
- Sozialversicherungsanteil des Arbeitnehmers 3.200 € = 50 % der gesamten Sozialaufwendungen (vereinfachende Annahme),
- für *Klein* gilt die „1 %-Regelung".

➡ Wie sehen der Monatsgehaltszettel und die monatlichen Buchungen für *Peter Klein* aus?
➡ Erfassen Sie sämtliche Buchungen auf **Jahresbasis**, die für die Erfassung des Gehalts aus Firmensicht notwendig sind. Das Unternehmen zahlt nur zwölf Gehälter (Vereinfachende Annahme: Sämtliche Steuern werden in 03 abgeführt).

C. Folgende Sachkontengeschäftsfälle sind in 03 zu erfassen (in €):

❶ Kauf eines Lkw gegen Banküberweisung (netto)   200.000
❷ Überweisung von Zinserträgen   100.000
❸ Aufwendungen für Geschäftsreisen werden per Banküberweisung
   beglichen (netto)   5.000
❹ Bareinzahlung auf das Bankkonto   10.000
❺ Ankauf von Wertpapieren des Umlaufvermögens   200.000
   (Gebühren können vernachlässigt werden)
❻ Verkauf dieser Wertpapiere mit einem Gewinn von   10.000
   (Gebühren können vernachlässigt werden)
❼ Mietaufwendungen für Januar 04 werden im Dezember 03 per
   Banküberweisung beglichen   1.000.000
❽ Bildung einer Rückstellung für Prozessrisiken   100.000
❾ Überweisung der Kfz-Steuer in Höhe von   500
❿ Geschäftswertabschreibungen über   1.000.000

Berücksichtigen Sie die Umsatzsteuer mit 19 %.

Bei Durchführung der Inventur wurden folgende **Inventurdifferenzen** festgestellt:

❶❶ Kassenfehlbetrag über   10.000
❶❷ Mehrbestand an unfertigen Produkten   20.000

Die **Schlussbilanz des Vorjahres 02** sieht wie folgt aus:

Aktiva	Bilanz der *Schmuckes GmbH* zum 31.12.02 (in Mio. €)		Passiva
A. Anlagevermögen:		**A. Eigenkapital:**	
I. Immaterielle Vermögensgegenstände:		I. Gezeichnetes Kapital	4,6
1 Konzessionen	3,4	II. Kapitalrücklage	12,2
2. Geschäftswert	6,4	III. Gewinnrücklagen	
II. Sachanlagen:		1. gesetzliche Rücklage	50,0
1. Grundstücke u. Bauten	20,6	IV. Jahresfehlbetrag	(2,8)
2. techn. Anlagen u. Maschinen	3,8	**B. Rückstellungen:**	
3. andere Anlagen, Betriebs- u.	16,0	1. Rückstellungen für Pensionen	30,3
Geschäftsausstattung		2. Steuerrückstellungen	20,2
4. geleistete Anzahlungen u.		3. sonstige Rückstellungen	65,3
Anlagen im Bau	8,5	**C. Verbindlichkeiten:**	
III. Finanzanlagen:		1. Verbindlichkeiten aus Liefer.	
1. Beteiligungen	3,3	u. Leistungen (V.a.LL.)	18,8
2. Wertpapiere des Anlage-		- davon mit einer Restlaufzeit	18,8
vermögens	1,0	bis zu einem Jahr	
B. Umlaufvermögen:		2. Verbindlichkeiten aus der	
I. Vorräte:		Annahme gezog. Wechsel	
1. Roh-, Hilfs- u. Betriebsstoffe	4,1	u. d. Ausstellung eig. Wechsel	3,3
2. unfertige Erzeugnisse, unfertige		- davon mit einer Restlaufzeit	
Leistungen	19,0	bis zu einem Jahr	3,3
3. fertige Erzeugnisse u. Waren	7,8	3. sonstige Verbindlichkeiten	0,9
II. Forderungen und sonstige Ver-		- davon im Rahmen der	
mögensgegenstände:		sozialen Sicherheit	0,2
1. Forderungen aus Lieferungen		- davon mit einer Restlaufzeit	
u. Leistungen (F.a.LL.)	2,5	bis zu einem Jahr	0,8
- davon mit einer Restlaufzeit		**D. Rechnungsabgrenzungs-**	
von mehr als einem Jahr	-	**posten**	0,2
2. sonstige Vermögensgegenstände	4,8		
- davon mit einer Restlaufzeit von			
mehr als einem Jahr	0,5		
III. Wertpapiere:			
1. sonstige Wertpapiere	30,5		
IV. Kassenbestand, Bundesbank-			
guthaben, Guthaben bei Kredit-			
instituten u. Schecks	70,8		
C. Rechnungsabgrenzungs-			
posten	0,5		
Bilanzsumme	**203,00**	**Bilanzsumme**	**203,00**

Vorgehensweise und Fragen:

> - Die Buchungssätze für die Geschäftsfälle sollen im Hauptbuch (Kontenform) darge-
>   stellt werden.
> - Wie sieht das Gewinn- und Verlust-Konto für 03 aus?
> - Es ist der Erfolg des Unternehmens im Geschäftsjahr 03 zu ermitteln.
> - Wie hoch ist die Summe der Aufwendungen in 03?
> - Wie wirken sich die Aufwands- und Ertragsbuchungen auf die Höhe des Eigenkapi-
>   tals zum Jahresabschluss per 31.12.03 aus?

II. Lösungen

Ausgehend von der Schlussbilanz der *Schmuckes GmbH* zum 31.12.02 sind die **Er-
öffnungsbuchungen** für die Bestandskonten der Bilanz zu erfassen (in €).

02	Konzessionen	an	Eröffnungsbilanzkonto (EBK)	3.400.000
031	Geschäftswert	an	EBK	6.400.000
051	Bebaute Grundstücke	an	EBK	20.600.000
075	Transportanlagen	an	EBK	3.800.000
084	Fuhrpark	an	EBK	8.000.000
086	Büromaschinen	an	EBK	8.000.000
090	Geleistete Anzahlungen auf Sachanlagen	an	EBK	8.500.000
135	Andere Beteiligungen	an	EBK	3.300.000
156	Festverzinsliche Wertpapiere d. Anlageverm.	an	EBK	1.000.000
200	Rohstoffe	an	EBK	2.100.000
202	Hilfsstoffe	an	EBK	1.000.000
203	Betriebsstoffe	an	EBK	1.000.000
210	Unfertige Erzeugnisse	an	EBK	19.000.000
220	Fertige Erzeugnisse	an	EBK	7.800.000
240	Forderungen aus Lieferungen und Leistungen (F.a.LL.)	an	EBK	2.500.000
260	Vorsteuer	an	EBK	4.000.000
265	Forderungen an Mitarbeiter	an	EBK	800.000
272	Sonstige Wertpapiere des Umlaufvermögens	an	EBK	30.500.000
280	Bankguthaben	an	EBK	70.000.000
288	Kasse	an	EBK	800.000
290	Aktive Rechnungsabgrenzung	an	EBK	500.000

EBK an	300 Gezeichnetes Kapital	4.600.000
EBK an	311 Agio	12.200.000
EBK an	324 Andere Gewinnrücklagen	47.200.000

Der Jahresfehlbetrag für das Geschäftsjahr 02 in Höhe von 2,8 Mio. € wurde in 03 voll
mit den Gewinnrücklagen verrechnet.

EBK an	370 Pensionsrückstellungen	30.300.000
EBK an	381 Rückstellungen für Körperschaftsteuer	20.200.000
EBK an	392 Rückstellungen für Rechts- und Beratungskosten	20.000.000
EBK an	399 Rückstellungen für andere Aufwendungen	45.300.000
EBK an	440 Verbindlichkeiten aus Lieferungen und	
	Leistungen (V.a.LL.)	18.800.000
EBK an	450 Schuldwechsel	3.300.000
EBK an	489 Übrige sonstige Verbindlichkeiten	900.000
EBK an	490 Passive Rechnungsabgrenzung	200.000

Hieraus ergibt sich das folgende Eröffnungsbilanzkonto zum 01.01.03:

800 Eröffnungsbilanzkonto der *Schmuckes GmbH* zum 01.01.03 (in Mio. €)			
Gezeichnetes Kapital	4,6	Konzessionen	3,4
Agio	12,2	Geschäftswert	6,4
Andere Gewinnrücklagen	47,2	Bebaute Grundstücke	20,6
Pensionsrückstellungen	30,3	Transportanlagen	3,8
Rückstellungen für		Fuhrpark	8,0
Körperschaftsteuer	20,2	Büromaschinen	8,0
Rückstellungen für Rechts-		Geleistete Anzahlungen	
u. Beratungskosten	20,0	auf Sachanlagen	8,5
Rückstellungen für andere		Beteiligungen	3,3
Aufwendungen	45,3		
V.a.LL.	18,8	Festverzinsliche Wertpapiere	1,0
Schuldwechsel	3,3	des Anlagevermögens	
Übrige sonstige		Rohstoffe	2,1
Verbindlichkeiten	0,9	Hilfsstoffe	1,0
Passive Rechnungsabgrenzung	0,2	Betriebsstoffe	1,0
		Unfertige Erzeugnisse	19,0
		Fertige Erzeugnisse	7,8
		F.a.LL.	2,5
		Vorsteuer	4,0
		Forderungen an Mitarbeiter	0,8
		Sonstige Wertpapiere	
		des Umlaufvermögens	30,5
		Bankguthaben	70,0
		Kasse	0,8
		Aktive Rechnungsabgrenzung	0,5
	203,0		**203,0**

Buchung der **Anfangsbestände auf den Bestandskonten der Bilanz zum 01.01.03** (in Mio. €):

Buchungssätze:
➡ „Aktivkonten an Eröffnungsbilanzkonto"
➡ „Eröffnungsbilanzkonto an Passivkonten"

Aktive Bestandskonten   **Passive Bestandskonten**

Soll	Konzessionen	Haben
EBK	3,4	

Soll	Gezeichnetes Kapital	Haben
	EBK	4,6

Soll	Geschäftswert	Haben
EBK	6,4	

Soll	Agio	Haben
	EBK	12,2

Soll	Bebaute Grundstücke	Haben
EBK	20,6	

Soll	Gewinnrücklagen	Haben
	EBK	47,2

Soll	Transportanlagen	Haben
EBK	3,8	

Soll	Pensionsrückstellungen	Haben
	EBK	30,3

Soll	Fuhrpark	Haben
EBK	8,0	

Soll	Rückstell. f. Körperschaftst.	Haben
	EBK	20,2

Soll	Büromaschinen	Haben
EBK	8,0	

Soll	Rückst. Rechts- u. Ber.kost.	Haben
	EBK	20,0

Soll	Geleist. Anz. auf Sachanl.	Haben
EBK	8,5	

Soll	Andere Rückstellungen	Haben
	EBK	45,3

Soll	Beteiligungen	Haben
EBK	3,3	

Soll	V.a.LL.	Haben
	EBK	18,8

Soll	Festv. Wertp.d.Anl.verm.	Haben
EBK	1,0	

Soll	Schuldwechsel	Haben
	EBK	3,3

Soll	Rohstoffe	Haben
EBK	2,1	

Soll	Umsatzsteuer	Haben
	EBK	0,0

Soll	Hilfsstoffe	Haben
EBK	1,0	

Soll	Übrige sonst. Verbindl.	Haben
	EBK	0,9

Soll	Betriebsstoffe	Haben
EBK	1,0	

Soll	Passive Rechnungsabgr.	Haben
	EBK	0,2

Soll	Unfertige Erzeugnisse	Haben
EBK	19,0	

Soll	Fertige Erzeugnisse	Haben
EBK	7,8	

Soll	F.a.LL.	Haben
EBK	2,5	

Soll	Vorsteuer	Haben
EBK	4,0	

Soll	Ford. an Mitarbeiter	Haben
EBK	0,8	

Soll	Wertpapiere Umlaufverm.	Haben
EBK	30,5	

Soll	Bank	Haben
EBK	70,0	

Soll	Kasse	Haben
EBK	0,8	

Soll	Aktive Rechnungsabgr.	Haben
EBK	0,5	

A. Debitoren- und Kreditorenbuchungen in 03

Buchungssätze für Debitoren (in €):

❶   240   *Lucca*/F.a.LL.   23.800.000
         an Umsatzerlöse   20.000.000
         an Umsatzsteuer   3.800.000
❷   240   *Caro*/F.a.LL.   35.700.000
         an Umsatzerlöse   30.000.000
         an Umsatzsteuer   5.700.000

❸ 280 Bank 23.324.000
5001 Erlösberichtigung 400.000
480 Umsatzsteuer 76.000
an 240 *Lucca*/ F.a.LL. 23.800.000
500 Umsatzerlöse an 5001 Erlösberichtigung 400.000
❹a 280 Bank 34.986.000
5001 Erlösberichtigung 600.000
480 Umsatzsteuer 114.000
an 240 *Caro*/F.a.LL. 35.700.000
❹b 500 Umsatzerlöse an 5001 Erlösberichtigung 600.000
❺a 240 *Lucca*/F.a.LL. 2.380.000
an 500 Umsatzerlöse 2.000.000
an 480 Umsatzsteuer 380.000
❺b 245 Besitzwechsel an 240 *Lucca*/F.a.LL. 2.380.000
❺c 240 *Lucca*/F.a.LL. an 573 Diskonterträge 47.600
❺d 280 Bank an 245 Besitzwechsel 2.380.000
❺e 280 Bank an 240 *Lucca*/F.a.LL. 47.600

Buchungssätze für Kreditoren (in €):

❻ 200 Rohstoffe 1.000.000
260 Vorsteuer 190.000
an 440 *Gantz*/V.a.LL. 1.190.000
❼ 200 Rohstoffe 2.000.000
260 Vorsteuer 380.000
an 440 *Crumme*/V.a.LL. 2.380.000
❽ 440 *Gantz*/V.a.LL. an 280 Bank 1.190.000
❾ 440 *Crumme*/V.a.LL. an 280 Bank 2.380.000
❿ 440 *Crumme*/V.a.LL. an 280 Bank 3.480.000

Abstimmung der Debitoren- und Kreditorengeschäftsfälle mit den zugehörigen Konten des Hauptbuchs (Mitbuchkontentechnik):

Soll		F.a.LL.		Haben
	2.500.000	❸		23.800.000
❶	23.800.000	❹a		35.700.000
❷	35.700.000	❺b		2.380.000
❺a	2.380.000	❺e		47.600
❺c	47.600			**2.500.000**

Soll		V.a.LL.		Haben
❽	1.190.000			18.800.000
❾	2.380.000	❻		1.190.000
❿	3.480.000	❼		2.380.000
	15.320.000			

Soll		Lucca		Haben
	1.200.000	❸		23.800.000
❶	23.800.000	❺b		2.380.000
❺a	2.380.000	❺e		47.600
❺c	47.600			**1.200.000**

Soll		Gantz		Haben
❽	1.190.000			4.400.000
	4.400.000	❻		1.190.000

Soll	Caro	Haben	
	1.300.000	❹a	35.700.000
❷	35.700.000		**1.300.000**

Soll	Crumme	Haben	
⑨	2.380.000		14.400.000
⑩	3.480.000	❼	2.380.000
	10.920.000		

Soll	Bank	Haben	
	70.000.000	❽	1.190.000
❸	23.324.000	⑨	2.380.000
❹a	34.986.000	⑩	3.480.000
❺d	2.380.000		
❺e	47.600		

Soll	Umsätze	Haben	
❸	400.000	❶	20.000.000
❹b	600.000	❷	30.000.000
		❺a	2.000.000

Soll	Vorsteuer	Haben
	4.000.000	
❻	190.000	
❼	380.000	

Soll	Umsatzsteuer	Haben	
❸	76.000	❶	3.800.000
❹a	114.000	❷	5.700.000
		❺a	380.000

Soll	Rohstoffe	Haben
	2.100.000	
❻	1.000.000	
❼	2.000.000	

Soll	Diskonterträge	Haben	
		❺c	47.600

Soll	Besitzwechsel	Haben	
❺b	2.380.000	❺d	2.380.000

Saldenliste der Debitoren:

Lucca	1.200.000 €
Caro	1.300.000 €
F.a.LL.	**2.500.000 €**

Saldenliste der Kreditoren:

Gantz	4.400.000 €
Crumme	10.920.000 €
V.a.LL.	**15.320.000 €**

B. Personalbuchungen in 03:

Erfassung der Personalaufwendungen für 199 Mitarbeiter (in €):

❶ Bankeinzug der SV-Beträge:

264 SV-Vorauszahlung an 280 Bank   4.000.000

❷ Gehaltszahlung:

	Soll	Haben
630 Gehälter	10.000.000	
632 Sonst. tarifl./vertragliche Aufwendungen	1.990	
an 483 Sonst. Verb. Finanzbehörden		1.500.000
an 264 SV-Vorauszahlungen		2.000.000
an 486 Verbindlichkeiten aus		
vermögenswirksamen Leistungen		15.522
an 280 Bank		6.486.468

❸ Verbuchung des Arbeitgeberanteils zur Sozialversicherung:

641 Arbeitgeberanteil zur Sozialversicherung		
an 264 SV-Vorauszahlungen		2.000.000

❹ Überweisung der direkten Steuern und vermögenswirksamen Leistungen durch *Schmuckes*:

	Soll	Haben
483 Sonst. Verb. Finanzbehörden	1.500.000	
486 Verbindlichkeiten aus verm.wirks. Leistungen	15.522	
an 280 Bank		1.515.522

Gehaltszahlungen an *Peter Klein* (in €)

Monatsgehaltszettel

Die **Gehaltsabrechnung** für *Peter Klein* lautet wie folgt:

Bruttogehalt	14.000
+ Sachbezug (Dienstwagen: 1 % aus 80.000 €)	800
+ VL des Arbeitgebers	10
Steuer- und versicherungspflichtiges Bruttoeinkommen	14.810
- Lohn-, Kirchensteuer und SolZ	1.600
- Sozialversicherungsanteil des Arbeitnehmers für Renten-, Kranken-, Pflege- und Arbeitslosenversicherung	3.200
- Sachbezug	800
Gehalt nach Steuern und Versicherungsbeiträgen	9.210
- VL insgesamt	78
Ausgezahltes Nettogehalt	9.132

❶ Bankeinzug der SV-Beiträge:
264 SV-Vorauszahlung an 280 Bank 6.400

❷ **Gehaltszahlung** an *Peter Klein:*

	Soll	Haben
630 Gehälter	14.000,00	
635 Sachbezüge	800,00	
632 Sonstige tarifl. oder vertragl. Aufwend.	10,00	
an 483 Sonst. Verb. Finanzbehörden		1.600,00
an 264 SV-Vorauszahlungen		3.200,00
an 543 Andere sonstige betriebl. Erträge		672,27
an 480 Umsatzsteuer		127,73
an 486 Verbindl. aus verm.wirks. Leist.		78,00
an 280 Bank		9.132,00

❸ Erfassung des **Arbeitgeberanteils zur Sozialversicherung** bei *Schmuckes:*

641 Arbeitgeberanteil zur Sozialversicherung (Gehälter)
    an 264 SV-Vorauszahlung   3.200

❹ **Überweisung der direkten Steuern und Bausparbeiträge** durch *Schmuckes:*

	Soll	Haben
483 Sonst. Verb. Finanzbehörden	1.600	
486 Verbindlichkeiten aus verm. wirks. Leist.	78	
an 280 Bank		1.678

Jahreswerte für *Peter Klein*

❶ **Bankeinzug der SV-Beiträge:**
264 SV-Vorauszahlung an 280 Bank   76.800

❷ **Gehaltszahlung** an *Peter Klein:*

	Soll	Haben
630/635 Gehälter/Sachbezug	177.600,00	
632 Sonstige tarifl. oder vertragl. Aufwend.	120,00	
an 483 Sonst. Verb. Finanzbehörden		19.200,00
an 264 SV-Vorauszahlung		38.400,00
an 543 Andere sonstige betriebl. Erträge		8.067,24
an 480 Umsatzsteuer		1.532,76
an 486 Verbindl. aus verm.wirks. Leist.		936,00
an 280 Bank		109.584,00

❸ Erfassung des **Arbeitgeberanteils zur Sozialversicherung** bei *Schmuckes:*

641 Arbeitgeberanteil zur Sozialversicherung (Gehälter)
    an 264 SV-Vorauszahlung   38.400

❹ Überweisung der Steuern und Bausparbeiträge durch *Schmuckes*:

	Soll	Haben
483 Sonst. Verb. Finanzbehörden	19.200	
486 Verbindlichkeiten aus vermög. Leistung.	936	
an 280 Bank		20.136

C. Sonstige Sachkontenbuchungen in 03 (in €):

Buchungssätze:

❶ 084 Fuhrpark   200.000
    260 Vorsteuer   38.000
       an 280 Bank   238.000
❷ 280 Bank an 571 Zinserträge   100.000
❸ 685 Reisekosten   5.000
    260 Vorsteuer   950
       an 280 Bank   5.950
❹ 280 Bank an 288 Kasse   10.000
❺ 272 Sonstige Wertpapiere des Umlaufvermögens an 280 Bank   200.000
❻ 280 Bank   210.000
       an 272 sonst. Wertpapiere des Umlaufverm.   200.000
       an 546 Erträge aus Vermögensabgängen   10.000
❼a 670 Mieten an 280 Bank   1.000.000
❼b 290 Aktive Rechnungsabgrenzung an 670 Mieten   1.000.000
❽ 677 Prozessrisiken an 392 Sonstige Rückstellungen für Rechts-
                 und Beratungskosten   100.000
❾ 703 Kfz-Steuer an 280 Bank   500
❿ 651 Abschreibungen auf immaterielle
    Vermögensgegenstände an 031 Geschäftswert   1.000.000

Buchungssätze für Inventurdifferenzen:

⓫ 657 Abschreibungen auf Umlaufvermögen an 288 Kasse   10.000
⓬ 210 Unfertige Erzeugnisse an 520 Bestandsveränderungen   20.000

Die bislang angesprochenen **Erfolgskonten** sind über das GuV-Konto mit folgenden Buchungssätzen abzuschließen (in €):

> Die Kontennummern wurden im Folgenden weggelassen und sollten von dem Üben-
> den selbstständig hinzugefügt werden.

Umsätze	an GuV-Konto	51.000.000
Diskonterträge	an GuV-Konto	47.600

Erträge aus Vermögensabgängen	an GuV-Konto	10.000
Zinserträge	an GuV-Konto	100.000
Bestandsveränderungen	an GuV-Konto	20.000
Andere sonstige betriebl. Erträge	an GuV-Konto	8.067,24
GuV-Konto	an Gehälter	10.177.600
GuV-Konto	an Sonst. tarifl. Aufwendungen	2.110
GuV-Konto	an Arbeitgeberanteil zur Sozialversicherung	2.038.400
GuV-Konto	an Reisekosten	5.000
GuV-Konto	an Prozessrisiken	100.000
GuV-Konto	an Kfz-Steuer	500
GuV-Konto	an Abschreibungen auf immat. Vermögensgegenstände	1.000.000
GuV-Konto	an Abschreibungen auf Umlaufvermögen	10.000

Summe der Erträge:	51.185.667,24
Summe der Aufwendungen:	13.333.610,00
Jahresüberschuss	**37.852.057,24**

Der Saldo des GuV-Kontos (Hier: Gewinn, da Erträge größer sind als die Aufwendungen) wird eigenkapitalerhöhend verbucht:

GuV-Konto	an Eigenkapital	37.852.057,24

Die Abschlussbuchungen der **Bestandskonten** werden im Schlussbilanzkonto erfasst und lauten:

SBK	an Konzessionen	3.400.000
SBK	an Geschäftswert	5.400.000
SBK	an Bebaute Grundstücke	20.600.000
SBK	an Transportanlagen	3.800.000
SBK	an Fuhrpark	8.200.000
SBK	an Büromaschinen	8.000.000
SBK	an Geleist. Anz. a.	8.500.000
SBK	an Beteiligungen	3.300.000
SBK	an Wertpapiere Anlageverm.	1.000.000
SBK	an Rohstoffe	5.100.000
SBK	an Hilfsstoffe	1.000.000
SBK	an Betriebsstoffe	1.000.000
SBK	an Unfertige Erzeugnisse	19.020.000
SBK	an Fertige Erzeugnisse	7.800.000
SBK	an F.a.LL.	2.500.000
SBK	an Vorsteuer	4.608.950
SBK	an Forderungen an Mitarb.	800.000

SBK	an Wertpapiere Umlaufv.	30.500.000
SBK	an Bankguthaben	110.354.640
SBK	an Kasse	780.000
SBK	an Aktive Rechnungsabgr.	1.500.000

Gezeichnetes Kapital	an SBK	4.600.000
Agio	an SBK	12.200.000
Gewinnrücklagen	an SBK	47.200.000
Jahresüberschuss	an SBK	37.851.065,92
Pensionsrückstellungen	an SBK	30.300.000
Rückstellungen f. Körp.steuer	an SBK	20.200.000
Rückstellungen für Rechts- und Beratungskosten	an SBK	20.100.000
Rückstellungen für andere Aufwendungen	an SBK	45.300.000
V.a.LL.	an SBK	15.320.000
Schuldwechsel	an SBK	3.300.000
Umsatzsteuer	an SBK	9.691.532,76
Übrige sonstige Verbindlichk.	an SBK	900.000
Passive Rechnungsabgrenzung	an SBK	200.000

Das **Kontenbild** (Bestandskonten aufsetzend auf den Debitoren-/Kreditoren- und Personalbuchungen, Erfolgskonten aufsetzend auf den Debitoren- und Kreditoren- buchungen) sieht wie folgt aus: Die sonstigen Sachkontenbuchungen sind von ❶ bis ❶❷ besonders erwähnt.

Bestandskonten der Bilanz in 03

Soll	Konzessionen	Haben
	3.400.000	SBK 3.400.000

Soll	Gezeich. Kapital	Haben
SBK 4.600.000		4.600.000

Soll	Geschäftswert	Haben
6.400.000	❿	1.000.000
	SBK	5.400.000

Soll	Agio	Haben
SBK 12.200.000		12.200.000

Soll	Beb.Grundstücke	Haben
20.600.000	SBK 20.600.000	

Soll	Gewinnrücklagen	Haben
SBK 47.200.000		47.200.000

Soll	Transportanlagen	Haben
3.800.000	SBK 3.800.000	

Soll	Jahresüberschuss	Haben
37.852.057,24		37.852.057,24

Soll	Fuhrpark	Haben
	8.000.000	SBK 8.200.000
❶	200.000	

Soll	Pensionsrückstell.	Haben
SBK 30.300.000		30.300.000

Soll	Büromaschinen	Haben
	8.000.000	SBK 8.000.000

Soll Gel.Anz. a. Sachanl.		Haben
	8.500.000	SBK 8.500.000

Soll	Beteiligungen	Haben
	3.300.000	SBK 3.300.000

Soll Wertpap. Anl.verm.		Haben
	1.000.000	SBK 1.000.000

Soll	Rohstoffe	Haben
	5.100.000	SBK 5.100.000

Soll	Hilfsstoffe	Haben
	1.000.000	SBK 1.000.000

Soll	Betriebsstoffe	Haben
	1.000.000	SBK 1.000.000

Soll Unfertige Erzeugnis.		Haben
	19.000.000	SBK 19.020.000
❶❷	20.000	

Soll Fertige Erzeugnisse		Haben
	7.800.000	SBK 7.800.000

Soll	F.a.LL.	Haben
	2.500.000	SBK 2.500.000

Soll	Vorsteuer	Haben
	4.570.000	SBK 4.608.950
❶	38.000	
❸	950	

Soll Ford.a.Mitarbeiter		Haben
	800.000	SBK 800.000

Soll Wertp. Umlaufverm.		Haben
	30.500.000	❻ 200.000
❺	200.000	SBK 30.500.000

Soll Rückstell. f. Körp.St.		Haben
SBK 20.200.000		20.200.000

Soll Rückstell. Rechtsk.		Haben
SBK 20.100.000		20.000.000
	❽	100.000

Soll Rückstell. and. Aufw.		Haben
SBK 45.300.000		45.300.000

Soll	V.a.LL.	Haben
SBK 15.320.000		15.320.000

Soll	Schuldwechsel	Haben
SBK 3.300.000		3.300.000

Soll	Umsatzsteuer	Haben
	9.691.532,76	9.691.532,76

Soll Übr. sonst. Verbindl.		Haben
SBK 900.000		900.000

Soll Passive Rechn.abgr.		Haben
SBK 200.000		200.000

Soll	Bank		Haben
	111.479.090		
❷	100.000	❶	238.000
❹	10.000	❸	5.950
❻	210.000	❺	200.000
		❼a	1.000.000
		❾	500
		SBK	110.354.640

Soll	Kasse		Haben
	800.000	❹	10.000
		⓫⓬	10.000
		SBK	780.000

Soll	Aktive Rechn.abgr.		Haben
	500.000	SBK	1.500.000
❼b	1.000.000		

Erfolgskonten in 03

Soll	Gehälter		Haben
	10.177.600	GuV	10.177.600

Soll	Umsätze		Haben
GuV	51.000.000		51.000.000

Soll	Sonst. tarifl. Aufw.		Haben
	2.110	GuV	2.110

Soll	Diskonterträge		Haben
GuV	47.600		47.600

Soll	Soz.vers. Arbeitgeb.		Haben
	2.038.400	GuV	2.038.400

Soll	Ertr. Verm.abgänge		Haben
GuV	10.000	❻	10.000

Soll	Reisekosten		Haben
❸	5.000	GuV	5.000

Soll	Zinserträge		Haben
GuV	100.000	❷	100.000

Soll	Prozessrisiken		Haben
❽	100.000	GuV	100.000

Soll	Bestandsveränd.		Haben
GuV	20.000	⓫⓬	20.000

Soll	Kfz-Steuer		Haben
❾	500	GuV	500

Soll	And. sonst. betr. Ertr.		Haben
GuV	8.067,24		8.067,24

Soll	Abschr. IVG		Haben
⓾	1.000.000	GuV	1.000.000

Soll	Abschr. Umlaufverm.		Haben
⓫⓬	10.000	GuV	10.000

Soll	Mieten		Haben
❼a	1.000.000	❼b	1.000.000

Das Gewinn- und Verlustkonto für das Geschäftsjahr 03 sieht demnach wie folgt aus:

802 Gewinn- und Verlustkonto der *Schmuckes GmbH* in 03 (in €)			
Gehälter	10.177.600,00	Umsätze	51.000.000,00
Sonst. tarifl. Aufwend.	2.110,00	Diskonterträge	47.600,00
Arbeitgeberanteil Soz.vers.	2.038.400,00	Erträge aus Vermög. Abg.	10.000,00
Reisekosten	5.000,00	Zinserträge	100.000,00
Prozessrisiken	100.000,00	Bestandsveränderungen	20.000,00
Kfz-Steuer	500,00	And. sonst. betr. Erträge	8.067,24
Abschr. immat. Verm.geg.	1.000.000,00		
Abschr. Umlaufvermögen	10.000,00		
Jahresüberschuss	**37.852.057,24**		

Das Schlussbilanzkonto zum 31.12.03 sieht wie folgt aus:

801 Schlussbilanzkonto der *Schmuckes GmbH* zum 31.12.03 (in €)			
Konzessionen	3.400.000,00	Gezeichnetes Kapital	4.600.000,00
Geschäftswert	5.400.000,00	Agio	12.200.000,00
Bebaute Grundstücke	20.600.000,00	Gewinnrücklagen	47.200.000,00
Transportanlagen	3.800.000,00	Jahresüberschuss	37.852.057,24
Fuhrpark	8.200.000,00	Pensionsrückstellungen	30.300.000,00
Büromaschinen	8.000.000,00	Rückstell. f. Körp.schaftst.	20.200.000,00
Geleist. Anz. a. Sachanlagen	8.500.000,00	Rückstell. f. Rechts-/Berat.k.	20.100.000,00
Beteiligungen	3.300.000,00	Rückstell. f. and. Aufwend.	45.300.000,00
Wertpapiere Anlageverm.	1.000.000,00	V.a.LL.	15.320.000,00
Rohstoffe	5.100.000,00	Schuldwechsel	3.300.000,00
Hilfsstoffe	1.000.000,00	Umsatzsteuer	5.082.582,76
Betriebsstoffe	1.000.000,00	Übrige sonst. Verbindlichk.	900.000,00
Unfertige Erzeugnisse	19.020.000,00	Passive Rechnungsabgrenz.	200.000,00
Fertige Erzeugnisse	7.800.000,00		
F.a.LL.	2.500.000,00		
Forderungen a. Mitarbeit.	800.000,00		
Wertpapiere Umlaufverm.	30.500.000,00		
Bankguthaben	110.354.640,00		
Kasse	780.000,00		
Aktive Rechnungsabgrenz.	1.500.000,00		
	242.554.640,00		**242.554.640,00**

Die Schlussbilanz zum 31.12.03 sieht wie folgt aus:

Aktiva	Bilanz der *Schmuckes GmbH* zum 31.12.03 (in Mio. €)	Passiva
A. Anlagevermögen:		**A. Eigenkapital:**	
I. Immaterielle Vermögensgegenstände:		I. Gezeichnetes Kapital	4,6
1. Konzessionen	3,4	II. Kapitalrücklage	12,2
2. Geschäftswert	5,4	III. Gewinnrücklagen	
II. Sachanlagen:		1. gesetzliche Rücklage	47,2
1. Grundstücke u. Bauten	20,6	IV. Jahresüberschuss	37,9
2. techn. Anlagen u. Maschinen	3,8	**B. Rückstellungen:**	
3. andere Anlagen, Betriebs- u.		1. Rückstellungen für Pensionen	30,3
Geschäftsausstattung	16,2	2. Steuerrückstellungen	20,2
4. geleistete Anzahlungen u.		3. sonstige Rückstellungen	65,4
Anlagen im Bau	8,5	**C. Verbindlichkeiten:**	
III. Finanzanlagen:		1. Verbindlichkeiten aus Liefer.	
1. Beteiligungen	3,3	u. Leistungen (V.a.LL.)	15,3
2. Wertpapiere des Anlage-		- davon mit einer Restlaufzeit	
vermögens	1,0	bis zu einem Jahr	15,3
B. Umlaufvermögen:		2. Verbindlichkeiten aus der	
I. Vorräte:		Annahme gezog. Wechsel	
1. Roh-, Hilfs- u. Betriebsstoffe	7,1	u. d. Ausstellung eig. Wechsel	3,3
2. unfertige Erzeugnisse, unfertige		- davon mit einer Restlaufzeit	
Leistungen	19,0	bis zu einem Jahr	3,3
3. fertige Erzeugnisse u. Waren	7,8	3. sonstige Verbindlichkeiten	6,0
II. Forderungen und sonstige Ver-		- davon aus Steuern	5,1
mögensgegenstände:		- davon im Rahmen der	
1. Forderungen aus Lieferungen		sozialen Sicherheit	0,2
u. Leistungen (F.a.LL.)	2,5	- davon mit einer Restlaufzeit	
- davon mit einer Restlaufzeit		bis zu einem Jahr	5,3
von mehr als einem Jahr	-	**D. Rechnungsabgrenzungs-**	
2. sonstige Vermögensgegenstände	0,8	**posten**	0,2
- davon mit einer Restlaufzeit von			
mehr als einem Jahr	0,2		
III. Wertpapiere:			
1. sonstige Wertpapiere	30,5		
IV. Kassenbestand, Bundesbank-			
guthaben, Guthaben bei Kredit-			
instituten u. Schecks	111,2		
C. Rechnungsabgrenzungs-			
posten	1,5		
Bilanzsumme	**242,6**		**242,6**

11 Klausur mit Lösung

- Die erreichbare Punktzahl ist am Ende jeder Aufgabe in Klammern aufgeführt.
- Wertangaben in € (Euro) .
- KiSt = Kirchensteuer, LSt = Lohnsteuer, SolZ = Solidaritätszuschlag.
- USt = Umsatzsteuer (Steuersatz: 19 %).
- **50** (von 100) Punkten genügen zum Bestehen der Klausur.

Hilfsmittel:	- Taschenrechner,
	- Kontenplan auf Basis Industriekontenrahmen (IKR),
	- HGB-Gesetzestext

Aufgabe 1

Die *Wobbe GmbH* kauft **Handelsware** im Nettowert von 200.000 € gegen Rechnung zu folgenden Zahlungsbedingungen **(Ratenzahlung mit Skonto)**:
a) innerhalb 10 Tagen nach Rechnungsstellung mit 3 % Skonto,
b) zwischen dem 11. und dem 20. Tag nach Rechnungsstellung mit 2 % Skonto,
c) zwischen dem 21. Tag und spätestens am 30. Tag nach Rechnungsstellung netto.

Die *Wobbe GmbH* begleicht **40 % des Rechnungsbetrages am 9. Tag**, weitere **40 % des Rechnungsbetrages am 19. Tag**, den **Rest am 30. Tag** nach Rechnungsstellung jeweils durch Banküberweisung.

Buchen Sie die Geschäftsfälle **bestandsorientiert** aus der Sicht von *Wobbe* mit 19 % USt.
(Buchungssätze mit IKR-Kontennummern verwenden)   **(15 Punkte)**

Aufgabe 2

In der **Pkw-produzierenden Firma ÖKO** sind die **Bestände** der Rohstoffe, Unfertig- und Fertigerzeugnisse zum Bilanzstichtag (31.12.01) nach § 266 HGB zu bilanzieren.

Annahme: *ÖKO* unterhält keine Geschäftsbeziehungen zum Ausland.

Es werden Bleche für 200.000 € (netto) gegen Rechnung angeschafft, eingelagert und anschließend zu 20 % verbraucht. Zur Fertigstellung der **Rohkarossen** werden Löhne in Höhe von 1 Mio. € per Bank ausbezahlt.

Zur Herstellung der **fertigen PKW** werden Solarzellen als Antriebseinheit für 1 Mio. € (netto) gegen Rechnung just-in-time angeschafft und Löhne in Höhe von 500.000 € aufgewendet und per Bank ausbezahlt.

Die fertigen PKW werden an **Kunden** für 100.000 € (netto) gegen Rechnung **verkauft**. Die Kunden bezahlen ihre Rechnungen drei Tage später per Banküberweisung.

a) Stellen Sie **sämtliche 11 Buchungssätze** (einschl. Bestandsveränderungen) mit den **IKR-Kontennummern** des obigen Fertigungs- und Absatzprozesses dar. **Annahme: Alle Aufwendungen sind zu aktivieren.**

b) Wie sieht das **GuV-Konto (802)** und die **veränderte Bilanz (vorschriftsmäßig nach § 266 HGB gegliedert)** des Industriebetriebs für das Geschäftsjahr 01 aus, wenn

  b 1) **nach Fertigstellung des Unfertigprodukts,**

  b 2) **nach Fertigstellung des Fertigprodukts,**

  b 3) **nach Bezahlung durch die Kunden** zu bilanzieren ist?
  - Wo nötig mit 19 % Umsatzsteuer buchen!   **(25 Punkte)**

Aufgabe 3

Die *Schön GmbH*, Stuttgart, Hersteller von Modeartikeln der Spitzenklasse, zahlt Herrn *Untermoser* (Geschäftsführer) folgendes Junigehalt durch Banküberweisung (in €):

Gehalt	10.000
Heiratsbeihilfe	500
LSt, KiSt, SolZ	3.000
Arbeitnehmeranteil zur Sozialversicherung	2.500
Verrechnung von gewährten Vorschüssen	1.000
Gehaltspfändung	500
Anzug von *Schön* (einschl. 19 % USt)	595
Einbehaltene Miete für Werkswohnung	1.000
Sachbezug für bei *Schön* aktivierten Pkw („1 %-Regelung")	238

Für den Anzug entsteht kein geldwerter Vorteil.

a) Erstellen Sie die **Gehaltsabrechnung** für Herrn *Untermoser*.

b) Buchen Sie die **Vorauszahlung für die Sozialversicherungsbeiträge** und die **Gehaltszahlung** an Herrn Untermoser.

c) Erfassen Sie die **Aufwendungen** der *Schön GmbH* für den **Arbeitgeberanteil** zur Sozialversicherung unter der vereinfachenden Annahme, dass 50 % der Sozialabgaben vom Unternehmen zu tragen sind.

d) **Überweisen** Sie alle fälligen Verbindlichkeiten der *Schön GmbH* aus diesen Personalbuchungen.
   (Buchungssätze mit IKR-Kontennummern verwenden)   **(15 Punkte)**

Aufgabe 4

Die *Industrie-Leasing* GmbH erwirbt Anfang 01 eine Verpackungsmaschine zum **Anschaffungswert** von netto **1 Mio. €**, die sie sofort anschließend an die *Wobbe Metallwerk KG* für **jährlich 150.000 €** + 19 % USt vermietet. Es wird eine **Grundmietzeit von zehn Jahren** mit einer **Kaufoption** vereinbart, wonach *Wobbe* die Maschine nach zehn Jahren für 300.000 € erwerben kann. Die **betriebsgewöhnliche Nutzungsdauer** der Maschine beträgt bei linearer Abschreibung **20 Jahre**. Die Zahlungen erfolgen per Bank.

a) Begründen Sie die **Zuordnung des Leasinggegenstands zum Leasingnehmer**.

b) Wie lauten sämtliche **Buchungen für 01 beim Leasinggeber**?

c) Wie lauten sämtliche **Buchungen für 01 beim Leasingnehmer**?

(Buchungssätze mit IKR-Kontennummern verwenden)   **(30 Punkte)**

Aufgabe 5

Die *Metall GmbH* erfasst die **Rohstoffeinkäufe aufwandsorientiert**. Buchen Sie die folgenden Geschäftsfälle anhand von **Buchungssätzen mit IKR-Kontennummern** und schließen Sie die Konten 200, 600, 6001 und 6002 ab. **Wie hoch ist der Rohstoffverbrauch?**

Auszug aus der Saldenbilanz der *Metall GmbH* (Werte in €):

Kontennummern des IKR	Soll	Haben
200	150.000	
260	10.000	
440		160.000
600	280.000	
6001	7.000	
6002		12.000

a) Zieleinkauf von Rohstoffen über netto   60.000

b) Bezugskosten hierauf über brutto   3.570

c) Preisnachlass des Rohstofflieferanten wegen Mängelrüge über netto   5.000

d) Rücksendung beschädigter Rohstoffe an den Lieferanten über netto   1.500

e) Schlussbestand an Rohstoffen gemäß Inventur   180.000
                                                                       (15 Punkte)

Musterlösung (in €)

Aufgabe 1

Eingangsrechnung:

228 Handelswaren	200.000	an 440 V.a.LL.	238.000
260 Vorsteuer	38.000		

a) Inanspruchnahme von 3 % Skonto auf 40 % (am 9. Tag nach Rechnungsstellung):

440 V.a.LL.	95.200	an 280 Bank	92.344
		an 2282 Nachlässe	2.400
		an 260 Vorsteuer	456

b) Inanspruchnahme von 2 % Skonto auf 40 % (am 19. Tag nach Rechnungsstellung):

440 V.a.LL.	95.200	an 280 Bank	93.296
		an 2282 Nachlässe	1.600
		an 260 Vorsteuer	304

c) Restzahlung 20 % des Rechnungsbetrages (am 30. Tag nach Rechnungsstellung):

440 V.a.LL.		an 280 Bank	47.600

Aufgabe 2

Buchungssätze:

❶	200 Rohstoffe	200.000	an 440 V.a.LL.	238.000
	260 Vorsteuer	38.000		
❷	600 Aw Rohstoffe		an 200 Rohstoffe	40.000
❸	620 Aw Löhne		an 280 Bank	1.000.000
❹	210 Unfertige Erz.		an 520 BV	1.040.000
❺	520 BV		an 210 Unfert. Erz.	1.040.000
❻	601 Aw. Vorprodukte	1.000.000	an 440 V.a.LL.	1.190.000
	260 Vorsteuer	190.000		
❼	620 Aw Löhne		an 280 Bank	500.000
❽	220 Fertige Erz.		an 520 BV	2.540.000
❾	520 BV		an 220 Fertige Erz.	2.540.000
❿	240 F.a.LL.	119.000	an 500 Umsatzerl.	100.000
			an 480 USt	19.000
⓫	280 Bank		an 240 F.a.LL.	119.000

b 1) Buchungssätze ❶ bis ❺ berücksichtigen: (bis Unfertigprodukt)

GuV-Konto 01

❷ Rohstoffe	40.000	❹ Bestandsveränderung	1.040.000
❸ Löhne	1.000.000		

Veränderte Bilanz 31.12.01

Umlaufvermögen		Verbindlichkeiten	
- Vorräte		- ❺ V.a.LL.	+ 238.000
❶, ❷ Rohstoffe	+ 160.000		
❹ Unfertige Erzeugnisse	+ 1.040.000		
- Forderungen und sonstige VG			
❶ sonstige VG	+ 38.000		
- ❸ Kassenbestand etc.	− 1.000.000		
Bilanzsumme	+ 238.000		+ 238.000

b 2) Buchungssätze ❶ bis ❽ berücksichtigen: (bis Fertigprodukt)

GuV-Konto 01

❷ Rohstoffe	40.000	❽ Bestandsveränderung	2.540.000
❸, ❼ Löhne	1.500.000		
❻ Vorprodukte	1.000.000		

Veränderte Bilanz 31.12.01

Umlaufvermögen		Verbindlichkeiten	
- Vorräte		- ❺, ❻ V.a.LL.	+ 1.428.000
❶, ❷ Rohstoffe	+ 160.000		
❽ Fertige Erzeugnisse	+ 2.540.000		
- Forderungen und sonstige VG			
❶, ❻ sonst. VG	+ 228.000		
- ❸, ❼ Kassenbestand etc.	− 1.500.000		
Bilanzsumme	+ 1.428.000		+ 1.428.000

b 3) Buchungssätze ❶ bis ❿❶ berücksichtigen: (bis Kundenzahlung)

GuV-Konto 01

❷ Rohstoffe	40.000	❿ Umsätze	100.000
❸, ❼ Löhne	1.500.000	Jahresfehlbetrag	2.440.000
❻ Vorprodukte	1.000.000		

Veränderte Bilanz 31.12.01

Umlaufvermögen		Eigenkapital	
- Vorräte		- Jahresfehlbetrag	- 2.440.000
❶, ❷ Rohstoffe	+ 160.000	Verbindlichkeiten	
- Forderungen und sonstige VG		- ❹, ❻ V.a.LL.	+ 1.428.000
❶, ❻ sonst. VG	+ 228.000	- ⑪ sonstige Verbindl.	+ 19.000
- ❽, ❼, ⑩⑪ Kassenbest. etc.	- 1.381.000	davon aus Steuern	+ 19.000
Bilanzsumme	- 993.000		- 993.000

Aufgabe 3

a) Gehaltsabrechnung:

Bruttogehalt	10.000
+ Zulagen	500
+ Sachbezug	238
steuer- und sozialabgabenpflichtiges Gehalt	10.738
- Steuerabzüge	3.000
- Arbeitnehmeranteil Sozialabgaben	2.500
Gehalt nach Steuern und Sozialabgaben	5.238
- Sachbezug	238
- Anzug	595
- Verrechnung von gewährten Vorschüssen	1.000
- Gehaltspfändung	500
- Einbehaltene Mieten für Werkswohnungen	1.000
Ausbezahltes Nettogehalt	1.905

b) Buchung des Bankeinzugs der Sozialversicherungsbeiträge und des Gehalts:

264 SV-Vorauszahlung an 280 Bank   5.000

	Soll	Haben
630 Gehälter und Zulagen	10.500	
635 Sachbezug	238	
an 483 Sonst. Verb. Finanzbehörden		3.000,00
an 264 SV-Vorauszahlung		2.500,00
an 265 Forderungen an Mitarbeiter		1.000,00
an 489 Übr. sonst. Verbindl.		500,00
an 500 Umsätze		500,00
an 540 Mieterträge		1.000,00
an 543 Andere sonst. betr. Erträge		200,00
an 480 Umsatzsteuer		133,00
an 280 Bank		1.905,00

c) Erfassung Arbeitgeberanteil:

641 Arbeitgeberanteil Sozialversicherung (Gehalt) an 264 SV-Vorauszahlung   2.500

d) Überweisung der einbehaltenen Beträge:

	Soll	Haben
483 Sonst. Verb. Finanzbehörden	3.000	
489 Übr. sonst. Verbindlichkeiten	500	
an 280 Bank		3.500

Aufgabe 4

a) - Die Grundmietzeit liegt zwischen 40 % und 90% der betriebsgewöhnlichen
      Nutzungsdauer (10 Jahre Leasing zu 20 Jahre Nutzungsdauer = 50 %).
    - Der Kaufpreis ist am Ende der Grundmietzeit mit 300.000 € geringer als der
      Restbuchwert von 500.000 € am Ende der Grundmietzeit bei linearer Abschrei-
      bung.

b) Buchungen beim Leasinggeber in 01

Anschaffung des Leasinggegenstands:

	Soll	Haben
228 Waren	1.000.000	
260 Vorsteuer	190.000	
an 280 Bank		1.190.000

Übergabe des Leasinggegenstands mit Kaufoption an Leasingnehmer:

242 Kaufpreisforderungen an 510 Umsatzerlöse für Waren   1.000.000

Umsatzsteuerforderung des Leasinggebers aus dem Leasinggeschäft plus Bezahlung des Leasingnehmers:

2421 Umsatzsteuerforderungen an 480 USt (19 % aus 1,5 Mio. €)   285.000

280 Bank an 2421 Umsatzsteuerforderungen   285.000

Eingang der ersten Leasingrate in 01 auf dem Bankkonto des Leasinggebers:

Leasingraten insgesamt	1.500.000
minus Anschaffungskosten (=Tilgungsanteil)	1.000.000
Zins- und Kostenanteil aller Raten	500.000

Zinsstaffelmethode: 1+2+3+4+5+6+7+8+9+10 = 55

01: Zins- und Kostenanteil
10/55 * 500.000 = 90.909,09

Buchung der Vereinnahmung der Leasingrate in 01:

	Soll	Haben
280 Bank	150.000	
an 242 Kaufpreisforderungen		59.090,91
an 5401 Leasingerträge		90.909,09

c) Buchungen beim Leasingnehmer in 01

Aktivierung des Leasinggegenstands und Zahlung der Umsatzsteuer:

075 Verpackungsmaschinen an 442 Kaufpreisverbindlichkeiten   1.000.000

260 Vorsteuer an 280 Bank   285.000

Zahlung der Leasingrate in 01 an Leasinggeber:

	Soll	Haben
442 Kaufpreisverbindlichkeiten	59.090,91	
671 Leasingaufwendungen	90.909,09	
an 280 Bank		150.000

Lineare Abschreibung in 01:

652 Abschreibungen auf Sachanlagen an 075 Verpackungsmaschinen   50.000

Aufgabe 5

a) 600   60.000
   260   11.400
   an 440   71.400

b) 6001   3.000
   260   570
   an 440   3.570

c) 440   5.950
   an 6002   5.000
   an 260   950

d) 440   1.785
   an 600   1.500
   an 260   285

e) 801 an 200   180.000

Vorbereitende Abschlussbuchungen:

1) 200 an 600   30.000 (Bestandsmehrung)
2) 600 an 6001   10.000
3) 6002 an 600   17.000

Rohstoffverbrauch:

600			
	280.000	d)	1.500
a)	60.000	1) Bestandsmehrung	30.000
2) 6001	10.000	3) 6002	17.000
		802	**301.500**

Abschlussbuchung des Rohstoffverbrauchs:

802 an 600   301.500

Stichwortverzeichnis

Marketing – anschaulich und kompakt

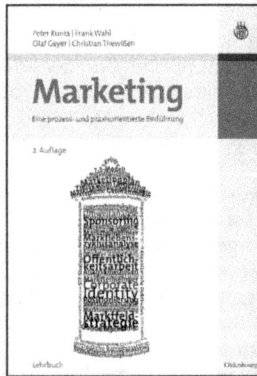

Peter Runia, Frank Wahl, Olaf Geyer,
Christian Thewißen
Marketing
Eine prozess- und praxisorientierte Einführung
2., überarbeitete und erweiterte Auflage 2007.
XX, 314 Seiten, gebunden
€ 29,80, ISBN 978-3-486-58441-7

Dieses bei Studierenden beliebte Lehrbuch führt praxisorientiert in das Marketing ein. Im Fokus steht dabei das (klassische) Konsumgütermarketing.

In Teil I (Grundlagen des Marketings) werden Basisbegriffe und Entwicklungen der Marketingtheorie und -praxis aufgezeigt. Teil II (Marketinganalyse) stellt die Notwendigkeit einer ausführlichen Analyse von Unternehmen, Markt und Umwelt als Basis für Marketingkonzepte dar. In Teil III (Strategisches Marketing) wird die Ziel- und Strategieebene des Marketing erläutert, welche einen grundlegenden Handlungsrahmen für das operative Marketing schafft. Teil IV (Operatives Marketing) thematisiert ausführlich den klassischen Marketing-Mix, d. h. das Zusammenspiel konkreter Maßnahmen der Produkt-, Kontrahierungs-, Distributions- und Kommunikationspolitik. Abschließend werden in Teil V (Marketingplanung und -kontrolle) die diversen Ebenen in Form von Marketingkonzepten oder Marketingplänen zusammengeführt und auch auf die Bedeutung der Marketingkontrolle hingewiesen.

Im Gegensatz zu so genannten Klassikerlehrbüchern mit zu hohem Umfang ist dieses Marketingbuch leicht anwendbar, klar strukturiert und stellt den relevanten Lerninhalt kompakt dar.

Oldenbourg

www.ingramcontent.com/pod-product-compliance
Lightning Source LLC
Chambersburg PA
CBHW082037230326
41599CB00057B/6935